Domaine étranger

collection dirigée
par
Jean-Claude Zylberstein

LES AVENTURES
D'ELIZABETH À RÜGEN

ELIZABETH VON ARNIM

LES AVENTURES
D'ELIZABETH À RÜGEN

Traduit de l'anglais
par Bernard DELVAILLE

Paris
Les Belles Lettres
2014

Titre original

The Adventures of Elizabeth in Rügen

www.lesbelleslettres.com

Retrouvez Les Belles Lettres sur Facebook et Twitter.

© 2014, pour la présente édition,
Société d'édition Les Belles Lettres,
95 bd Raspail 75006 Paris.

ISBN : 978-2-251-21017-9

De Miltzow à Lauterbach

Tous ceux qui ont fréquenté l'école, et qui se souviennent de ce qu'on leur a enseigné, savent que Rügen est la plus grande île allemande et qu'elle est située dans la mer Baltique, au large de la côte de Poméranie.

Cet été-là, je décidai d'y faire de longues promenades à pied, mais personne ne consentit à m'accompagner. Et pourtant, si l'on veut aller au cœur des choses, c'est la meilleure façon de se déplacer, la seule d'être tout à fait libre. Si vous empruntez d'autres moyens que vos jambes, vous allez trop vite, et laissez au bord du chemin mille plaisirs délicats qui vous y attendaient. Si vous allez en voiture à cheval, vous êtes prisonnier d'un tas de considérations, dont les huit plus importantes sont les quatre jambes de deux chevaux. Si vous allez à bicyclette… mais quel amoureux de la nature pourrait bien aller à bicyclette ? Quant à la voiture automobile, mon but n'était pas d'*atteindre* tel ou tel endroit, mais d'y *aller*…

J'avais successivement invité les plus charmantes de mes amies, au moins une douzaine, à m'accompagner. Toutes m'objectèrent que cela les fatiguerait et, surtout, que ce serait bien ennuyeux. Lorsque je voulus réfuter leur première objection et leur affirmer combien il serait profitable pour la nation allemande, et surtout pour ces terres qui étaient encore méconnues, que quelques-unes de ses femmes en fissent le tour à pied plus souvent, elles me regardèrent d'un air ahuri et sourirent ; et lorsque je tentai de réfuter la seconde objection en leur expliquant qu'il s'agissait d'une sorte de défi, elles me regardèrent d'un air encore plus ahuri et se mirent à rire.

Il fut donc hors de question d'aller à pied, car, toute seule, c'était impossible. Le monstre sinistre qui a pour nom Convention, dont les griffes d'acier pèseront perpétuellement sur mes épaules et m'interdira définitivement toute tentative de salut innocent, mit un terme à mon projet. Et pourtant les longues excursions en rase campagne ne m'ont jamais effrayée malgré les vagabonds, toujours redoutés. Alors, je pris le parti de choisir les chevaux. Si j'avais décidé de parcourir Rügen, c'est parce que, par un chaud après-midi, alors que je musardai dans la bibliothèque, ne lisant guère mais feuilletant quelques livres, prenant l'un puis l'autre, au hasard, cherchant lequel lire, j'étais tombée sur *Recollections of a Happy Life*, de Marianne North, et notamment sur les pages où elle évoque Rügen. Tout de suite intéressée — Rügen n'était-elle pas plus proche que toute autre île ? —, je fus aussitôt fascinée par sa description d'une baignade près d'un endroit du nom de Putbus, combien celle-ci était délicieuse, dans une crique de sable où l'eau était toujours calme, combien on y semblait flotter sur une surface cristalline, avec de jolies méduses qui, telles des étoiles aux couleurs somptueuses, y flottaient avec vous. Je remis le livre à sa place et cherchai sur les étagères un guide de Rügen. Dès la première page, je pus lire ces lignes enchanteresses :

« Si vous avez entendu parler de Rügen, vous avez été l'objet d'un miracle. Vos yeux ont vaguement entrevu des contrées féeriques. Des images, des silhouettes de jadis vous ont fait signe, qui résidaient dans les grisailles merveilleuses de la préhistoire et nous ont légué le souvenir de leur présence. Et voici que s'élève en vous le désir puissant de visiter cette île glorieuse auréolée de légendes. Allez-y ! et, muni d'un léger bagage — songez au sage conseil de Shylock selon qui il faut placer son argent dans sa bourse —, suivez-moi sans redouter le probable mal de mer que vous éprouverez lors de la traversée, mais qui n'a, jusqu'à présent, jamais fait davantage de tort à personne que de provoquer chez lui un léger et fugitif malaise. »

Tout cela me parut irrésistible. Il ne faisait plus aucun doute qu'un endroit capable d'inspirer des réflexions aussi nobles, et à la fois aussi simples, ne pouvait qu'être digne d'être visité. Chez nous, la sécheresse battait son plein. Mes yeux brûlaient en contemplant mon jardin desséché, plus roussi de jour en jour sous un ciel cuivré. Je pensai que, avec un peu d'énergie, je pourrais moi aussi, dans quelques heures, flotter parmi les méduses, à l'ombre des falaises d'une île entourée de légendes. Et mieux encore que par des légendes, en ces journées étouffantes, je pourrais être entourée par la mer. Et quelle mer ! Ne la connaissais-je pas ? Ne connaissais-je pas déjà sa limpidité singulière ? Ses admirables bleus là où elle est profonde, la clarté de ses verts là où elle l'est moins ; la mer s'étirant sans marée au long de rivages couleur d'ambre. Ces seuls mots me donnaient soif : rivages ambrés paresseusement lapés par les vagues paresseuses, vastes espaces sur lesquels le regard peut s'égarer, rochers, algues, et méduses glacées et somptueuses. La simple carte, frontispice du guide, suffisait à me donner soif : les terres étaient d'un vert si épais, et la mer d'un bleu si suave ! Et quelle île fascinante, sur la carte — une île faite de promontoires et de baies, avec des mers intérieures appelées Bodden, des lacs, des bois et nombre de bateaux pour les atteindre. Petites îles éparpillées au long des côtes. Baies innombrables qui semblent tendre leurs bras dans l'eau. Forêt immense — et superbe, à n'en pas douter — qui couvre presque toute la côte orientale et en épouse les courbes, plongeant par endroits dans la mer ou s'agrippant à des falaises de craie qu'elle vient couronner de l'insolite magnificence de ses hêtres.

Il me fallut peu de temps pour me décider, encore moins pour boucler un léger bagage, car on le fit pour moi. Je crois qu'il ne se passa pas plus de deux jours entre la découverte du livre de Marianne North et le moment où, accompagnée de Gertrud, ma femme de chambre, je descendis d'un wagon de chemin de fer surchauffé et respirai la fraîcheur des champs de seigle au bord de la mer. Ce fut le commencement de notre voyage vers l'inconnu.

Une petite gare presque abandonnée appelée Miltzow, sur la ligne Berlin-Stralsund, bâtisse rouge et solitaire à l'orée d'une pinède, fut témoin de nos débuts. La victoria nous avait précédées d'une journée et, lorsque nous descendîmes du train, les autorités de la gare formaient autour d'elle un petit attroupement fort intrigué. Le chef de gare qui, dans toute l'Allemagne, est un personnage olympien et soigné, en gants blancs, aida le porteur à arrimer mon sac de voyage ; mais ils prirent tout leur temps, comme s'ils rechignaient à nous laisser partir. Bien évidemment, le cocher leur avait fait part de mes intentions, et je suppose qu'ils ne devaient pas voir tous les jours descendre du train, en gare de Miltzow, une femme d'un tel courage. Ils nous installèrent avec le plus grand soin, un soin dont je ne les aurais même jamais cru capables. Mon sac était le bagage le plus volumineux ; ils l'attachèrent verticalement, juste à nos pieds. J'avais laissé à Gertrud le soin de son contenu, lui demandant seulement de prévoir, outre mon oreiller, beaucoup de savon et plusieurs peignoirs. Le porteur posa le bagage de Gertrud sur ses genoux. Il était presque trop modeste : un petit sac noir contenant surtout, je le savais bien, les bas qu'elle avait commencé de tricoter ainsi que ses aiguilles. Et pourtant, le jour de notre retour à la maison, elle serait tout aussi bien habillée qu'à notre départ, tout aussi propre. Mon nécessaire de toilette fut posé sur le siège du cocher. On arrima par-dessus une boîte en carton bouilli, contenant le chapeau de pluie du cocher. Un épais manteau, en vue de froides journées, me tint lieu de coussin dans le dos, et le caoutchouc de Gertrud remplit pour elle le même office. Bien calé entre nous, le panier à thé qui tintinnabulait disharmonieusement et nous empêchait de tomber l'une sur l'autre dans les virages. Derrière nous, dans le soufflet, se trouvaient les parapluies, les couvertures, les guides, les cartes et l'une de ces petites caisses en bois, jaune verni, dans lesquelles toute Allemande ayant quelque dignité place son plus beau chapeau. Ce bagage, et quelques mystérieux paquets posés sur le siège, que le cocher avait voulu cacher entre ses jambes mais qui faisaient une bosse tout à fait visible de chaque côté, atténuaient quelque peu l'élégance de notre convoi. Mais je ne cherchais pas à paraître élégante et avais déduit des remarques des amies qui avaient refusé de m'accompagner que Rügen était un endroit où je ne rencontrerais strictement personne.

Toute une semaine ne suffirait pas à exprimer ma joie à contempler de tels préparatifs. Leur simplicité toute campagnarde — on eût dit que nous partions en pique-nique — était pleine de promesses. J'avais l'impression d'être revenue aux premiers matins du monde, à ces jeunes années où les petits bergers et leurs compagnons chantent des rondes sans autre raison que de danser en plein air et de s'en trouver heureux. Aussi, durant les années qui suivirent, dont on peut convenir qu'elles furent celles de l'âge mûr, je parvins à me convaincre qu'il n'y a absolument rien de plus tonifiant pour l'âme que d'oublier ses obligations. Et telle était bien mon intention. Oh ! femmes vertueuses, victimes d'un quotidien sans faille, vous qui suivez patiemment, sans poser de questions, des chemins bien tracés, si seulement vous saviez comme il est bon de s'accorder parfois quelque fantaisie !

L'endroit où nous étions parvenues est le plus proche d'où puissent atteindre Rügen ceux qui, venant du sud, s'apprêtent à monter dans leur victoria. Mais nul n'est jamais parti d'ici pour se rendre à Rügen, car on n'y a jamais vu personne y rouler en victoria. Le touriste ordinaire, presque toujours allemand, va tout d'abord à Stralsund, traverse en ferry-boat un étroit pertuis, poursuit son voyage sans descendre du train et se retrouve en haute mer, avant de débarquer à Sassnitz, qui est sur la côte opposée de Rügen. Ou bien, il peut arriver par le train Berlin-Stettin, descendre l'Oder en bateau à vapeur, effectuer quatre heures de traversée en haute mer, méditant probablement sur la modestie de cette embarcation et la hauteur des vagues, puis débarquer à Göhren, premier port sur la côté orientale de l'île.

Mais nous n'étions pas des touristes ordinaires, et, parvenues à Miltzow, nous fûmes dispensées, jusqu'au voyage de retour, de la fatigue des trains et des bateaux à vapeur. De Miltzow, il nous fallut aller jusqu'à un bac situé à cinq kilomètres — un endroit appelé Stahlbrode —, traverser le pertuis, et accoster sur le rivage méridional de l'île. Dès l'après-midi, j'allai rendre visite aux méduses de Putbus chères à Miss North, qui m'attiraient dans cette île de légendes infiniment plus que les grisailles de la préhistoire dont parlait le livre.

La voiture était une victoria légère, avec une capote ; les deux chevaux étaient des plus dociles. August, le cocher, était un jeune homme qui depuis longtemps n'avait conduit d'une seule traite et semblait heureux à l'idée du plaisir qu'il allait y prendre. J'étais certaine, quant à moi, du plaisir que j'allais éprouver. Gertrud, me sembla-t-il, ne se faisait aucune illusion, mais elle est vieille et a pris, une fois pour toutes, le parti de se résigner. Elle fut le don propitiatoire aux griffes d'acier du sinistre monstre dont j'ai déjà parlé, car j'aurais préféré partir seule. Mais, en fait, Gertrud est très silencieuse. Être avec elle, c'est pratiquement être seule, autant qu'on peut l'être lorsque l'on ne l'est pas. Je savais qu'elle pouvait demeurer assise près de moi, à tricoter, aussi défoncée que soit la route, et sans ouvrir la bouche, à moins d'avoir à répondre à une question. Admirable vertu du silence, la plus précieuse car la plus rare, joyau au diadème des perfections féminines, et que ne possède aucune de celles qui ont refusé de m'accompagner. Si l'une de celles-ci avait occupé la place de Gertrud dans la victoria, n'aurait-elle pas — c'est si féminin ! — passé la moitié du temps à me confier ses secrets et l'autre à être furieuse de me les avoir dits. Et puis, Gertrud, silencieuse dans la journée, multiplierait ses activités le soir venu, vidant le sac de voyage pour en extraire des objets familiers tels que mes pantoufles, vérifiant que mon lit est bien fait comme je l'aime, m'y bordant et se retirant sur la pointe des pieds, prononçant l'étrange bénédiction qu'elle m'adresse chaque soir au moment où je me couche, en soufflant la bougie : « Le cher Dieu protège et bénisse la bonne dame. »

Et je réponds : « Puisse-t-il aussi te protéger et te bénir. » Je ne pourrais pas moins me passer de sa bénédiction que de mon oreiller.

Il était deux heures de l'après-midi, ce vendredi de la mi-juillet, lorsque nous laissâmes les employés de la gare à leurs mornes occupations. Nous tournâmes le coin du bâtiment et nous lançâmes au trot dans le vaste monde. Le ciel était d'un bleu chaud. La route sinuait, avec des montées et des descentes entre les champs bientôt mûrs pour la récolte. Bien au-dessus de nos têtes, les alouettes volaient dans la lumière, avec ce grisollement que je ne peux jamais entendre sans une palpitation de gratitude pour le fait d'être en vie. Il n'y avait ni bois ni collines, et, de chaque côté de la route, nous pouvions voir, jusqu'à l'horizon, les toits rouges des fermes groupées dans un pli de terrain pour se protéger des tempêtes d'hiver, et la double rangée d'arbres de la grand-route de Stralsund au moment où elle allait croiser la nôtre, ou bien un petit village, à deux kilomètres devant nous, avec une vénérable église, perchée sur un tertre comme si elle présidait une vaste paroisse de céréales alentour. J'ai bien dû descendre de voiture au moins six fois sur le trajet entre Miltzow et le bac, sous prétexte de cueillir des fleurs, mais en réalité pour avoir le plaisir de flâner. Les seigles étaient parsemés de chicorées et de coquelicots ; les fossés le long de la route, où l'humidité du printemps persistait encore, étaient tout blancs de ces adorables fleurs de cerfeuil sauvage, que j'ai toujours trouvées la plus spirituelle des mauvaises herbes. J'en cueillis une brassée pour les tenir face au bleu du ciel, le temps de notre petit voyage ; je donnai à Gertrud un bouquet de coquelicots dont elle me remercia sans aucun enthousiasme ; je mis quelques fleurs de chicorée aux oreilles des chevaux. Il me semblait vraiment avoir quinze ans et jouir de mes premières vacances d'été. Mais peu importe : il n'y avait personne pour s'en apercevoir !

Stahlbrode est un village d'aspect tout à fait innocent : quelques petits cottages posés sur les pelouses qui descendent vers la mer. Tout était désert et silencieux. Une étroite et longue jetée de bois traverse le rivage marécageux jusqu'au bac et, amarré au bout de cette jetée, se trouve un petit bateau de pêche toutes voiles dedans. Je descendis pour aller voir s'il s'agissait bien du bac et si le préposé s'y trouvait. August se montra inquiet et les chevaux dressèrent les oreilles comme si j'allais m'enfoncer dans la gueule de la mer. La placide Gertrud, elle-même, posa son tricot et, postée à côté de la victoria, ne me quitta pas des yeux. La jetée était très rudimentaire, et si étroite que la victoria aurait à peine pu s'y engager. Seule une rampe en bois permettait de s'y tenir. Mais l'eau n'était guère profonde, et on pouvait voir le fond de sable jaune. Le rivage était plat et d'un vert très vif ; le rivage de Rügen, en face, était tout aussi plat, et d'un vert tout aussi vif. Entre les deux, la mer, d'un adorable chatoiement. Le ciel s'effilochait en essaims de nuages couleur de perle. La brise, qui avait si légèrement murmuré dans les épis de blé autour de Miltzow, dansait au-dessus des vaguelettes et les plaquait gaiement contre les pilotis de la jetée, qui semblaient revivre sous la fraîcheur de l'eau. Je vis un bateau vide, aux flancs très hauts et à la carène renflée ; ce bac n'était certainement pas conçu pour transporter des chevaux ou des voitures. Nul autre bateau à l'horizon. En amont comme en aval du chenal, on n'apercevait que des rives plates et vertes, l'eau dansante, le vaste ciel, dans la lumière caressante de l'après-midi.

Je me dirigeai rêveusement vers un petite maison. Et si le bac ne servait qu'à transporter des piétons ? Sur la ligne d'horizon, j'apercevais la rangée d'arbres bordant la route de Stralsund et je songeai à cette distance poussiéreuse qu'il nous faudrait à nouveau parcourir si le bac de Stahlbrode nous faisait défaut. En me voyant approcher, August souleva son chapeau et dit d'un ton sinistre :

« Notre bonne dame nous permet-elle de prononcer quelques mots ?

— Dites, August.

— Il y a beaucoup de vent.

— Pas tant que ça.

— C'est une longue traversée.

— Pas très.

— Je ne suis jamais allé sur la mer.

— Eh bien ! vous allez voir ! »

Il prit un air mi-effrayé, mi-résigné, remit son chapeau et se renfrogna en un silence sinistre. Je pris Gertrud avec moi pour me donner une contenance et nous nous dirigeâmes vers l'auberge, une bâtisse neuve, en brique rouge, hardiment juchée sur une levée de terrain, au bout du chemin menant à la mer. La porte était ouverte et nous entrâmes ; je frappai sur le sol avec mon ombrelle. Nul signe de vie. Nul chien n'aboya. Le couloir était large et propre, avec des portes de chaque côté, ainsi qu'une autre porte ouverte, à chaque extrémité — celle par laquelle nous étions entrées, suivies par les rayons du soleil, et une seconde dans l'encadrement de laquelle nous pouvions voir le ciel, la mer au loin, la jetée, le bateau aux voiles pliées et la côte de Rügen. J'avisai une porte sur laquelle était écrit *Gaststube* ; je l'ouvris et entrai. À mon grand étonnement, j'aperçus quantité d'hommes fumant en silence, le regard fixé sur la porte qui venait de s'ouvrir. Ils avaient dû nous entendre et nous voir par la fenêtre au moment où nous nous dirigions vers la maison. J'en conclus que l'habitude du pays voulait sans doute qu'on ne dérangeât pas les étrangers tant qu'ils n'avaient pas posé de question précise. En effet, un homme à barbe jaune se leva brusquement lorsque nous lui eûmes demandé comment nous pourrions effectuer la traversée jusqu'à Rügen. Il nous dit être le passeur et pouvoir nous y conduire.

« Mais il y a une voiture ! Peut-on la prendre aussi ? » demandai-je anxieusement en songeant à la carène et à la jetée.

« *Alles, alles !* » fit-il gaiement. Il appela un garçon à l'aide et indiqua le chemin jusqu'à la porte du fond qui donnait sur un jardinet de groseilliers à maquereau couverts de piquants, et, au loin, sur la mer. August était là, assis sur son siège.

« Venez ! cria l'homme en passant devant lui.

— Quoi ? sur ce machin en bois ? » s'écria August. « Avec mes chevaux, et ma voiture qui vient d'être revernie !

— Venez ! répéta le passeur, déjà parvenu au milieu de la jetée.

— Allez ! August ! fis-je.

— Nous n'y arriverons jamais, fit celui-ci, visiblement pris de sueurs froides.

— Allez, allez ! répétai-je d'un ton sévère, tout en pensant néanmoins plus prudent d'aller à pied — ce que nous fîmes, Gertrud et moi.

— Si notre bonne dame insiste… » fit August tout tremblant. Et il commença de faire avancer doucement la victoria sur la jetée. Il avait le visage de celui qui voit sa dernière heure venue.

Comme je l'avais craint, la victoria faillit être écrasée en abordant le pont du bateau. Je m'assis à l'avant, terrorisée, m'attendant à tout instant à voir les roues arrachées, ce qui signifierait la fin de nos vacances. Le passeur, toujours optimiste, assura que tout allait bien se passer — comme un agneau, ajouta-t-il avec une grande audace d'imagination. Il inclina deux planches branlantes sur le flanc du bateau, une pour chaque paire de roues, et, aidé par August, nue tête, en bras de chemise, haletants, ils hissèrent la victoria. Ce fut un moment affreux. Les roues avant se mirent à tourner et furent près de se détacher comme je n'ai jamais vu roues le faire de ma vie. Je n'osai pas regarder August, tant je le sentais prêt à renoncer. Là-bas, il y avait Rügen, et nous étions ici. Il fallait effectuer la traversée ou faire demi-tour et reprendre la morne route de Stralsund.

Les deux chevaux, devenus tout à fait rétifs, avaient été dételés et passèrent les premiers. Ils prirent place à l'arrière du bateau, avec l'aide du marin et de son aide qui eurent besoin de toute leur expérience pour y parvenir. C'est alors que je rendis grâce pour la hauteur des flancs du bateau, car, s'ils avaient été moins élevés, les chevaux se seraient lancés des ruades et seraient sûrement tombés à l'eau. Et qu'aurais-je fait ? Comment aurais-je pu me retrouver face à celui qui a autorité sur moi, si j'étais rentrée sans ses chevaux.

« Nous faisons ça tous les jours, fit remarquer le passeur, agitant calmement son pouce en direction de la victoria.

— Il y a donc tant de monde pour aller à Rügen ? demandai-je étonnée, car les planches étaient de toute évidence un arrangement de fortune.

— Beaucoup de monde ? À dire le vrai, des foules ! »

Il essayait de me redonner courage. Du moins, August en fut rassuré. Mais je ne pus retenir un sourire désapprobateur devant un aussi gros mensonge.

Au moment de nous mettre en route, un léger vent souffla sur l'eau. August parlait doucement aux chevaux. Le passeur tenait la barre et vint s'asseoir, avec son mousse, près de moi sur des rouleaux de cordage, posant les coudes sur les genoux et le menton dans la main. Ils me fixaient de leurs yeux bleus de pêcheurs et ne me perdirent pas de vue durant toute la traversée. Oh ! c'était délicieux d'être ainsi assise au soleil, à l'abri, dans le charmant mouvement des vagues. La voile fauve rapiécée de morceaux bruns, rouges et orange se dressait au-dessus de nous, face au soleil. Le grand mât semblait balayer la surface des petits nuages blancs. Dans le bruit du ressac, nous pouvions entendre au loin les alouettes chanter sur le rivage. August avait mis son bourgeron rouge afin de procéder à l'embarquement de la victoria et cela faisait un joli contraste avec les bruns du vieux bateau. Les yeux du passeur avaient alors perdu toute la vivacité qui était la leur lorsque nous étions encore à terre ; il se tenait à la barre, observant rêveusement la clarté de l'après-midi sur les prairies de Rügen. Tout cela ressemblait au bonheur parfait, après le train, le fracas de la route poussiéreuse, la chaleur et les affres de l'embarquement. Durant un quart d'heure exquis, nous fûmes doucement balancés au soleil, et pour tant de merveilles nous payâmes seulement trois marks, incluant le transport des chevaux et de la victoria, les manœuvres d'embarquement et de débarquement. Pour un petit supplément, le passeur ne put retenir son enthousiasme et me supplia de revenir par le même chemin. Il n'y avait qu'une seule maison sur la rive de Rügen où il habitait, nous dit-il. De là il pourrait nous guetter. Un petit chien vint nous accueillir, mais nous n'aperçûmes nulle autre créature vivante. La victoria semblait aller toute seule, au pas d'un agneau, et je m'éloignai, heureuse d'avoir surmonté la principale épreuve du voyage, de ne plus entendre la voix doucereuse du passeur nous souhaitant bonne route et de ne plus voir, enfin, le regard insistant des deux hommes.

Ainsi, nous étions sur cette île auréolée de légendes : « Salut, Île du royaume des fées, et tes ombres accueillantes ! » murmurai-je en moi-même, soucieuse de ne pas paraître trop bizarre à Gertrud. Je regardai autour de moi, avec l'attention la plus vive : rien ne me parut moins féerique et ressembler davantage à la côte poméranienne que nous venions de quitter. La route était la simple continuation de celle du Continent, et était tout aussi morne que les autres petites routes, jusqu'à un village sans caractère, du nom de Garz, à cinq kilomètres — les lecteurs qui voudront bien se référer à la carte figurant au début de mon livre se rendront compte de la distance mélancolique et rectiligne qui mène à ce village. Puis, passé Garz, je pensai à autre chose, pour les raisons que je vais à présent développer.

Cet après-midi là, il y avait sur la place du marché de Garz — j'ignore pourquoi, car ce n'était ni dimanche ni jour de fête — un orchestre de cuivres jouant avec une singulière exubérance. Les chevaux, auxquels on n'avait jusque-là jamais demandé d'écouter de la musique, et dont la fonction habituelle était seulement de me promener dans la solitude des forêts, les chevaux, dis-je, n'apprécièrent guère. Je fus étonnée du violent dégoût qu'ils manifestèrent, eux toujours si résignés. Ils se mirent à danser et à trépigner dans les ruelles de Garz, poursuivis par les éclats des trompettes et les cris de la foule, qui parurent s'accroître au fur et à mesure que les chevaux dansaient. Je me demandai alors s'il ne serait pas temps de me cramponner à Gertrud en fermant les yeux, mais nous tournâmes bientôt le coin de la rue et nous nous retrouvâmes loin des clameurs, roulant avec fracas sur une route de campagne. Je poussai un soupir de soulagement et tendis la tête pour voir si cette portion de route était aussi rectiligne que la précédente. C'était du pareil au même. Au loin, fonçant sur nous, venait une automobile, tache noire qui grossissait à une vitesse folle. Les chevaux n'en avaient jamais vu. Leurs nerfs déjà ébranlés par les cuivres de l'orphéon ne supporteront pas une vision aussi terrible, pensai-je, et la prudence exigeait que nous nous écartions et les retenions : « August ! arrêtez ! » criai-je. « Sautez, Gertrud, il arrive une horrible machine. Ils vont s'emballer ! »

August ralentit, apparemment en réponse à mon ordre, et, sans même attendre qu'il ait complètement arrêté les chevaux, l'automobile étant presque sur nous, je sautai d'un côté et Gertrud de l'autre. Avant même que j'eus le temps de me précipiter à la tête des chevaux, l'automobile nous avait croisés en vrombissant. Aussi étrange que ce soit, les chevaux ne manifestèrent aucune inquiétude et firent seulement un petit écart quand August les fit ralentir, sans les arrêter.

« Parfait ! » dis-je, soulagée, à Gertrud qui n'avait pas lâché son tricot. « Remontons. »

Mais ce fut impossible : August n'avait pas arrêté la victoria.

« Dites-lui de s'arrêter », dis-je à Gertrud, tout en me retournant pour cueillir d'énormes coquelicots.

Elle l'appela. Il continua.

« Plus fort, Gertrud ! » fis-je dans un mouvement d'impatience, car nous nous trouvions de plus en plus distancées.

Elle appela encore, mais il ne s'arrêtait toujours pas.

Alors, je me mis à crier. Gertrud aussi, puis toutes les deux ensemble. Il roulait toujours. Et même, il faisait avancer les chevaux à leur allure habituelle et bruyante, sur la route caillouteuse, nous distançant de plus en plus.

« Criez, criez, Gertrud ! » hurlai-je, furieuse. Mais comment une personne aussi respectable que Gertrud pourrait-elle crier ? Elle émit une vague plainte en direction d'August qui s'éloignait de plus en plus vite, et lorsque je voulus me mettre à hurler, je fus prise d'un éclat de rire si incontrôlable qu'aucun son ne put sortir de ma gorge.

Pendant ce temps, la silhouette d'August disparaissait peu à peu à l'horizon. Il ignorait évidemment que nous étions descendues de voiture à l'approche de l'automobile et il se félicitait à l'idée que nous étions assises derrière lui, confortablement installées, et trottinant vers Putbus. Il s'éloignait avec une rapidité incroyable. « Appelez-le, appelez-le ! » fis-je dans un hoquet, prise d'un rire affreux qui tenait à la fois de l'allégresse et du désespoir.

Gertrud se mit alors à sa poursuite, en agitant son tricot et en émettant une série de cris aigus, toute aiguillonnée par les exigences de la situation.

La dernière vision que nous eûmes de la victoria fut une tache jaune que fit le soleil sur le rebord luisant de mon carton à chapeaux. Aussitôt après, elle disparut dans une dénivellation de la route, et nous nous retrouvâmes seules en peine nature.

Nous nous regardâmes sans pouvoir dire un mot, consternées. Gertrud m'observa en silence ; je m'assis sur une borne et éclatai de rire. Il n'y avait pas de quoi rire, semblait dire le regard de Gertrud : il aurait certes mieux valu garder son sérieux dans une situation aussi fâcheuse. Je le savais bien, mais je n'y pouvais rien. August n'avait reçu aucune instruction quant à l'endroit où il devait se rendre, non plus que sur notre étape pour la nuit. Il n'avait jamais entendu parler de Putbus, ni de Marianne North ! Une carte d'état-major dépliée sur mes genoux, j'avais simplement noté des croisements de route depuis que nous avions quitté Miltzow. Selon toute probabilité, il irait droit devant lui, jusqu'au crépuscule, de plus en plus étonné de ne plus recevoir d'ordres et, aussi, de la longueur du parcours. À la nuit, me dis-je, il allumerait ses lanternes et serait aussitôt saisi d'effroi en constatant qu'il n'y avait personne dans la victoria. J'ignorais tout à fait quelle serait alors sa réaction. En désespoir de cause, je me remis à rire à en pleurer, et, seule la vue de Gertrud, au milieu de la route déserte, me regardant sans rien dire, me fit cesser. Loin derrière nous, au bout d'une longue perspective, on apercevait encore les maisons de Garz ; devant nous, très loin aussi, se dressait le clocher rouge de l'église de Casnewitz, village que traversait, comme je pouvais m'en souvenir d'après la carte, la route menant à Putbus. À perte de vue on ne voyait se détacher sur la blancheur de la route aucune créature vivante, que ce soit à pied ou en carriole. La campagne dénudée, désolée, s'étendait de tous côtés dans le néant. Le vent soupirait, nous jetant ironiquement au passage des grains de poussière dans les yeux. Le silence était absolu.

« August va certainement faire bientôt demi-tour, dit Gertrud.

— Non », répondis-je en me frottant les yeux, « il est parti pour toujours. Fini ! Rien ne l'arrêtera plus.

— Que va faire notre bonne dame ?

— Le suivre, je suppose », fis-je en me levant, « et espérer qu'un événement inattendu lui fera prendre conscience que nous ne sommes plus là. Mais j'ai bien peur que rien ne puisse y parvenir. Venez, Gertrud ! » Je feignis la bonne humeur mais mon cœur était comme du plomb. « Il va être six heures, et la route est longue et déserte.

— *Ach !* grogna Gertrud, qui ne marche jamais.

— Peut-être y aura-t-il une carriole qui nous prendra ? Sinon, nous irons jusqu'à ce village dont on voit l'église là-bas, et nous verrons si nous pouvons y trouver quelque engin sur roues afin de rattraper August. Venez ! j'espère que vos chaussures tiendront le coup.

— *Ach !* grogna-t-elle encore, levant un pied comme ferait piteusement un chien de sa patte blessée. Et j'aperçus une chaussure de cachemire noire, de cette qualité si douce et agréable aux pieds des servantes dont on n'exige pas qu'elles les portent souvent.

— J'ai bien peur qu'elles ne résistent pas à cette mauvaise route, dis-je. Espérons que quelqu'un viendra à notre rescousse !

— *Ach !* » grogna la pauvre Gertrud dont les pieds sont si sensibles.

Mais rien ne se présenta. Nous poursuivîmes notre chemin, dans un silence lugubre. Toute envie de rire m'avait quittée.

« Ma chère Gertrud », fis-je au bout d'un moment, dans un désir de lui être agréable, « il faut prendre tout cela comme un exercice physique qui nous fait du bien. Vous et moi passons ainsi un agréable après-midi à Rügen. »

Gertrud ne répondit pas. Elle avait horreur des aventures loin de la maison, et trouvait cette excursion de plus en plus détestable, de plus en plus interminable. Et qu'adviendrait-il de nous, si nous étions obligées de passer la nuit dans quelque auberge, sans nos bagages ? Je n'avais sur moi que ma bourse, contenant tout l'argent que j'avais pris, et, de temps à autre, je regardais derrière moi, non pas tant dans l'espoir d'apercevoir une carriole que dans la crainte de nous voir suivies par un vagabond, et la seule chose que Gertrud avait emportée, c'était un bas à moitié tricoté ! Et nous n'avions eu que le maigre contenu de notre panier à thé avant le départ du train ! Mon intention avait été de nous restaurer à Putbus, puis d'aller jusqu'à Lauterbach qui, situé au bord de la mer, m'offrirait davantage de méduses que Putbus, et d'y passer la nuit dans un hôtel chaudement recommandé par le guide. Selon mes plans, nous aurions dû être, en ce moment, attablées à Putbus devant des *Kalbschnitzel*. « Gertrud ? » demandai-je faiblement à l'idée de *Kalbschnitzel*[1], « avez-vous faim ? »

Gertrud soupira : « Il y a longtemps que nous n'avons rien pris. »

Nous continuâmes à marcher cinq minutes encore.

« Gertrud ? » demandai-je alors, car durant ces cinq minutes je n'avais honteusement pensé qu'à des plaisirs bas, mais succulents, « avez-vous *très* faim ?

— Notre bonne dame doit aussi avoir besoin de nourriture, fit-elle évasivement, car, pour une raison inconnue, elle se refusait toujours à admettre qu'il lui fallait se nourrir.

— Oh ! oui, elle en a bien besoin », fis-je. Et nous avançâmes en silence.

Un temps très long me parut s'écouler avant que nous atteignîmes l'endroit où j'avais vu disparaître mon carton à chapeaux brillant aux rayons du soleil. Lorsque nous y parvînmes, nous scrutâmes jusqu'aux lointains le serpent de la route, espérant comme un miracle le retour d'August.

---

1. Côtelettes de veau. (*N.d.T.*)

Puis, nous poussâmes un grognement, car la route était tout aussi déserte que celle que nous venions de parcourir. Pourtant, au milieu, à quelques centaines de mètres, il y avait un objet de teinte sombre, tel un tas de feuilles sèches. Certaine que c'étaient bien des feuilles, je ne fis aucun commentaire. Mais Gertrud, dont les yeux sont très perçants, poussa un cri.

« Quoi ? vous voyez August ? m'écriai-je à mon tour.

— Non, non ! mais là, sur la route, le panier à thé ! »

C'était en effet le panier à thé, comme s'il était tombé d'une voiture de déménagement, et venu jusqu'à nous, tel un butin égaré, pour nous redonner force et subsistance.

« Il y a encore de quoi manger ! s'exclama Gertrud en se précipitant.

— Juste ciel ! »

Nous le posâmes sur l'herbe du talus. Gertrud alluma le réchaud à pétrole et réchauffa ce qui restait de thé. C'était noir comme de l'encre. Il n'y avait pas d'eau à proximité, et nous n'osions pas quitter la route au cas où August reviendrait. Il restait quelques tristes morceaux de cake, un ou deux sandwiches au poulet transformés en un horrible pâté et les fraises que nous avions dédaignées parce qu'elles étaient trop petites ou trop écrasées. À ce morne festin, présidait le clocher de l'église de Casnewitz, de plus en plus proche, témoin silencieux de notre Cène. Gertrud eut droit à un étrange sandwich, à cause de ses chaussures de cachemire.

Puis nous enfouîmes le panier dans le fossé, sous une couche de longues herbes et de cerfeuil sauvage : il était hors de question de demander à Gertrud, qui pouvait à peine marcher, de le porter. Il n'était pas question, non plus, que je le porte, car, mystérieusement, il était aussi lourd que tout panier à thé bien rempli, et presque aussi grand que moi. Aussi nous l'enterrâmes, non sans quelque regret bien naturel, avec le vague sentiment que nous allions contre la Providence et, pensai-je, cela ne serait pas de bon augure pour la journée.

Gertrud se sentit légèrement mieux, et, libérée de l'obsession de la nourriture, je pus songer à ce que nous devions faire. En arrivant à Casnewitz, nous nous enquîmes aussitôt de laquelle de ces maisons était l'auberge et, l'ayant repérée, nous demandâmes à un brave homme qui semblait y habiter, de nous trouver une voiture le plus vite possible.

« D'où venez-vous ? nous demanda-t-il en nous dévisageant l'une après l'autre.

— Oh !… de Garz.

— De Garz ? Et où voulez-vous aller ?

— À Putbus.

— À Putbus ? Vous avez l'intention d'y séjourner ?

— Non… oui… de toute façon, nous voulons y aller. Soyez gentil, donnez-nous le moyen de partir le plus vite possible.

— Partir ! Je n'ai pas de voiture !

— Monsieur », dit Gertrud avec une parfaite dignité, « pourquoi ne l'avez-vous pas dit plus tôt ?

— *Ja, ja, Fräulein*, pourquoi ?

— Ceci est très désagréable, Gertrud », fis-je remarquer. Et je me demandai ce qu'on dirait à la maison quand on apprendrait que dès le premier jour, j'avais réussi à perdre la victoria et donné prise à la gouaille des aubergistes.

— Il y a une petite boutique, fit Gertrud. Notre bonne dame me permet-elle d'aller me renseigner ? »

Nous entrâmes, et Gertrud parla.

« Putbus n'est pas très loin d'ici », dit un vieil homme qui, du moins, était courtois. « Pourquoi ces dames n'y vont-elles pas à pied ? Mon cheval a travaillé toute la journée et mon fils, qui s'en occupe, a autre chose à faire.

— Oh ! nous ne pouvons plus marcher », l'interrompis-je. « Il nous faut une voiture, car nous irons peut-être plus loin que Putbus. Nous n'en sommes pas sûres, cela dépend… »

Le vieil homme sembla perplexe. « Où ces dames veulent-elles donc aller ? » demanda-t-il, essayant de rester calme.

« De toute façon à Putbus. Peut-être à Putbus seulement. Nous ne pouvons pas savoir avant d'y être arrivées. Mais vraiment, vraiment, il nous faut votre cheval. »

Toujours perplexe, le vieil homme sortit pour parler à son fils, et nous attendîmes, profondément découragées, entre chandelles et café. Certes, Putbus n'était pas très loin, mais je me souvins que, sur la carte, était indiqué un nœud de routes, rayonnant d'une sorte de carrefour. Laquelle August avait-il jugée être la droite continuation de la route de Garz ? Putbus une fois dépassé, il serait à tout jamais perdu.

Il fallut presque une demi-heure pour convaincre le fils et atteler le cheval. Pendant tout ce temps, nous nous tînmes sur le seuil, observant la route et guettant les bruits de roues. Une voiture approcha, se dirigeant vers Garz ; je fus aussitôt certaine qu'il s'agissait bien d'August et je criai triomphalement à Gertrud de courir prévenir le vieil homme que nous n'avions plus besoin de son fils. Gertrud, plus sage, préféra attendre de voir de quoi il retournait et, notre espoir soudain brisé, nous nous retrouvâmes plus découragées que jamais.

« Où va-t-on ? » demanda le fils en fouettant son cheval et en nous faisant bondir sur les pavés de Casnewitz. Il s'était tassé sur son siège, affichait une parfaite mauvaise humeur et rechignait visiblement à être encore obligé de sortir à l'issue d'une journée de labeur. Quant à la voiture, elle présentait un triste contraste avec notre victoria bien rembourrée. Elle était très haute, tout en bois, branlante, et nous étions assises sur une planche, dans un tel tintamarre qu'il nous fallait crier pour nous faire entendre. « Où va-t-on ? » répéta le jeune homme par-dessus son épaule.

« Continuez jusqu'à ce que vous aperceviez une victoria !
— Une quoi ?
— Une voiture.
— Quelle voiture ?
— Ma voiture. »

Il se retourna et nous regarda de travers avec un air de profond mépris. « Si vous avez une voiture », fit-il en nous regardant comme s'il craignait que nous ne fussions folles, « pourquoi prenez-vous donc la mienne ? »

« Oh ! pourquoi ? pourquoi ? » m'écriai-je en me tordant les mains, écrasée par tant d'infortune. Nous étions déjà loin de Casnewitz, et en regardant devant nous avec les yeux écarquillés de sœur Anne, nous n'apercevions que la route qui poudroie et l'herbe qui verdoie.

Le jeune homme conduisait, silencieux et renfrogné, ses oreilles semblaient se dresser de mépris ; il avait décidé de ne plus adresser la parole à ces deux folles. La route, à présent, passait à travers des bois, de belles hêtraies appartenant au prince Putbus, sans clôture, aimablement ouvertes à tous, avec des profondeurs miroitantes et parfois des passages de daims. Les cimes des grands hêtres brillaient sur le ciel comme des pointes d'or. La mer devait être toute proche ; bien qu'invisible, on en respirait l'odeur. Plus nous approchions de Putbus, plus la route devenait civilisée. On y voyait, par intervalles, des bancs de plus en plus nombreux. Des poteaux métalliques, avec des inscriptions dorées mais ternies, avaient remplacé les habituels poteaux de bois indiquant les allées forestières. Et, bientôt, nous aperçûmes les premiers réverbères de Putbus, en fer forgé. On eût dit qu'ils voulaient éclairer aussi, au-delà de la portée habituelle des réverbères, l'innocente route de campagne. Tous ces poteaux indiquaient ce que les Allemands appellent des *Badegäste* — évidemment "Baigneurs" en français, ou, plus élégamment, visiteurs de station balnéaire —, et, en effet, en nous approchant de Putbus, nous en vîmes flâner, par groupes ou par couples, ou bien assis sur des bancs de pierre sans doute peu confortables pour des baigneurs sortant de l'eau.

Du fond de mes malheurs, je pus néanmoins apprécier le pittoresque et le charme de Putbus. Une pancarte indiquait que tous les véhicules devaient avancer au pas ; aussi nous traînâmes-nous dans la rue principale qui, malgré ses attraits, n'offrait aucune trace d'August. D'un côté de la rue, s'étendait le domaine du prince Putbus et, de l'autre, s'alignaient de charmantes demeures, toutes blanches et un peu vieillottes. Une double rangée de grands arbres formait une promenade ombragée, et il y avait, là aussi, quantité de bancs de pierre. Le domaine, ombragé et bien entretenu, était parcouru d'allées sinueuses et formant des renfoncements par rapport à la route, sans clôture, ni muret, ni le moindre obstacle pour décourager le touriste timide ; chacun peut y déambuler aussi longtemps et aussi souvent qu'il le désire sans rencontrer la moindre grille ou le moindre pavillon de gardien.

Nous roulions lentement, ballottés sur les pavés inégaux, et fûmes l'objet du plus vif intérêt de la part des baigneurs installés aux terrasses des restaurants. Nulle trace d'August, ni même d'une carte d'état-major qui aurait pu tomber de la victoria, comme je l'avais, un instant, espéré. Notre voiture faisait plus de tintamarre que jamais, car c'est une caractéristique de Putbus que les engins à roues s'y font entendre bien avant leur passage et bien longtemps après. C'est la petite ville la plus assoupie que je connaisse. L'herbe y pousse sans gêne entre les pavés des rues, tout au long des rigoles, et dans les anfractuosités des dalles de la "promenade". Une ou deux boutiques semblent suffire aux besoins des habitants, y compris aux pensionnaires de l'école, sorte d'Eton germanique, qui, à en juger par les vitrines, n'achètent que des cartes postales et des gâteaux. Il y a un théâtre tout blanc avec une colonnade aussi vieillotte que le reste de la ville. Les maisons ont de nombreuses fenêtres et des fleurs aux balcons. L'endroit, à la lumière du soleil couchant, semble irréel, et a plutôt l'air d'un tableau, ou d'un rêve. Mais les habitués, interrompant leur dîner pour nous regarder, semblaient réellement s'amuser, et cela ne correspondait absolument pas à l'aspect suranné du décor. Malgré notre situation désespérée, je ne pus m'empêcher d'imaginer les charmes de l'endroit, en hiver, sous la lumière verdâtre d'un ciel glacé, quand tout le monde est parti, quand les branches givrées des arbres s'allongent jusqu'aux fenêtres closes, quand le théâtre est fermé pour des mois, quand les auberges ne restent ouvertes que pour quelques rares voyageurs de commerce, et le vent cinglant souffle au long des rues désertes. Certainement l'endroit idéal pour passer un hiver au calme, un endroit où aller quand on est las du bruit et des bousculades, las d'un monde rendu étouffant par tous ces gens agités qui se veulent du bien les uns aux autres ! Des chambres dans l'une de ces vastes vieilles demeures, avec de grandes baies face au soleil, et des tas de livres. Si j'étais l'un de ces reptiles abstraits mais heureux qu'on appelle bouquineurs, ce que je ne suis pas, ne fût-ce que par mon sexe, le genre, m'a-t-on dit, étant opiniâtrement mâle, j'aimerais passer à Putbus au moins l'un des hivers de mon existence. Ce serait si divinement calme ! Quel endroit pour celui qui veut préparer un examen, écrire un livre ou qui, fatigué de s'être frotté trop longtemps à ses semblables, souhaite s'en distraire ! Et quelles bonnes promenades pour se délier les jambes, se tonifier l'esprit, dans ces bois hivernaux et craquants où les pâles rayons du soleil tombent sur une neige immaculée ! Assise dans ma carriole de douleur, dans l'embrasement de l'été, je sentis la pureté glaciale de l'hiver me frapper au visage, ce froid ineffablement pur qui suffit à raviver l'esprit le plus déliquescent.

Ainsi plongée dans mes pensées, nous avions lentement parcouru la moitié de la rue, lorsqu'un terrible claquement de sabots et de roues fonçant sur nous à un galop défiant toutes les règles de circulation me ramena d'un seul coup à la misérable réalité.

« Il s'emballe ! » fit remarquer notre jeune homme hargneux, en se rangeant précipitamment sur le bas-côté.

Les habitués reprirent couteaux et fourchettes, et regardèrent ailleurs.

« *Halt ! halt !* » cria l'un d'eux. « *Es ist verboten ! Schritt ! Schritt !*[2]

— Comment pourrait-il s'arrêter ? » hurla un autre. « Ses chevaux se sont emballés !

— Alors, pourquoi ne les frappe-t-il pas ? reprit le premier.

---

2. « Halte ! Halte ! C'est interdit ! Au pas ! au pas ! » (*N.d.T.*)

— C'est August ! » hurla Gertrud. « August ! August !
Nous sommes là ! Arrêtez ! Arrêtez ! »

Les yeux écarquillés, bouche cousue, August passait
en trombe devant nous. Mais il avait entendu le hurlement
angoissé de Gertrud, et il avait pu arrêter net les chevaux.
Je n'avais jamais vu un malheureux cocher avec un visage
aussi blême. Il avait eu, semble-t-il, avant de quitter la
maison, les instructions les plus strictes de prendre soin de
moi, et dès le premier jour, voilà qu'il me perdait en route !
Il revenait, persuadé de ne plus trouver que mon cadavre
et celui de Gertrud. « Dieu soit loué ! » s'écria-t-il avec
dévotion en nous voyant. « Dieu soit loué ! Notre bonne
dame n'est pas blessée ? »

Sans aucun doute c'était bien ce pauvre August qui avait
été le plus malheureux.

Il était peu probable, désormais, que les habitués
de Putbus puissent jamais assister à un spectacle aussi
réjouissant. Ils s'attroupèrent pour regarder et écouter,
laissant refroidir leur dîner. August était méconnaissable
d'être ainsi soulagé. Je ne l'aurais jamais cru aussi expansif.
Sautant de son siège pour faire faire demi-tour aux chevaux
et m'aider à descendre de la carriole, il se mit à m'expliquer,
et à tous ceux qui voulaient l'entendre, comment il avait
traversé Putbus, dépassant le carrefour, poursuivant sa
route vers le nord, où des signaux lui indiquèrent qu'il se
dirigeait vers Bergen, de plus en plus frappé par le silence
qui régnait dans son dos. « Notre bonne dame », fit-il en
haussant la voix à l'intention des touristes de plus en plus
intéressés, « a l'habitude, dans la victoria, de faire une
petite conversation avec Mademoiselle » — les touristes
regardèrent Gertrud — « et, soudain, je n'entendis plus
rien. Il n'est pas bienséant qu'un cocher bien élevé se

retourne et contrarie un *Herrschaft*[3] qui a choisi de garder le silence. »

Je l'interrompis, embarrassée :

« Allons, August, allons !

— Il faut vérifier les bagages… avec la vitesse… »

Une douzaine de mains se proposèrent pour arrimer notre chargement.

« Finalement », poursuivit August, que rien ne pouvait arrêter dans son récit, tout en manipulant de ses mains tremblantes les courroies de mon sac de voyage, « finalement, par un effet de la Providence, la carte dont se servait notre bonne dame tomba (je savais bien que ça devait arriver !), et un paysan vint à passer. Il m'appela, montra la route, je m'arrêtai, me retournai, et qu'est-ce que je vis ? Ce que je vis, je ne l'oublierai jamais, dussé-je vivre cent ans. » Il mit sa main sur son cœur et eut un hoquet. Les auditeurs demeuraient sans voix. « Je me retournai, et… je ne vis rien ! »

« Mais vous avez dit que vous n'oublieriez jamais ce que vous avez vu… rétorqua un auditeur déçu.

— Jamais, jamais je ne l'oublierai.

— Alors, vous n'avez rien vu ?

— Rien, rien. Jamais je ne l'oublierai.

— Vous ne pouvez pas oublier ce que vous n'avez jamais vu, poursuivit l'homme.

— J'ai dit que je ne pourrai pas. Voilà !

— C'est bien, August, dis-je. J'aimerais qu'on avance. »

Le jeune homme renfrogné avait écouté, le menton dans la main. Puis il tendit cette main vers moi qui étais assise au milieu des coussins, et me dit : « Payez ! »

---

3. Maître, dans le langage des domestiques. (*N.d.T.*)

« Payez-le, Gertrud ! » fis-je. Après quoi il fit faire à ses chevaux demi-tour et rentra à Casnewitz d'un air plus méprisant que jamais.

« Allons, August ! Allons ! Nous n'allons pas nous éterniser ici. Remontez sur votre siège, et partons ! »

L'énergie de mon ton parvint à calmer son agitation. Il monta sur son siège et s'installa comme quelqu'un qui a perdu la tête. Les touristes contemplèrent une dernière fois cette vision sur le point de s'évanouir, et nous nous éloignâmes.

« On ne peut pas oublier ce qui n'a pas existé, cria encore l'homme revêche, quand August repassa devant lui.

— C'est bien ce que je dis, c'est bien ce que je dis ! » hurla August, agacé.

Après ces événements, rien n'aurait pu me retenir à Putbus.

Contournant le carrefour par le côté sud, nous laissâmes une colline à notre droite et nous nous retrouvâmes aussitôt dans la campagne, avec des champs de blé de part et d'autre de la route, et la mer au-delà, tel un saphir liquide. À la place du panier à thé perdu, Gertrud et moi disposâmes un manteau entre nous, et nous en ressentîmes davantage de confort qu'avant ; Gertrud semblait parfaitement heureuse de se retrouver à l'abri dans la voiture et chaque repli du dos de la veste d'August révélait son bonheur. À trois kilomètres environ, se trouvait Lauterbach, petit ensemble de maisons isolées au bord de l'eau et, à un kilomètre et demi sur la gauche de Lauterbach, je pus vite apercevoir l'hôtel où nous allions faire étape — longue bâtisse blanche qui ressemblait à un temple grec, avec un portique et une volée de marches sur toute la largeur de la façade, dont la blancheur contrastait vivement avec la forêt de hêtres qui l'environnait.

Les bois, les champs, la mer et une charmante petite île à quelque distance du rivage, appelée Vilm, baignaient dans la splendeur du soleil couchant. C'était bien Lauterbach, et non Putbus, paradis des méduses radieuses, des eaux cristallines et des anses boisées ! Sans doute, à l'époque où Marianne North en décrivait les charmes, Lauterbach n'existait pas en tant que village propre, avec un nom bien à lui. Un tronçon de voie ferrée descend à présent jusqu'au bord de la mer. Nous traversâmes les rails et, passant entre des bois de châtaigniers et de hauts talus herbus émaillés de fleurs, nous nous trouvâmes devant le temple grec.

Comme il nous parut délicieux, au sortir de la sombre allée de châtaigniers, lorsque nous parvînmes à la clairière qui le précède. Mais nous ne savions pas encore que l'heure n'était pas des mieux choisies. La mer était à deux pas, au-delà d'une verte prairie, marécageuse et couverte de joncs. Sur la gauche, des paysans moissonnaient. Plus loin, le clocher d'une petite église luthérienne se dressait bizarrement à l'extrémité du portique païen. Derrière et de chaque côté, des hêtres. Personne ne vint à notre rencontre lorsque nous eûmes gravi les marches du perron. Aucune âme qui vive, sinon les faux des moissonneurs dans la prairie. Nous attendîmes un moment, espérant entendre un son de cloche et voir arriver des valets empressés, mais nul ne se montra. Les faux sifflaient dans les prairies ; les alouettes volaient en annonçant une belle soirée ; d'autres oiseaux s'approchèrent pour picorer sur les marches ensoleillées du temple ; quelques voiles rouges passèrent entre les troncs des saules, au bord de l'eau.

« Puis-je entrer ? » demanda Gertrud.

Elle grimpa encore quelques marches et disparut derrière les portes vitrées. L'herbe poussait entre les pierres et les murs de la bâtisse étaient verts et humides. Le plafond du portique était compartimenté en caissons peints en bleu ciel. Dans un coin, peinture et plâtre étaient tombés, sans doute à cause du vent d'hiver ; tout cela, l'herbe et le silence, donnaient à l'endroit un aspect étrangement abandonné. J'aurais pu croire l'hôtel fermé, s'il n'y avait eu, sous le portique, une table avec une nappe à carreaux rouges et une cafetière.

Gertrud revint, suivie d'un domestique et d'un petit garçon. Rien ne me pressait, et j'aurais pu rester là longtemps, dans les délices du soleil couchant. Le domestique me dit qu'il y avait une chambre libre, pour moi, et, par le plus heureux des hasards, une seconde, contiguë, "pour la Mademoiselle". Je le suivis. Le portique, ouvert à l'autre extrémité, encadrait de charmants paysages. Le domestique me conduisit à travers un vaste hall parqueté, où une étroite table, sur le côté, témoignait d'un repas récent. Il y avait un dédale de couloirs, de petites cours intérieures avec des arbustes et des plantes vertes, le ciel bleu au-dessus, et des buissons de lilas dans des caisses, heureux d'être pris pour des orangers, comme si on se trouvait en Italie, comme si les murs de plâtre blanc, moisis par endroits, étaient les murs de marbre de quelques thermes antiques. Un étrange escalier penchait dangereusement d'un côté ; nous empruntâmes d'autres couloirs encore, et, ouvrant l'une des nombreuses petites portes blanches, le domestique me dit fièrement : « Voici l'appartement. C'est grand... très beau, splendide appartement. »

Cet appartement était de ceux qui donnent aussitôt envie de mourir plutôt que de l'occuper. Pour rien au monde, je n'aurais voulu dormir dans cette alcôve obscure et ce lit bariolé. Plutôt braver ma famille au grand complet, prendre mon sac de voyage pour oreiller et m'en aller passer la nuit parmi les sauterelles ! Malgré les affirmations du domestique, destinées à magnifier la maison, et selon qui c'était l'unique chambre libre, j'en aperçus d'autres, au fond de son regard, sans doute plus petites, mais tout aussi vides, et je dis fermement : « Montrez-moi autre chose. »

L'hôtel tout entier était pratiquement à ma disposition. Il était spacieux, et il y avait à peine une douzaine de pensionnaires. Je choisis une chambre avec des fenêtres ouvrant sur le portique, à travers les blanches colonnes duquel je pourrais voir, de mon lit, de paisibles paysages champêtres. Le plancher était nu et le lit recouvert d'un autre de ces édredons bariolés qui sous-entendent que l'on préfère dissimuler des taches plutôt que les nettoyer. En somme, le temple grec était très primitif et ne pouvait véritablement séduire que les plus modestes et les plus résignés des touristes. Je crois être modeste et résignée. Je fis semblant de faire le tour de cette chambre, tout en sachant parfaitement que j'étais libre ou non d'y dormir, et non seulement d'y dormir, mais de m'y sentir bien. C'était la série des paysages aperçus entre les colonnes qui m'avait fascinée.

Tandis que Gertrud surveillait, en bas, le déchargement des bagages, je m'accoudai à l'une de mes fenêtres pour contempler ces merveilles. J'étais très près des caissons blancs et bleus du plafond du portique. En regardant vers le bas, je vis les dallages où poussait l'herbe et un touriste rêveur qui buvait sa bière. Ici aussi de grands lilas plantés à intervalles entre les colonnes faisaient office d'orangers. La partie nord encadrait le ciel, les champs et l'église dans le lointain ; au sud, c'était une eau claire miroitant à travers les feuillages des hêtres ; les deux colonnes en face laissaient apercevoir la route bordée de châtaigniers par laquelle nous étions venus et les dernières maisons blanches de Putbus entre des arbres sombres qui se découpaient sur le soleil couchant ; sur la gauche, entre leurs branches, on pouvait voir la mer. Oh ! à peine tant la baie était abritée, et sans doute à peine salée, tant l'herbe et les joncs, juste caressés par la splendeur de la lumière, dans une clarté divinement éphémère, croissaient le long du rivage. Je pensai : « Comme la lumière est agréable, et comme il est doux aux yeux de contempler le soleil. » Je rêvais sans doute à voix haute, car Gertrud, qui entrait avec mon sac de voyage, dit : « Notre bonne dame parle ? »

Incapable de lui faire partager mes réflexions enthousiastes, je lui demandai humblement de commander le dîner.

Combien de fois, par les grises journées d'automne, m'étais-je détournée de la pluie claquant aux vitres et des tristes brumes planant sur les champs de novembre, avais-je détourné mon esprit de la conversation de mes proches pour songer en souriant à la beauté d'un tel dîner ! Non pas que l'on nous eût préparé des merveilles, car de longues conversations avec le domestique n'aboutirent qu'à des œufs ; mais ils avaient été apportés, par une allée escarpée, jusqu'à un petit coin entre les hêtres du bord de l'eau, et ce petit coin, précisément ce soir-là, était le plus adorable au monde. C'est avec enthousiasme que je dégustai ces œufs, en murmurant : « Il ne peut rien y avoir de meilleur sur la terre », pour autant, à vrai dire, qu'on puisse s'exprimer ainsi. Personne ne pouvait me voir ni m'entendre, cachée de tous côtés par les hêtres, et ce fut une authentique sensation de confort intime, digne d'être notée. Qu'importait que la nappe fût humide, entre autres désagréments ! Qu'importait que les œufs refroidissent aussitôt, et pourtant j'ai toujours eu les œufs froids en abomination ! Qu'importait que le domestique eût oublié le sucre, et pourtant je déteste le café sans sucre ! Plutôt que de me lever, d'aller à sa poursuite et de perdre un seul instant de cette splendeur rosée sur l'eau, il me sembla, pour toujours, pouvoir me passer de sucre. Ma table était presque au niveau de la mer. Une famille de canards passa lentement, en nageant, devant moi, traçant de petits sillons dans l'eau tranquille et, de temps en temps, un petit coin-coin tout calme. Les canards, l'eau, l'île de Vilm, en face, la jetée de Lauterbach à quelques centaines de mètres de l'autre côté de la petite baie, avec une foule de bateaux de pêche amarrés, tout semblait embrasé par la même rouge splendeur. Le soleil déclinait, et le ciel, derrière les sombres bois de Putbus, était comme une merveille solennelle et glorieuse. Le reflet, dans l'eau, des hêtres sous lesquels j'étais assise, faisait une tâche noire. Le calme était tel que je pouvais entendre les pêcheurs devisant sur la jetée et un enfant qui se rendait sur l'île. Et, avant que j'aie pu jouir de toute cette beauté, le rose disparut, après s'être attardé un instant encore sur les mâts des bateaux de pêche, et sur les flaques d'eau entre les joncs, pour s'évanouir d'un seul coup. Le ciel devint d'un vert pâle, quelques étoiles se levèrent lentement, une lumière brilla dans une maison isolée de Vilm, et le domestique entra, me demandant si je désirais une lampe. Une lampe ! Comme si on voulait toujours voir clair autour de soi, lire le journal du soir, écrire des cartes postales à des amis, ou coudre ! J'ai une aptitude particulière à ne rien faire et à m'en trouver bien. Être assise là et contempler ce que Whitman appelle l'immense et pensive nuit était pour moi une noble occupation ; cela me suffisait ; et quant au reste, la partie ménagère de l'existence, les doigts qui ont travaillé tout un jour, la langue qu'on a eue bien pendue, cette part superficielle du cerveau qui vous fait débiter des banalités, comme il est parfois bon d'en reconnaître la vanité ! Avec une brutalité qui le surprit, je refusai la lampe du domestique.

Lauterbach et Vilm

Une longue expérience des oreillers allemands dans les chambres de campagne m'oblige à conseiller aux candidats voyageurs d'emporter le leur. Les oreillers indigènes sont de simples sacs dans lesquels on a fourré, une fois pour toutes, des plumes. Ils sont sans consistance, horriblement mous, et ont, de surcroît, l'inconvénient — commun à tous les oreillers publics — d'être hantés par les cauchemars de vos prédécesseurs. Certes, un oreiller dans les bagages prend beaucoup de place, mais il faut dire qu'à Rügen, aussi mal habillé que vous soyez, vous le serez mieux que quiconque ; il vous suffit donc de peu de vêtements. Mon sac de voyage, qui n'est pas particulièrement grand, contenait tout ce dont j'avais besoin. L'oreiller en occupait une bonne partie, et mes costumes de bain une autre, et je me suis absentée de chez moi onze jours ! Néanmoins, je suis certaine d'avoir toujours été parfaitement correcte, et je défie quiconque de prétendre que mes vêtements n'étaient pas convenables, irréprochables. Les derniers jours, je l'avoue, Gertrud dut les raccommoder et les brosser vigoureusement, mais ce sont deux des activités pour lesquelles je l'emploie. Et il vaut infiniment mieux être à l'aise la nuit que d'avoir laissé son oreiller à la maison et emporté des robes pour faire impression dans la journée. Et que nul ne visite Rügen s'il n'a pas ce tempérament humble et résigné qui fait préférer un bon oreiller à une tonne de vêtements et n'avoir aucun préjugé quant à la nourriture.

Après avoir apaisé ma conscience par ces suggestions au voyageur, que je crois essentielles, je puis poursuivre mon récit et dire que, mis à part l'oreiller sur lequel je serais tombée si je n'avais apporté le mien, le dessus de lit bariolé, l'eau pour la toilette apportée dans un minuscule pot à café et le petit déjeuner aussi froid et repoussant que l'univers aux yeux des personnes de mauvaise humeur, mon séjour en cet hôtel fut fort agréable. Il est vrai, comme je le dirai bientôt, que j'ai passé la plus grande partie de mon temps au dehors, et il est aussi vrai que, à la lumière implacable du matin, je me rendis compte de la réalité : des bouts de papier sur la pelouse qui entoure l'hôtel, une machine automatique à friandises qui avait la forme d'une poule en train de couver, et un pèse-personne, également automatique, tous deux installés en haut des marches menant au petit renfoncement qui m'avait enchantée la veille au soir, et, pire que tout, une sonnerie électrique qui faisait vibrer le cœur du hêtre sous lequel je m'étais assise. Mais les charmes sont si nombreux, si ineffables que, quelques-uns en fussent-ils gâchés, il en reste suffisamment pour faire de Lauterbach l'un des endroits les plus délicieux qui se puisse concevoir. L'hôtel était merveilleusement calme ; aucun touriste ne rentrait à des heures indues et les pensionnaires semblaient se coucher extraordinairement tôt. Lorsque je rentrai du bain, passé dix heures, la maison était tellement silencieuse que, instinctivement, j'avançai dans les couloirs sur la pointe des pieds, craignant par-dessus tout d'avoir mauvaise conscience. Gertrud aussi semblait penser qu'il était horriblement tard, et m'attendait sur le seuil avec une lampe, telle l'épouse résignée d'un incorrigible noceur, espérant bien que je rentrerais penaude. Je regagnai ma chambre, ravie de n'être pas un homme et de ne pas avoir d'épouse prête à me pardonner.

Je laissai les fenêtres grand ouvertes et, toute la nuit, dans mes rêves, je pus entendre la mer clapoter doucement entre les joncs. À six heures du matin, un train arrêté à la gare cachée par les châtaigniers se mit à manœuvrer et à siffler, et comme je ne pouvais me rendormir avant qu'il eut cessé, je me levai, m'assis près de la fenêtre et contemplai, amusée, les paysages entre les colonnes du portique, dans la clarté de l'aube. Dans la prairie, un moissonneur solitaire agitait sa faux, mais je ne pus l'entendre dans le vacarme des manœuvres du train. Enfin, celui-ci s'éloigna et le silence retomba sur Lauterbach ; on entendait la faux siffler et les alouettes chanter avec frénésie ; je m'agenouillai alors pour dire mes prières, car il fallait rendre grâces pour cette journée, et la mer était du bleu le plus profond, le plus divin.

À Lauterbach, les baignades sont merveilleuses. Vous marchez sur un sentier, au bord de petites falaises, et vous êtes, de l'hôtel jusqu'aux cabines de bain, sous les hêtres. L'eau clapote et miroite ; en face, l'île de Vilm ; au lointain, le promontoire de Thiessow, une ligne de vapeurs mauves entre la brume bleue de la mer et du ciel ; et, à vos pieds, la mousse, l'herbe et de petites fleurs sauvages qui semblent jouer avec les lumières et les ombres dansantes de la forêt de hêtres qui chatoie au soleil.

« Oh ! quelle perfection ! » m'écriai-je devant Gertrud. Car, par un beau matin tout neuf, on a toujours besoin de quelqu'un devant qui s'exclamer. Elle me suivait sur l'étroit sentier, les bras chargés de serviettes et de maillots de bain. « Ne voulez-vous pas vous baigner aussi, un peu plus tard, Gertrud ? Comment pouvez-vous résister ? »

Apparemment, Gertrud résistait fort bien. Elle contempla les charmants mouvements de l'eau d'un œil qui ne voyait là qu'un élément destiné à mouiller les gens. Si elle avait été le Dr. Johnson, elle aurait carrément répondu : « Madame, je hais l'immersion ! » Étant Gertrud, elle prétendit qu'elle avait pris froid.

« Alors demain ? » fis-je, voulant l'encourager. Mais elle répliqua qu'elle en avait pour plusieurs jours.

« Soit, alors dès que vous serez guérie ? » dis-je avec une insistance à la limite de l'odieux. Mais elle se fit prophétesse et rétorqua qu'elle ne guérirait jamais.

Les cabines de bain sont disposées en rangées assez éloignées du rivage pour se trouver dans une eau déjà profonde. On y parvient par une petite passerelle de planches et l'on trouve là une femme hâlée, aimable comme semblent l'être tous ceux qui sont familiers des eaux profondes ; elle prend soin de vos vêtements, les sèche, vous fournit tout ce que vous auriez pu avoir oublié et, à la fin, vous réclame vingt *pfennigs* pour ces attentions et le prix de la baignade. Il faut aller jusqu'à la cabine la plus avancée — autre conseil ! Elle est très spacieuse, possède un sofa, une table et une psyché. Une des fenêtres s'ouvre au sud, l'autre à l'est. Par celle-ci, vous voyez la ligne de falaises basses surmontées de bois qui se mêlent en une sorte de plaine verte s'étendant vaguement vers la brume de Thiessow. Par l'autre, vous apercevez la petite île de Vilm, avec sa maison au milieu des champs de blé et ses bois en pente à l'arrière-plan.

Gertrud s'était installée sur les marches et tricotait, tandis que je nageais parmi les méduses en songeant à Marianne North. Comme elle avait raison quand elle parlait des baignades, et des couleurs et de la clarté cristalline de l'eau dans les criques de sable ! La surveillante était accoudée et m'observait avec un sourire de sympathie. Elle portait un bonnet de bain blanc qui faisait un si bel effet sur le ciel que je souhaitai aussitôt que Gertrud en portât un, au lieu de sa capeline noire, éminemment respectable mais dénuée d'intérêt. J'aurais pu rester à cet endroit pendant des heures, parfaitement heureuse, à flotter dans le miroitement des eaux ; mais je n'y passai qu'une heure en tout, avec pour seul résultat de me retrouver telle une femme triste et frigorifiée, grimpant la falaise. Je m'assis pour contempler mes doigts bleus de froid, un domestique apporta le petit déjeuner, et je ne pensai qu'à mes doigts, pitoyablement, au lieu de me réjouir, comme j'aurais dû le faire après dix minutes de nage, du simple fait d'être en vie par une telle matinée.

Le thé froid, les œufs froids et les petits pains rassis ne me rendirent pas de meilleure humeur. Je m'installai sous les hêtres, là où j'avais dîné la veille et me mis à frissonner dans mon manteau le plus épais, tandis que le soleil de juillet brillait sur l'eau et que glissaient les bateaux de pêche aux voiles de couleurs vives. Le chien de l'hôtel approcha sur les galets, la langue pendante, puis vint s'allonger à l'ombre près de moi. Des gens venus de Putbus en omnibus pour leur bain matinal passèrent en s'éventant de leur chapeau.

Ces gens arrivaient chaque matin dans une sorte de wagonnet pour se baigner et gravissaient ensuite la colline à pied, lentement, à l'heure du déjeuner. Après ces exercices, ils estiment avoir assez fait pour leur santé et passent le reste du jour à dormir, ou, assis dehors, à boire bière et café. C'est sans doute une excellente façon de passer ses vacances si on a travaillé dur le reste de l'année ; et ces touristes donnaient cette impression. La plupart d'entre eux préféraient s'installer à Putbus qu'à Lauterbach, bien que la mer en soit plus éloignée, mais l'hôtel où j'étais descendue était un peu plus cher — je devrais plutôt dire, à lire le guide, pas aussi bon marché — que les hôtels de Putbus. Je suppose qu'il était moins plein qu'il n'aurait dû l'être à cause de cette légère différence de prix, à moins que ce ne fût cette légère différence de prix qui le faisait moins plein — qui résoudra ces mystères ? De toute façon, le voyageur n'a pas à s'effrayer de la note car, lorsque je retins nos chambres, le domestique parut surpris que je refuse de prendre la *pension*[1] et m'expliqua d'un ton chagrin que tous les *Herrschaften* prenaient *pension**, ajoutant que cinq marks par jour ne pouvait être un arrangement trop onéreux. Je répondis qu'il devait être merveilleux de prendre la pension complète, et qu'on devait "s'y retrouver", mais que, simple oiseau de passage, je préférais y renoncer.

Après le petit déjeuner, je m'en fus explorer le Goor ; adorable bois de hêtres qui, depuis l'hôtel, s'étend au long de la côte. Je descendis rapidement le sentier du haut de la colline dans l'espoir de me réchauffer ; les touristes, déjà ragaillardis, s'étaient assis sous les arbres, haletants, et me lançaient comme un regard d'opprobre de tant me hâter.

Le Goor est splendide. Le sentier que je suivis était sinueux et passait sous une ombre épaisse pour aboutir,

---

1. Les mots en italique suivis d'un astérisque, lorsqu'ils ne renvoient pas à une note, sont en français dans le texte. (*N.d.T.*)

à l'orée du bois descendant vers la mer, à un endroit très chaud, très abrité, où le soleil frappe tout le jour sur les galets et l'herbe sauvage. Un vieux chêne solitaire, battu par les tempêtes, se dresse au bord de l'eau, de l'autre côté de laquelle on aperçoit le rivage boisé de Vilm ; et si vous continuez le long des galets, vous quittez l'ombre des arbres pour vous retrouver sur une étendue d'herbe où les scabieuses mauves penchent au vent leurs tiges délicates.

Un vieux bateau de pêche noir repose sur le flanc au milieu des galets, brûlé par le soleil. Sa silhouette, sombre comme celle du chêne solitaire, brise brusquement les flots de lumière. Quel endroit chaud et charmant pour s'allonger toute la journée avec un livre ! Nul touriste n'y vient, car le sentier ne mène nulle part et se termine brusquement dans les galets et les herbes sauvages, ce qui est douloureux aux pieds sensibles. La promenade habituelle, pour ceux qui ont assez d'énergie — elle n'est pas très longue et n'en exige guère —, traverse le Goor en direction du nord, d'où le sentier vous mène au bord d'une tréflière, au-delà de laquelle vous apercevez le petit village de Vilmnitz niché entre arbres et champs de seigle ; puis, toujours ombragé, il vous ramène doucement vers l'hôtel, alors que le sentier qui tourne sur la droite ne vous conduit qu'aux galets, au vieux bateau et au chêne solitaire. La première chose à faire en cet endroit bien abrité, c'est de retirer votre manteau, ce que je fis ; et si vous aimez la chaleur, si vous détestez avoir les doigts bleus de froid et être transi jusqu'à la moelle, étendez-vous sur les galets, posez votre chapeau sur vos yeux, et laissez-vous cuire de bonheur, ce que je fis aussi. Dans la poche de mon manteau, le seul livre que j'avais emporté était *The Prelude*. Que je sache, il n'existe pas d'ouvrage à la fois aussi peu encombrant et d'une portée aussi vaste. Il se glisse même dans la poche d'une femme et donne la sensation d'une nourriture extraordinairement indigeste. Sa couverture de carton vert est fatiguée tant il m'a suivi dans mes voyages. Où que j'aille, je l'emporte. Et je l'ai lu et relu pendant bien des étés sans être jamais venue à bout de l'adorable lourdeur de son style. Oh ! mânes de Wordsworth, songez qu'un pauvre être rampant tel que moi ose parler de la lourdeur de son style. Mais si vous aimez Wordsworth, c'est vraiment l'impression que vous en retirez. Pour aimer ce livre, il vous faut tout d'abord être amoureux de Wordsworth. Il vous faut aimer les poèmes sans inspiration pour aimer aussi les poèmes inspirés. Il vous faut pouvoir vous intéresser à l'aspect du personnage de *Simon Lee*, et ne pas vous occuper de sa vieille épouse, qui ne semble là que pour rimer avec *village common*. *The Idiot Boy* lui-même ne doit pas vous faire reculer ; et d'avoir appris "*The Pet Lamb*"[2] dans votre nursery n'est pas une raison pour le détester à jamais.

Chaque personnage a sa beauté propre ; il y a toujours quelque perle, de plus ou moins d'orient, à dénicher en eux ; et les pages du *Prelude* sont parsemées de pierres précieuses. J'ai tellement lu ce livre, dans des maisons de campagne où j'ai été heureuse que, de tout simplement l'ouvrir et d'y relire ce premier cri de bonheur — « Oh,

---

2. Allusion à trois poèmes de Wordsworth : *The Pet Lamb, a Pastoral ; The Idiot Boy* et *Simon Lee, The Old Huntsman* — où on lit ces vers :
« His wife, an aged woman,
Lives with him, near the Waterfall,
Upon the Village Common. »
(N.d.T.)

il est un bonheur dans cette douce brise… »[3] —, me fait ressouvenir avec délices d'heures fraîches et joyeuses. Et quoi de plus salubre, par les jours de pluie, lorsque tout semble vide, que de se rappeler les instants de bonheur passés. Chaque instant de bonheur est, pour toujours, un bien qui n'a pas de prix.

Ce matin-là, mon exemplaire s'ouvrit de lui-même au livre VII, *Résidence à Londres*, passage où les perles ne sont pas des plus belles et où les bonnes intentions s'étalent. Mon œil s'arrêta sur les vers où le poète se promène dans les rues de Londres et, outre une nourrice, un vieux garçon, un flâneur en habit militaire et une dame qui marche d'un pas modeste — personnages que, par ailleurs, je connais bien —, il voit :

> *… sur la poitrine une corbeille*
> *Le Juif ; le Turc, majestueux, au pas sans hâte,*
> *Avec sa charge de pantoufles sous le bras !…*
> *Le Suédois, le Russe ; et de leur gai Midi*
> *Venus, l'Espagnol, le Français ; de la lointaine*
> *Amérique, l'Indien chasseur des bois ; le Maure,*
> *Le Malais, le Lascar, le Chinois, le Tartare,*
> *La Négresse, en atours de blanche*
> *mousseline…**

tous ces passants qu'en aucun cas on ne s'attendrait à rencontrer dans les rues de Berlin. Je suis navrée de dire que ce n'est pas là de la poésie, mais peut-être seulement parce que je n'y connais rien ; après tout, on ne peut juger que par ses propres valeurs, et nulle faiblesse ou imperfection de

3. Les traductions des vers du *Prélude* de Wordsworth sont de Louis Cazamian. Éd. Aubier-Montaigne, 1949. (*N.d.T.*)

votre esprit ne vous empêchera jamais de porter un jugement. J'aurai donc le courage de mes opinions et affirmerai que ce n'est pas là de la poésie. Mais ce passage déclencha ma rêverie. C'est l'un des charmes du *Prelude* qu'au bout de quelques vers on puisse s'interrompre et rêver. Et, aussitôt, l'image de la Négresse, en atours de blanche mousseline, s'effaça, et ces autres vers, issus du même esprit mais conçus dans un moment d'humeur divine, se détachèrent en lettres éclatantes :

> *Non pas dans un oubli total*
> *Ni dans le dénuement complet…*

Je n'ai pas besoin de citer davantage ; il est sacrilège d'inscrire ces vers dans un tel contexte de banalités ; je ne pourrais, même à mon plus cher ami, les dire à voix haute et ferme ; ce sont des vers qui semblent venus de Dieu.

Et je sais à présent que la Négresse, quelle que soit sa valeur poétique, est devenue une véritable amie pour une obscure habitante de la Prusse, à laquelle il suffira plus tard de relire ce passage pour se retrouver aussitôt sur les galets chauds, avec le flanc goudronné d'un vieux bateau se découpant sur le ciel, l'eau bleue qui ondule sur le rivage à ses pieds et les pâles fleurs mauves, sur leur tige délicate, se balançant au vent.

Vers midi, la force du soleil me chassa. J'eus l'impression que le dos de mes mains allait se couvrir d'ampoules. Je ne pouvais demeurer allongée et prendre ce risque. Je me levai donc et rentrai à l'hôtel afin de préparer Gertrud à une plus longue absence, car j'avais décidé, d'une manière ou d'une autre, d'effectuer la traversée et de me rendre dans l'île de Vilm. Après lui avoir dit de ne pas s'inquiéter si je n'étais pas rentrée avant l'heure du coucher, je mis mon guide dans ma poche et pris la route. Le chemin qui mène à la jetée traverse une prairie le long de l'eau, bordée d'un côté par des saules et, de l'autre, par des joncs. En dix minutes, vous êtes à Lauterbach, en passant devant d'horribles petites maisons neuves, où logent les touristes, et de délicieuses et minuscules vieilles maisons où vivent les pêcheurs ; vous avez payé dix *pfennigs* à une dame tout sourire qui vous attend à l'entrée de la jetée ; il n'est pas nécessaire de la combler d'amabilités, car elle est complètement sourde, et une fois parvenue à l'extrémité, vous commencez à vous demander comment vous allez pouvoir traverser. Il y avait, d'un côté, des bateaux de pêche à l'ancre, et un brick, déchargé, venu de Suède. Un petit bateau à vapeur semblait prêt à partir. Comme je demandais au préposé assis sur un rouleau de corde et qui regardait dans le vide s'il pouvait m'emmener à Vilm, il me répondit qu'il n'y allait pas, mais serait ravi de m'emmener à Baabe. N'ayant jamais entendu parler de Baabe, je n'avais aucune envie d'y aller. Il me suggéra alors Greifswald, disant qu'il irait le lendemain. Et lorsque je déclinai l'offre d'aller à Greifswald le lendemain au lieu d'aller à Vilm aujourd'hui, il eut l'air de me trouver un peu toquée et se replongea dans sa rêverie.

Non loin, un pêcheur désœuvré était accoudé à l'un des pieux et regardait droit devant lui. Au moment où j'allais m'éloigner, il s'arracha à ses réflexions et me demanda si je désirais utiliser son bateau. Il me le désigna, un peu plus loin au large — un bateau imposant avec ces amples voiles d'un brun vif qui font de grandes taches de couleur sur les bleus et les blancs d'alentour. Il n'y avait qu'une légère brise, mais il me dit qu'il pourrait effectuer la traversée en vingt minutes, m'attendrait jusqu'au soir si je le désirais, et ne me demanderait que trois marks. Trois marks un bateau de pêche pour moi toute seule, avec ses voiles dorées, et un pêcheur à barbe blonde, aux yeux bleus, au corps robuste, dont les ancêtres avaient sûrement été Vikings ! Je montai sans discuter dans son canot et il rama jusqu'au bateau. Comme nous longions le flanc de celui-ci, un petit Viking imberbe — il n'avait que dix ans —, mais avec des taches de rousseur, passa la tête hors de la cabine et me fut présenté comme l'aîné de ses cinq fils. Le père et le jeune garçon m'arrangèrent une place confortable dans un coin qui ne sentait pas trop le poisson, hissèrent la grande voile poétique, et nous nous éloignâmes doucement de la jetée. C'est la seule façon de visiter Vilm, la plus romantique des petites îles. Qui voudrait y aller autrement qu'en compagnie d'un Viking et d'une voile dorée ? Pourtant, il existe une autre façon de s'y rendre, et c'est la plus usitée. Il y a, entre Lauterbach et Vilm, une petite chaloupe à moteur qui sent très mauvais et fait beaucoup de bruit ; c'est un long bateau étroit, et s'il y a seulement quelques petites vagues, il roule tellement que les dames, et quelques fois même les messieurs, poussent des cris. Et vous êtes trempé par les embruns. Par temps calme, il avance rapidement, effectuant le trajet en dix minutes. Mon bateau mit vingt minutes à l'aller et davantage au retour, mais quelle différence de plaisir ! La petite chaloupe, dans un jet de vapeur, nous dépassa à mi-route ; je m'étais à peine rendue compte que nous bougions si ce n'est aux petites ondulations brillantes laissées par l'étrave, mais le fracas de son moteur et l'odeur d'essence persistaient, alors qu'elle n'était déjà plus qu'un petit point à l'horizon. Les gens qui l'empruntaient devaient être pressés d'arriver, pourtant Vilm n'est pas un endroit où se précipiter. De toute façon, rien n'y peut attirer les gens pressés. Traverser le bras de mer à l'aller et au retour pour attraper le train à Lauterbach, c'est ne pas être sensible à son charme singulier, car c'est un lieu où passer l'été à rêver ; or, le touriste malin, qui y passe quelques instants entre deux trains, saurait à peine comment remplir les trois heures qui lui sont laissées. Vous pouvez en faire le tour en trois quarts d'heure. Vous avez eu le temps de voir tout ce qu'il y a à voir et tous les endroits où l'on peut s'asseoir. En regardant la mer vers l'est, vous avez dit : « Oh ! voici Thiessow ! » et, en regardant la mer vers l'ouest, vous avez dit : « Oh ! voilà Putbus ! » Et, en apercevant, au loin, vers le sud, les clochers des églises se dressant hors de l'eau, vous pourrez dire : « Oh ! ce doit être Greifswald ! » Vous aurez eu tout le temps de sourire en voyant la rusticité des cabines de bain sur la rive orientale, d'y lire les noms que les baigneurs y ont griffonnés, avec des poèmes, des phrases d'adieu et des citations de classiques allemands ; le temps de vous asseoir quelques minutes sur les rochers en vous disant qu'ils sont bien durs ; et, enfin, ignorant tout à fait comment occuper la dernière heure, de vous rendre à l'auberge, seule maison de l'île, où, à l'une des tables disposées sous les châtaigniers devant la porte, vous pourrez boire une bière en attendant le départ de la chaloupe à moteur.

Mais ce n'est pas ainsi qu'il faut visiter Vilm. Si vous aimez les charmes du plein air, les vastes étendues de ciel et de mer, les hêtres vigoureux, l'épaisseur des fougères, les prairies parsemées de fleurs, les talus bleus de gentianes, la solitude et les économies d'argent, alors, passez un été à Vilm ! L'auberge est tenue par l'un des forestiers du prince Putbus, ou plutôt par sa femme, aimable et obligeante, la fonction du forestier se bornant à s'appuyer à un tronc d'arbre, devant l'auberge, exhibant une pittoresque tenue verte de chasseur, pour observer, à l'aide d'un télescope, l'arrivée et le départ de la chaloupe. Sa femme fait le reste. Je m'étais assise à l'une des tables préparées sous les châtaigniers, et j'attendis mon déjeuner — fort longtemps, d'ailleurs ! — qu'elle m'apporta tout en commençant à bavarder. La saison, expliqua-t-elle, était très courte, deux mois tout au plus, juillet et août, ce qui l'obligeait à monter ses prix. Je lui demandai ses tarifs : cinq marks par jour pour une chambre sur le devant, donnant sur la mer, et quatre marks et demi pour une chambre sur l'arrière donnant sur la forêt, quatre repas compris. Moins cher hors saison. La plupart de ses pensionnaires étaient des peintres, et elle en avait parfois jusqu'à vingt-quatre, avec leurs femmes. Mon déjeuner arriva tandis qu'elle essayait toujours de deviner si j'étais ou non une femme peintre et, sinon, pourquoi étais-je seule, au lieu de faire partie d'un groupe, en bonne touriste. Je répondis seulement que le déjeuner était fort copieux. Sa qualité, après tout, importait peu. Le seigle poussait à cent mètres de ma table et faisait une tremblante ligne dorée sur le bleu étincelant de la mer. On voyait danser des papillons blancs. La brise m'apportait les douces senteurs de la campagne. Les feuilles du châtaignier qui m'abritait frémissaient en murmurant. L'univers entier était gai, jeune, odorant, et si le voyageur ne croit pas que de telles délices peuvent faire oublier une cuisine médiocre, alors pourquoi voyage-t-il ?

Frau Förster insista pour me montrer les chambres. Elles sont simples et très propres, et toutes ont une belle vue. Le reste de la maison, y compris la salle à manger, ne mérite pas qu'on s'extasie. Je vis la longue table à laquelle les vingt-quatre peintres prennent leurs repas. Quand je jetai un coup d'œil, ils étaient attablés et déjeunèrent tout le temps que j'avais passé sous mon châtaignier. S'ils restaient si longtemps à table, ce n'était pas en raison du nombre de plats, mais de la rareté des serveurs. Il y avait au moins quarante personnes attendant patiemment, et seulement un serveur et un jeune garçon pour apporter et remporter les plats. À Vilm, la baignade non plus ne peut être comparée à la glorieuse baignade de Lauterbach. Il n'y a pas de préposée souriante en bonnet de bain tout blanc attendant pour prendre vos affaires et les sécher, pour vous frotter le dos quand vous commencez à frissonner, et, si nécessaire, pour se jeter à l'eau et vous rattraper quand vous allez vous noyer. À Vilm, les cabines de bain se trouvent sur la côte orientale, et vous les atteignez en traversant une prairie — la plus divine des prairies c'est vrai, avec la mer alentour, et le bétail qui paît — et l'air est si radieux qu'à tout moment il semblerait que les filles des Dieux vont se mettre à voler au-dessus des boutons d'or pour blanchir leurs vêtements au soleil. Aussi belle que soit cette prairie, il y fait quand même chaud et il n'y a guère de sentier. Excepté celui qui traverse les seigles et qui, du débarcadère, conduit à l'hôtel, il n'existe aucun sentier sur l'île — seulement quelques pistes, ici et là, empruntées par les vaches, le soir, lorsqu'elles rentrent à l'étable. Pour atteindre ces cabines de bain, il faut vous enfoncer dans l'herbe de la prairie et ne pas redouter les sauterelles qui se précipitent sur vos vêtements. Puis l'eau, à cet endroit, est si peu profonde qu'il vous faut y marcher péniblement, à une distance qui peut paraître dangereuse, avant qu'une fois allongée elle vous recouvre. Et pendant que vous pataugez, parfaitement incapable, comme tout le monde le sait, d'avancer aussi vite que vous le voudriez, vous vous sentez rougir à l'idée que quelques-uns des vingt-quatre peintres, sinon tous, sont sans doute assis sur les rochers et vous observent. Et, en faisant demi-tour, vous rougissez encore plus.

Je n'ai jamais vu, pour se baigner, un endroit aussi accueillant. C'est très beau : dans une adorable boucle du rivage, des falaises recouvertes de hêtres d'un côté, et la splendide prairie derrière les rochers, de l'autre ; mais on peut vous voir de l'île entière si vous vous éloignez suffisamment pour nager et, de toute façon, on aperçoit toujours votre silhouette, celle d'un être fort piteux, à la vue de tous, alors même que vous êtes seul, debout dans l'eau qui vous lave les chevilles.

Je m'assis à l'ombre des falaises, et observai deux jeunes filles qui descendaient se baigner. Elles ne se rendaient pas du tout compte de leur situation et s'éclaboussaient avec des cris aigus et des rires qui résonnaient dans l'air doux de l'après-midi. C'est alors que je vis le peu de fond de l'eau, et réalisai combien il serait embarrassant pour une personne pleine de dignité de se baigner à cet endroit. Les jeunes filles ne paraissaient guère gênées. Probablement, l'un ou l'autre des vingt-quatre peintres devait-il être leur père, et se sentaient-elles ainsi comme chez elles. Ou peut-être — et en les observant je finis par m'en convaincre — souhaitaient-elles être remarquées par ceux des peintres qui n'étaient pas leur père. Quoiqu'il en soit, elles dansaient, riaient, se bousculaient, jetant souvent un coup d'œil du côté des falaises ; et il faut bien dire qu'elles étaient charmantes dans leur petit costume de bain rouge se découpant sur le saphir de la mer.

Je restai longtemps assise après qu'elles se fussent rhabillées et transformées en jeunes femmes banales ; puis, elles remontèrent bruyamment la pente herbue à l'ombre des hêtres. L'après-midi retrouva son silence, seulement troublé par le léger ressac de l'eau au pied des rochers. De temps à autre, un lapin déboulait sur le flanc de la falaise et, à un moment, on entendit le cri d'un épervier, là-haut, dans les petits nuages. Les ombres s'allongeaient ; les formes des rochers, sur l'eau, semblaient vouloir s'étirer jusqu'à Thiessow avant que le soleil ne les eût abandonnées. À l'horizon, bien au-delà du promontoire brumeux, une longue traînée de fumée survolait le sillon laissé par un steamer partant vers la Russie. J'aurais aimé que mon âme se pénétrât de la sérénité de tels après-midis afin d'en conserver pour toujours la douceur.

Vilm consiste en deux collines boisées rattachées l'une à l'autre par une longue, étroite et plate bande de sable qui, au-delà de la prairie et des arbres qui la bordent, est couverte d'herbe épaisse, de pierres et de petits coquillages. Des bosquets d'arbres fruitiers par-ci par-là, dont on dirait qu'ils connaissent le sens du verbe ébouriffer. La mer vient jusqu'à leurs pieds, l'hiver, quand le vent de l'est souffle en rafales et, auprès des autres arbres, ils ont l'air de squelettes d'arbres morts sous le poids des saisons ; ils ont l'aspect torturé des arbres que le vent déchire, et menacent le ciel de leurs bras décharnés, impuissants. Après avoir péniblement avancé dans ces parages ingrats, m'arrêtant à chaque instant pour retirer des coquillages de mes chaussures, je parvins à un terrain accidenté, une herbe grasse et molle, de beaux arbres — un endroit tout à fait charmant au pied de la colline donnant vers le midi. Je m'assis un moment, pour me débarrasser des derniers coquillages et pour boire des yeux les beautés du paysage. Je n'avais pas rencontré âme qui vive depuis les jeunes filles, et songeai que la plupart des pensionnaires de l'auberge ne tenaient pas à se promener, dans la chaleur étouffante de l'après-midi, au milieu des épines et des coquillages qu'il fallait affronter avant d'atteindre une verte fraîcheur. Et tandis que je me livrais paisiblement à ces réflexions, secouant lentement mes chaussures et me félicitant d'avoir cet endroit charmant pour moi seule, je vis un jeune homme, dressé sur un rocher, sous la falaise à l'est de la colline, qui photographiait l'étroite bande de sable, entourée par la mer ; et moi au milieu.

Je ne suis pas de celles qui aiment à être photographiées à tout instant. Il m'arrive parfois, mais de moins en moins, de céder aux prières de ceux qui me sont les plus proches et les plus chers ; mais c'est toujours moi qui décide, après avoir choisi les vêtements et la pose à prendre. Le Kodak et la photographie instantanée prise avant même qu'on ait le temps de savoir comment on va sourire font partie de ces choses que toute femme qui a en ses charmes une confiance indéfectible doit considérer avec horreur. Les mouvements si gracieux que les premières victoriennes décrivaient comme des poses de cygnes — ces premières victoriennes qui portaient des cheveux bouclés, faisaient la moue, avaient des fronts marmoréens et se prénommaient Georgiana — se transforment par l'irrévérence de la photographie instantanée en une caricature dans laquelle la personne photographiée ne parvient pas à se reconnaître et qui remplit secrètement ses amis d'une joie éhontée. « Quel est est donc ce jeune homme ? » me demandai-je avec indignation. Il se tint un moment sur le rocher, cherchant des yeux quelque autre sujet à photographier, puis il m'aperçut. Il descendit de son rocher et vint vers moi. « Quel est donc ce jeune homme ? » me demandai-je encore, en m'empressant de me rechausser ; j'étais en colère. Il venait sans doute s'excuser.

En effet. Je regardais d'un œil noir du côté de Thiessow. Sur une île, on ne peut échapper à rien, ni à la conversation ni à quoi que ce soit. Il était plutôt grand, et il y avait quelque chose d'indéfinissable et de rassurant dans la forme de son col.

« Je suis tout à fait désolé », dit-il très poliment. « Je ne vous avais pas remarquée. Bien sûr, je n'avais nullement l'intention de vous photographier. Je vais détruire le film. »

Je me sentis blessée. Être photographiée malgré soi n'est déjà pas agréable, mais s'entendre dire qu'on ne veut plus de votre photo et qu'on va la détruire est encore pire. C'était un jeune homme très bien de sa personne, et j'aime les jeunes gens très bien de leur personne. À la façon dont il parlait allemand et à son col, je le pris aussitôt pour un Anglais ; et j'aime les Anglais. Et il m'avait appelée *gnädiges Fräulein*[4] ! et quelle mère de famille n'aimerait pas cela ?

« Je ne vous avais pas vu », fis-je aimablement, touchée par sa jeunesse et sa candeur, « sinon je me serais écartée.

— Je vais détruire le film », répéta-t-il. Il souleva sa casquette et repartit vers les rochers.

Si je restais au même endroit, il ne pourrait plus photographier la bande de sable, à ce point étroite que j'aurais encore figuré au milieu ; il était clair qu'il souhaitait la prendre en photo, et il se trémoussait entre les rochers, en attendant que je m'éloigne. Ce que je fis ; et, en grimpant sous les arbres de la colline, je songeai doucement à ces manières calmes et charmantes qu'ont les Anglais, qui parlent et agissent comme s'ils avaient toute la vie devant eux et comme si le temps pouvait bien attendre. Je me demandai comment il avait bien pu dénicher cette île lointaine. Je

---

4. Mademoiselle. (*N.d.T.*)

me demandais comment je l'avais trouvée ; mais tout de même, j'aurais surtout voulu savoir comment, lui, l'avait découverte.

Il y a beaucoup de terriers de lapins sous les arbres, à l'extrémité méridionale de Vilm, et j'ai dérangé successivement pas moins de trois serpents dans les hautes herbes. Ils étaient inoffensifs, mais chacun m'a fait toutefois sursauter et frissonner ; après le troisième, je commençai à en avoir assez et je descendis la colline par le côté occidental, afin d'aller jusqu'à la toute dernière extrémité de l'île, dans l'innocente intention d'apprendre ce qu'il pouvait bien y avoir au-delà. Le jeune homme y était déjà et j'avançais droit dans le champ d'une nouvelle photo ; à l'instant même où je parvins au tournant du sentier, j'entendis le déclic de l'appareil.

Cette fois, il me regarda, avec étonnement et quelque inquiétude.

« Je vous assure que je ne *veux* pas être photographiée, dis-je précipitamment.

— J'espère que vous ne croyez pas que j'en avais l'intention, répondit-il.

— Je suis désolée.

— Je vais détruire le film, reprit-il.

— Quel gaspillage ! »

Le jeune homme souleva sa casquette ; je poursuivis mon chemin vers l'est, parmi les rochers ; il alla d'un pas décidé dans la direction opposée ; de l'autre côté de la colline, nous fûmes de nouveau face à face.

« Oh ! » criai-je, véritablement agacée. « Vous ai-je fait gaspiller un autre film ? »

Le jeune homme se mit à sourire — c'était un jeune homme vraiment bien de sa personne — et m'expliqua que la lumière n'était plus assez vive pour prendre d'autres photos. De nouveau, il m'appela *gnädiges Fräulein* et, de nouveau, je fus émue par tant de candeur. Et son allemand, aussi, était touchant ; la grammaire en était si parfaite, et les mots si soigneusement choisis que l'on eût dit des fragments de Goethe appris par cœur.

Alors, le soleil déclina au-dessus des maisons de Putbus, et le flot doré transforma la bande de sable avec ses herbes folles et ses arbres battus par les intempéries en une sorte de pont féerique, enjambant une mer mystique, unissant deux merveilleuses îles scintillantes. Nous avançâmes, le visage baigné de lumière. Il est impossible, comme je l'ai déjà dit, d'échapper à quiconque sur une île aussi minuscule. Nous rentrions tous deux à l'auberge, et la bande de sable était fort étroite. Nous marchâmes néanmoins côte à côte, et tout ce que ce jeune homme trouva à dire, durant le trajet, et dans l'allemand le plus ampoulé, eut trait à l'Absolu.

Je ne comprenais pas ce que j'avais pu dire pour qu'un beau jeune homme, qui me prenait pour une *Fräulein*, me parlât pendant près de vingt minutes de l'Absolu. Il croyait sans doute — quelle candeur de sa part ! — qu'étant Allemande, et quels que fussent mon sexe et la forme de mon crâne, je ne pouvais qu'être intéressée par un tel sujet. Je ne sais plus comment cela débuta. Ce ne fut certainement pas de ma faute car, jusqu'alors, je n'avais pas d'idée très précise sur le sujet. Bien entendu, je ne le lui avouai pas. Au moins, l'âge m'avait rendue maligne ! Une vraie *Fräulein* n'aurait rien perdu de sa naïveté et aurait dit : « Qu'est-ce que l'Absolu ? » Mais comme je suis rusée, je fis semblant de réfléchir — ce qui est très facile — et demandai : « Quelle définition en donnez-vous ? »

Il répondit qu'il le définissait volontiers comme la négation du concevable. Sans me laisser démonter, je répliquai que c'était beaucoup dire et lui demandai comment il en était arrivé à cette conclusion. Il me donna des explications savantes. Il me prenait sans aucun doute pour une *Fräulein* très intelligente ; le fait est que je me donnais beaucoup de mal pour l'en persuader.

Il avait une grande admiration pour tout ce qui est allemand, et spécialement pour l'érudition germanique. Les gens que je connais n'invitent pas les érudits à dîner, pour la bonne raison — au demeurant fort peu valable ! — qu'ils ne s'habillent pas pour dîner ou que, s'ils sont assez mondains pour le faire, ils gâchent leur élégance en piquant dans leur cravate de satin blanc des épingles en forme de fer à cheval ; et de surcroît, comme ils sont tous libéraux, ils sont ininvitables. Lorsque mon jeune inconnu, passant naturellement de Kant et des philosophes anciens aux célébrités allemandes contemporaines, mentionna avec enthousiasme les grands noms des sciences et des arts, me demandant si je les avais rencontrés — ce simple fait lui semblait un privilège —, je ne pus que murmurer : « Non. » Impossible d'expliquer à ce rejeton d'une race sans préjugés l'infinie réserve de la classe appelée *Junker* — je suis une *Junker* femelle — à traiter d'égal à égal avec la classe qui porte, le soir, des cravates de satin blanc ornées d'épingles... Mais il est pourtant indiscutable qu'un homme qui sait parler le langage des anges, qui a marqué son siècle et dont on se souviendra encore lorsque nous serons retournés, oubliés, à la poussière prussienne dont nous sommes issus — ou plus exactement, non pas oubliés, car nous n'avons aucune raison de l'être, étant tout simplement des inconnus —, il est indiscutable qu'un tel homme a le droit de porter la cravate de son choix lorsqu'il dîne en ville, et mérite d'être reçu sur les genoux métaphoriques du respect et de la gratitude. Toutefois, il est fort probable que si, nous qui vivons désœuvrés à la campagne, invitions un tel homme, y eût-il ou non des hôtesses l'attendant à genoux, il est probable qu'il ne viendrait pas. Comme cela l'ennuierait ! Il nous trouverait imbus de ces qualités que Pater nomme les plus parfaites vertus provinciales, jaloux à la folie des apanages tatillons et sanguinaires que nous nommons notre honneur, pointilleux quant au respect des conventions les plus primitives, corrects dans notre mise, rigides dans nos opinions et fiers de l'effet éternellement soporifique qui se dégage de nous. Celui qui a réussi à mener sa pensée, plus avant qu'aucun de ses contemporains, sur des terres jusqu'à présent vierges, s'il est venu une fois chez nous, ne reviendra jamais. Mais une telle invitation est, après tout, impossible, car tous les grands noms admirés par les jeunes inconnus sont ceux de libéraux, et les *Junker* sont tous conservateurs. Et comment un Allemand conservateur pourrait-il fréquenter un Allemand libéral ? C'est impensable. Tout comme la définition de l'absolu par mon jeune homme, c'est la négation même du concevable.

Comme nous étions parvenus à la châtaigneraie située devant l'hôtel, et comme je n'avais prononcé que de rares paroles, nul doute que mon compagnon n'ait vu en moi la femme la plus intelligente qu'il eût jamais rencontrée. j'étais sûre que c'était bien là son opinion car, lorsque nous eûmes dépassé la buanderie et la roseraie de Frau Förster et fûmes arrivés sous les châtaigniers, il se tourna brusquement vers moi et dit : « Comment se fait-il que les Allemandes soient infiniment plus intellectuelles que les Anglaises ? »

Intellectuelles ! Merveilleux ! Voilà la récompense d'avoir su se taire !

« Je l'ignorais, dis-je modestement — ce qui était vrai.

— Oh ! mais si ! », m'assura-t-il d'un ton péremptoire, avant d'ajouter : « Peut-être avez-vous remarqué que je suis anglais ? »

Remarqué qu'il était anglais ? Je l'avais supposé dès que j'avais vu son col. Je le savais dès qu'il eut ouvert la bouche. Et n'importe qui en aurait fait autant, qui l'aurait entendu parler sous les châtaigniers. Mais pourquoi ne pas faire plaisir à ce jeune ingénu ? Je levai les yeux sur lui, les sourcils empreints d'une vive surprise et dis : « Oh ! vous êtes anglais ?

— J'ai passé beaucoup de temps en Allemagne, reprit-il d'un ton qui exprimait sa satisfaction.

— Mais c'est extraordinaire !

— Ce n'est pas si difficile, ajouta-t-il, de plus en plus heureux

— Vraiment pas allemand ? *Fabelhaft !*[5]

Rien ne pouvait plus ébranler la foi du jeune homme en mon intelligence. Frau Förster, qui m'avait vu partir pour ma promenade solitaire et qui, maintenant, me voyait revenir avec un compagnon de l'autre sexe, m'accueillit froidement. À vrai dire, cette froideur pouvait se justifier. Il n'est pas dans mes habitudes de partir toute seule et de revenir en disant à des jeunes gens, que je vois pour la première fois, que leurs talents sont *fabelhaft*. Je finis pas éprouver aussi quelque froideur vis-à-vis de moi-même et, me tournant vers le jeune homme, lui dis adieu un peu brusquement.

« Vous rentrez ? demanda-t-il.

5. Fabuleux. (*N.d.T.*)

— Je n'habite pas ici.

— Mais la chaloupe ne part pas avant une heure. Moi aussi, je fais la traversée.

— Je ne repars pas avec la chaloupe ; je prends un bateau de pêche.

— Oh ! vraiment ? » Il sembla méditer, avant d'ajouter : « Superbement indépendante !

— N'avez-vous pas remarqué que la Fräulein allemande est aussi indépendante qu'elle est intellectuelle ?

— Non, jamais. D'ailleurs, je trouve les Allemands très en retard sur nous. Leurs femmes n'ont rien de la liberté des nôtres.

— Même pas lorsqu'elles s'en vont toutes seules dans les bateaux de pêche ?

— C'est certainement inhabituel. Puis-je être certain que vous y serez en sécurité ? »

Frau Förster vint vers nous et lui dit que le dîner qu'il avait commandé pour huit heures était prêt.

« Non, merci, dis-je, ne vous faites pas de souci. Il y aura un pêcheur et un jeune garçon pour m'aider. Aucune difficulté.

— Oh ! mais cela ne me gêne en rien.

— Je ne veux pas vous faire rater votre dîner.

— Vous ne dînez pas ici ?

— J'ai déjeuné, je ne dînerai pas.

— Est-ce une bonne raison ?

— Vous verrez bien. Adieu ! »

Je descendis le sentier qui mène à la plage ; le blé, de part et d'autre, était haut et épais, et, au bout de quelques pas, je me retrouvai loin de l'hôtel, loin des châtaigniers, loin du jeune homme. Le bateau se trouvait à quelque distance, avec le canot retenu à la poupe. On apercevait la tête du fils du pêcheur, reposant calmement sur un rouleau de corde. Il me parut difficile et gênant de crier, mais comme il n'y avait personne d'autre que moi, j'étais la seule à pouvoir le faire. Je posai mes mains en porte-voix, et ignorant le nom du pêcheur, criai : « *Sie !*[6] » Cela semblait à la fois faible et grossier. En me rappelant l'aspect du Viking à barbe d'or, la majesté de son attitude et sa dignité superbe, j'eus honte de me trouver là, plantée sur un rocher, et de l'appeler de toutes mes forces.

La tête sur le rouleau de corde ne broncha pas. J'agitai mon mouchoir. Le garçon fermait les yeux. De nouveau, j'appelai : « *Sie !* », et trouvai que c'était le plus offensant des pronoms. Le garçon était endormi, et mon cri plaintif, lancé au-dessus des vagues, en direction de Lauterbach, ne l'atteignit pas.

Soudain, la silhouette de l'Anglais se découpa sur le ciel, au-dessus du champ de blé. Il s'aperçut de ma situation difficile et, retirant ses mains de ses poches, il descendit vers moi en courant. « *Gnädiges Fräulein* dans l'embarras », me fit-il observer dans son allemand admirablement correct et néanmoins laborieux.

« En effet, répondis-je.

— Dois-je appeler ?

— S'il vous plaît. »

Il cria. Le garçon se réveilla en sursaut. La haute silhouette du pêcheur émergea de la cale du bateau. En deux minutes, le canot aborda à la petite jetée de planches, et je me retrouvai à bord.

« Très bonne idée d'avoir emprunté cette embarcation romantique pour venir jusqu'ici ! fit le jeune homme, avec un ton de regret, en demeurant sur la jetée.

---

6. Eh vous, là-bas. (*N.d.T.*)

— Elle sent un peu le poisson ! fis-je en souriant, tandis que nous poussions au large.

— Mais tellement romantique !

— N'avez-vous jamais remarqué que la jeune fille allemande est une créature romantique ? » Le canot commençait à s'éloigner. « Un très beau mélange d'intelligence, d'indépendance et de romantisme ?

— Vous êtes à Putbus ?

— Non ! Adieu ! Merci d'être venu et d'avoir crié ! Votre dîner sera tout à fait froid et immangeable !

— J'ai retenu de ce que vous m'avez déjà dit qu'il aurait été, de toute façon, immangeable ! »

Le canot s'éloignait très vite. La bande d'eau dorée se fit de plus en plus large entre le jeune homme sur la jetée et moi.

« Pas du tout ! fis-je, élevant la voix. Essayez la compote ! Elle est excellente ! C'est ce que vous appelleriez, en Angleterre, de la gelée de groseille, en mieux.

— De la gelée de groseille, en mieux », fit, en écho, le jeune homme, apparemment frappé par ces trois mots, avant d'ajouter d'une voix encore plus forte, car la bande dorée, s'était élargie entre nous : « Pourquoi avez-vous dit cela sans une ombre d'accent étranger ?

— Ah, oui ? »

Le canot s'approcha à l'ombre du bateau. Le Viking et son fils armèrent les avirons, m'aidèrent, accrochèrent le canot à la poupe, hissèrent la voile, et nous disparûmes dans le soleil couchant.

Le jeune homme, sur la jetée au loin, agita sa casquette. Il avait l'air d'un jeune archange debout au cœur de cette splendeur. C'était un jeune homme vraiment très bien de sa personne.

De Lauterbach à Göhren

Sur la jetée de Lauterbach, le préposé au bateau à vapeur avait offert de me conduire à Baabe, mais désirant aller à Vilm, j'avais décliné sa proposition. Après quoi, en consultant la carte, je me rendis compte que, dans mon projet de faire le tour de Rügen, je serais, de toute façon, passée par Baabe. Le guide ne tarit pas d'éloges, et dit — après avoir expliqué que ce nom plutôt bizarre signifie *Die Einsame*, c'est-à-dire l'Unique — qu'il s'y trouve une pinède, un air marin absolument pur et riche en ozone, un climat à la fois doux et salubre, et que l'ensemble produit des miracles sur tous ceux qui ont quelque faiblesse des bronches. Il poursuit en affirmant qu'être allongé sur le sable doux et sec, à regarder la vaste mer et ses vagues brodées d'écume et à s'emplir les poumons d'un air tonifiant est un plaisir sans pareil. Puis, le guide se perd en une page de poésie de pacotille, évoquant le plaisir d'être enseveli dans le sable, page probablement rédigée par un voyageur qui en a fait l'expérience. Suivent quelques informations pratiques : on peut séjourner à Baabe, *en pension** complète, pour quatre marks par jour et le dîner coûte un mark et vingt pfennigs.

73

Je n'ai jamais lu de guide d'une poésie aussi irrésistible. Quel touriste chercherait, en premier lieu, le plaisir qu'on éprouve à être enseveli dans le sable ? Cette sorte de plaisir n'est d'aucun attrait pour qui n'a pas dîné. Avant tout, le voyageur qui débarque quelque part s'enquiert de savoir où il pourra se faire servir le meilleur dîner, et à quel prix. Puis, s'il le désire, il s'intéressera aux voluptés diverses mentionnées par le guide. Celles-ci, à propos de Baabe, n'étaient guère convaincantes ; tout cela sonnait creux. Le guide n'aurait pas accordé une telle importance au bienfait que pouvaient en attendre les poitrinaires et au plaisir qu'on éprouve à être enfoui dans le sable, s'il y avait eu toute autre raison plus sérieuse de s'y rendre. Néanmoins, la forêt située près de la mer, nommée *Die Einsame*, me fut un attrait suffisant. Je dis alors adieu à Lauterbach que j'avais commencé à connaître et à aimer, et partis donc, toute exaltée, pour Baabe, prête à succomber à ses charmes.

C'était une journée agréable, grand soleil et forte brise. Tout bougeait, brillait, palpitait. Je me sentis prise d'une gaieté folle lorsque nous parvînmes dans les champs qui s'étendent entre le temple grec et le village de Vilmnitz — une gaieté toute rentrée, bien sûr, car je ne pouvais manifester mon exaltation en présence de la sérieuse Gertrud. J'avais remarqué que ni les agréables senteurs, ni le clair soleil, ni le pépiement des oiseaux, tout ce qui rend la vie charmante, n'étaient jamais d'aucun effet sur quelque Gertrud que ce fût. Apparemment, les Gertrud ne sentent ni ne voient ni n'entendent. Non seulement elles sont incapables d'apprécier ces sensations, mais elles en ignorent même l'existence. Cette parfaite inconscience devant la beauté m'a toujours été un mystère. Nul changement de température ne parvient à troubler la solennité inébranlable de ma Gertrud. Elle offre le même visage aux roses de juin et aux vents mordants de mars. La douceur de mai, qui met la nature en vacances, ne parvient pas à troubler sa dignité. Elle n'est pas plus impassible par un triste après-midi de février, quand le monde extérieur, enveloppé de froids brouillards, frissonne tout au long des heures, qu'elle ne l'est par une magnifique journée comme celle-ci, la troisième de notre voyage. La brise, de toute sa ferveur soulevait des mèches folles sur son front et caressait celui-ci de petit baisers d'une familiarité et d'une hardiesse inconcevables pour un visage empreint d'une telle dignité ; le feuillage agité des peupliers murmurait tous les secrets de la vie à ses oreilles qui y demeuraient sourdes ; les jardins des petites maisons de Vilmnitz, illuminés en cette saison par la blancheur éclatante des lys, versaient des flots de senteurs sur la route, que le vent portait jusqu'à ses narines ; elle ne pouvait respirer sans en sentir les divins effluves, et pourtant son visage conservait la même expression que lorsque nous passions devant une porcherie. Toutes les Gertrud, sur cette terre, sont-elles donc incapables de faire la différence entre les lys et les cochons ? Ballottées par les pénibles flots de la vie, n'ont-elles toujours senti que l'odeur des cochons ? Je m'interrogeai là-dessus durant au moins cinq kilomètres ; et j'eus soudain tellement envie de partager mes réflexions avec Gertrud que je fus près de le faire, mais je craignis de l'offenser : parcourir l'île de Rügen en compagnie d'une Gertrud offensée serait plus que je ne pourrais supporter.

Vilmnitz est un charmant petit village, et le guide fait l'éloge de ses deux auberges. Mais de toute façon ce guide fait l'éloge de tous les endroits qu'il mentionne. Pour ma part, Vilmnitz ne me semble qu'un village qu'il suffirait de traverser. Ceci dit, c'est un lieu fort agréable : les rues sont moins sablonneuses qu'ailleurs, avec de petites maisons pittoresques et bien tenues, et, perchée sur une butte, la plus ancienne église de l'île. Elle date du XIIe siècle, et j'aurais bien aimé y pénétrer, mais elle était fermée. Le pasteur en a la clef et, à cette heure de l'après-midi, les pasteurs font la sieste, et la bienséance exige de ne pas les déranger. Aussi, nous traversâmes Vilmnitz avec la fierté de ceux qui ne réclament aucune faveur et ne veulent rien demander à personne.

La route est laide qui mène à un lieu nommé Stresow, mais peu importe qu'une route soit laide si le soleil brille, et les routes laides ne sont pas désagréables en ce sens qu'elles font mieux apprécier celles qui sont belles. Tout autour de Stresow, il y a nombre de tombes de Huns, de gros monticules sur lesquels poussent des arbres. Je suppose que les Huns sont en dessous. On peut aussi voir un monument commémorant une bataille qui opposa les Prussiens du vieux Dessauer aux Suédois. Nous l'avons gagnée. Comme toute bonne Allemande, il était de mon devoir de me gonfler d'orgueil patriotique devant ce mémorial ; ce que je fis. Car, comme toutes les nations, un rien suffit à nous gonfler de cette sorte d'orgueil. Nous en prenons l'habitude dès l'enfance en imitant nos parents ; chaque belle journée d'été, on peut voir des familles entières se presser autour de la colonne de la Victoire et des statues de la *Siegesallee*, à Berlin. Le vieux Dessauer n'évoque pas toujours grand chose à ceux qui ont la mémoire courte, et je suis désolée d'avouer combien j'en sais peu sur lui, sinon qu'il était âgé et, comme son nom l'indique, originaire de Dessau. Néanmoins, en voyant l'endroit où, grâce à lui, nous remportâmes la victoire, je me sentis fière de lui, fière de l'Allemagne et fière de moi. « Oh ! sang et acier ! » m'écriai-je, « glorieux et puissant mélange ! Voyez-vous ce monument, Gertrud ? Il signale l'endroit où les Prussiens remportèrent une grande bataille, menés par le vieux, l'héroïque Dessauer. » Et bien que Gertrud, j'en suis sûre, fût encore moins au courant que moi, son visage, à la mention d'une victoire prussienne, prit aussitôt et mécaniquement une expression d'invincible orgueil.

Passé Stresow, la route était montueuse et charmante, avec, sur les bords, des bois ombreux qui, parfois, s'étendent de l'autre côté des prairies ; je vis les premiers champs de jaunes lupins en fleur et je connus les délices toujours impatiemment attendus, à l'approche de juillet, de leur parfum exquis et si particulier. Nous arrivâmes ainsi aux environs de Baabe, après être passées tout près de Sellin, ensemble de villas construites dans les bois de la côte orientale de Rügen, avec la mer d'un côté et, de l'autre, un grand lac appelé Selliner See. Nous contournâmes la rive nord du lac et nous trouvâmes sur la plus triste portion de route que nous ayons encore franchie ; grossièrement pavée, elle longe une voie ferrée, avec, sur la gauche une pinède qui cache la mer et, sur la droite, une étendue marécageuse, au bord du lac, et de petites collines mornes et dénudées.

C'étaient les bois de Baabe. En bas de la route rectiligne, vraiment sinistre tout du long, j'aperçus des maisons neuves, construites au petit bonheur, maisons meublées, loin de la mer, attendant l'arrivée des poitrinaires : maisons meublées de "l'Unique". « Impossible de rester à Baabe ! » hurlai-je à August, qui savait que nous devions pourtant y passer la nuit. « Allons plus loin ! »

L'endroit suivant s'appelle Göhren. Ici, les éloges du guide deviennent hystériques. Je n'avais désormais plus confiance en ses informations, et je ne pus qu'espérer qu'il nous serait possible d'y dormir, car l'ombre s'allongeait et, au-delà de Göhren, il n'y a plus d'étape possible, sinon Thiessow, à l'extrême pointe sud de l'île. Nous passâmes devant les deux hôtels de Baabe, petites maisons en bois construites au bord de la route, juste en face de la voie ferrée et de la gare sur lesquelles donnent les chambres. On attendait un train, et les voyageurs étaient assis devant les hôtels, buvant leur bière ; des véhicules variés s'arrêtaient, en route pour Göhren ou Sellin et "l'Unique" me laissa le souvenir d'une foire. Nous roulâmes avec fracas sur les pavés, et je fus ravie, lorsque, ayant tourné à gauche d'un poteau qui indiquait Göhren, nous nous retrouvâmes sur une route forestière, encaissée, sablonneuse et tranquille.

La forêt qui s'étend sur toute la distance séparant Baabe de Göhren, tout d'abord des pins plutôt rabougris, devient de plus en plus belle. Il nous fallut rouler au pas, à cause de la profondeur du sable ; mais ces routes sablonneuses sont tellement paisibles qu'on peut y entendre le moindre bruit, malgré le vacarme des roues et des sabots des chevaux. Jusqu'à Göhren, nous n'avons pas aperçu la mer, mais j'entendis sa présence tout au long de notre parcours, car, passée la forêt, la brise s'était soudain transformée en vent, et, bien que nous le sentions à peine, je le voyais agiter les cimes des pins, dont j'entendais les soupirs. Je pense que nous avons roulé ainsi près d'une heure avant d'entrer dans une forêt aux essences variées — hêtres et chênes, et buissons d'airelles. Nous vîmes, entre les arbres, s'agiter des touristes munis de paniers pour en faire la cueillette. J'en conclus que nous approchions de Göhren. Nous nous trouvâmes soudain devant la gare, petite bâtisse isolée au milieu des bois, terminus de la ligne qui part de Putbus. De l'autre côté de la voie ferrée, on apercevait des dunes blanches et de jeunes hêtres courbés par le vent, et, plus loin, on devinait le grondement de la mer. Hêtres et dunes resplendissaient de la lumière du soleil couchant. Nous contournâmes la forêt et fûmes plongés dans une ombre profonde. L'air était presque froid. Je fis arrêter August, descendis, traversai la voie ferrée déserte et grimpai sur les dunes. Oh ! le splendide paysage ! La mer dans toute sa gloire, impétueuse et mugissante ! Qu'était le pâle Lauterbach comparé à ce spectacle ? Un étang, une pataugeoire de cristal, un miroir, un simple lieu où s'allonger au bord d'une eau paisible et se livrer à maintes réflexions, humaines et célestes. Mais, ici, il n'était plus question de rêver. Ici, c'était la vie même, farouche, cinglante, violente. Dressée au sommet de la dune, tenant à deux mains mon chapeau, battue par le vent salé, les vêtements soulevés et flottant comme un drapeau dans la tempête sur sa hampe oscillante, le poids de la Création écrasait mes épaules, et je fus saisie d'un besoin irrésistible et terrifiant de courir, de prendre une pelle et un seau, et de creuser, creuser jusqu'à ce qu'il fasse trop sombre pour continuer, puis de rentrer, heureuse et fatiguée, et d'avoir, pour le thé, des bigorneaux et des crevettes. Ne perdant jamais le sens des réalités, Gertrud, manteau à la main, m'aperçut ; elle me dit que le fond de l'air était frais et posa ce manteau sur mes épaules, qui le reçurent volontiers ; il me parut lourd du poids du temps et de l'habitude ; le soleil disparut alors derrière la forêt, entraînant avec lui tout éclat, toute couleur. « Merci, Gertrud », dis-je pendant qu'elle m'enveloppait ; mais j'avais beau frissonner, je la remerciai à contre-cœur.

Ce n'était certainement pas le moment de flâner dans les dunes. Les chevaux en avaient eu assez pour leur journée, ayant presque tout le temps peiné dans un sable profond et il nous fallait encore trouver nos quartiers pour la nuit. Lauterbach avait été désert. Avec la logique lumineuse des femmes, j'étais persuadée qu'il y aurait, à Göhren, toutes les chambres que nous souhaiterions. Eh bien non ! C'était le début des vacances, et Göhren était envahi de familles prudentes qui avaient réservé leurs chambres depuis des semaines. Le village est bâti sur une colline très abrupte qui descend à pic sur la plage, à tel point que nous dûmes descendre de voiture afin qu'August puisse mener ou plutôt tirer les chevaux dans la montée. Heureusement, la route forestière par laquelle nous étions arrivés suivait le bas de la colline, et lorsque nous eûmes quitté les arbres pour nous retrouver, sans voir la moindre maison ni la moindre lumière, au cœur de Göhren, nous dûmes grimper au lieu de descendre. Et descendre eût été impossible, surtout pour des chevaux qui, comme les miens, n'ont jamais vu une seule colline de leur vie. Lorsque nous fûmes arrivés au sommet, nous abandonnâmes August et les chevaux à leur sort et partîmes à la recherche de chambres à l'hôtel que le guide recommandait. Il n'y a pour ainsi dire qu'une seule rue à Göhren, bordée d'hôtels et de maisons meublées, au bas de laquelle, sous la voûte des arbres, des vagues couleur de plomb viennent se perdre sur le sable désert. Tout le monde dînait. Où que nous passions, et à n'importe quelle heure au cours de notre voyage, les gens étaient toujours occupés à consommer. L'hôtel que l'avais choisi se trouvait au milieu d'un jardin et les fenêtres offraient une vue charmante sur le tapis vert des cimes des arbres. En me dirigeant vers la porte, je levai la main vers les fenêtres de la chambre que je jugeais être la plus belle et dis à Gertrud que ce serait la mienne. La soirée était fraîche et les pensionnaires dînaient à l'intérieur. Il n'y avait pas de réception, ni personne auprès de qui se renseigner. Nous dûmes donc pénétrer dans la salle à manger, où toutes les ressources de l'établissement semblaient s'être concentrées. La pièce était bondée et enfumée. Tous les fils de l'Allemagne paraissaient réunis dans cet unique endroit, où ils portaient leurs couteaux à leur bouche, même pour se gorger de sauce, et avalaient leur potage avec un enthousiasme qui tenait de la passion. J'expliquai ce que je désirais, de moins en moins convaincue et de plus en plus hésitante, au serveur le plus proche. Tous les fils de l'Allemagne levèrent la tête de leur assiette à soupe pour écouter. Le serveur m'adressa au maître d'hôtel. Gênée, je renouvelai ma demande, qui avait tellement perdu d'entrain qu'elle dut paraître incompréhensible. Tous les fils de l'Allemagne, couteau en l'air, ouvrirent grand la bouche en m'entendant. Le chef de rang m'annonça que je pourrais avoir des chambres à partir du 15 août — nous étions le 17 juillet — car, à cette date, les vacances s'achevaient et les familles rentraient chez elles. « Oh ! merci ! merci ! Ce sera merveilleux ! » m'écriai-je, heureuse que les familles n'aient pas laissé le moindre endroit inoccupé où j'eusse été contrainte, vu l'heure tardive, d'introduire mes membres épuisés. En me précipitant vers la porte, j'entendis les bouches de tous les fils de l'Allemagne clapoter de nouveau dans leur assiette à soupe.

Je me rendis vite compte que j'avais bien tort de me réjouir de ne pouvoir demeurer en cet hôtel, car il fallait bien coucher quelque part, et le guide indiquait à juste titre que celui-ci était le meilleur. August et les chevaux attendaient patiemment dans la rue où soufflait le vent. Les étoiles se levaient dans un ciel vert pâle au-dessus de Göhren, mais, vers l'est, la nuit tissait un grand rideau de nuages noirs et froids. Pendant près d'une heure, Gertrud et moi allâmes d'hôtel en hôtel, de maison meublée en maison meublée. Les hôtels promettaient des chambres, si je voulais bien revenir dans un mois. Dans les maisons meublées, on nous rit au nez lorsque nous demandâmes un abri pour la nuit ; ils n'acceptaient d'hôtes que pour la saison entière, de surcroît il fallait apporter sa literie. Sa literie ! Quelle charge pour les épaules d'un brave père de famille ! Un estivant, avec sa femme et disons quatre enfants, doit-il apporter six matelas ? Six matelas teutons bourrés de plume ? Six oreillers, six machins qui ressemblent à des cales que l'on dispose sous les oreillers et qu'on appelle *Keilkissen*[1]*, six édredons piqués remplis de duvet d'eider, afin de pouvoir tenir son rang, et bien capitonnés au cas où il faudrait affronter l'opinion publique. Néanmoins, les meublés étaient bondés, et il était indéniable qu'il y eût dans chacun nombre d'enfants en bas âge, à en juger par le bruit des fessées qu'on entendait jusque dans la rue.

Nous trouvâmes enfin une chambre dans le plus sinistre hôtel de Göhren. Une seule chambre, sous les toits, dans une espèce de tour, avec huit lits et pas la moindre place pour quoi que ce soit d'autre. August dut dormir avec ses chevaux dans l'écurie. Il y avait une petite table de toilette en fer, une sorte d'étagère avec une bassine, un porte-savon en dessous, et, encore en dessous, un bidon, et pas le plus minuscule endroit où poser une éponge ou une brosse à ongles. Dans le couloir, quelques tiroirs réservés aux occupants de la chambre. C'est par le plus grand des hasards que nous pûmes obtenir cette chambre, car la venue de la famille qui l'avait retenue pour six semaines avait dû être retardée d'un jour ou deux. Ils arriveraient le lendemain,

---

1.* Traversins. (*N.d.T.*)

à huit, et passeraient six semaines dans cette unique pièce. « Ce qui », nous dit l'hôtelier, « explique qu'il y ait autant de lits. »

« Mais cela n'explique pas la présence de tant de lits dans une seule et unique chambre, fis-je remarquer, d'un ton irrité, debout dans le seul coin de la pièce où il y avait encore un peu d'espace libre.

— Ces Messieurs-dames sont satisfaits », répondit-il sèchement. « Ils reviennent chaque année.

— Et ils se contentent d'une seule… » demandai-je en montrant la table de toilette en fer.

L'hôtelier ouvrit de grands yeux. « Il y a la mer », finit-il par dire, agacé de devoir faire face à l'évidence et sans paraître apprécier le ton de mes remarques. Puis il se précipita au rez-de-chaussée.

Il me serait impossible, à présent, de faire à d'éventuels voyageurs une description favorable de Göhren, car je ne pourrais être objective. J'y ai eu froid, et faim. J'étais épuisée et j'ai vécu dans un galetas. Pour moi, il existera toujours un lieu où le vent souffle, une colline abrupte et, sur une étagère, une table de toilette en fer. Plus tard, quand ces mauvais souvenirs se seront dissipés, je réserverai les meilleures chambres dans les meilleurs hôtels plusieurs mois à l'avance, j'attendrai un beau temps sans trop de vent, je patienterai jusqu'à ce que les vacances soient terminées, et je retournerai à Göhren. Le lieu en lui-même est fort beau. Nul endroit avec tant de mer et tant de forêt ne pourrait ne pas l'être. Ce soir-là, les beautés m'en furent cachées. Je quittai brusquement la table où j'étais assise, sous de petits châtaigniers rabougris, devant l'hôtel, et où j'essayai, dans le vent et l'obscurité, d'oublier l'humidité de la nappe, les taches sur le linge et, sur le bord des assiettes, la marque grasse du pouce d'un serveur répugnant, et je me dirigeai vers la rue. J'achetai quelques biscottes chez un boulanger — des choses sèches qui, au moins, ne portent pas de traces — et je descendis la colline vers la mer. Il n'y a rien de plus affreux qu'un froid soudain en plein juillet ; rien de plus désespéré que le sable désert par un soir couleur de plomb. Peut-être était-ce le souvenir du soir précédent où j'avais quitté Vilm, joyeuse, enthousiaste, y laissant la silhouette d'un beau jeune homme mystérieux, qui prenait, aux rayons dorés du soleil, la forme d'un ange ? Je descendis de la dune ; de longs rubans de salicorne voltigeaient comme des lanières et des nuages indigo traînaient bas sur la mer de plomb. Je m'assis et mangeai mes biscottes ; je me sentais misérable. Toute mon âme se rebellait à la fois contre l'infortune et contre les biscottes. Ce n'était pas pour cela que j'étais venue à Rügen. Je contemplai les vagues en frissonnant. Je regardai les dunes et me pris à les haïr. J'étais hantée par l'image des huit lits qui m'attendaient dans un galetas, et de quelques morceaux de papier peint qui avaient été arrachés — sans doute l'été dernier par l'un de ces malheureux qui combattaient ainsi les premiers symptômes de l'asphyxie — et n'avaient pas été recollés. Mon esprit se laissait pitoyablement aller à des pensées élevées, ce que Carlyle appelle les Immensités. Je me vis comme un atome perdu dans une désolation sans limite, abandonné dans l'univers, facilement, et à tout instant, vulnérable. Je me souvins que les atomes meurent, ce que j'étais en train de faire, mais j'espérai qu'un nouvel atome loin d'être aussi exigeant, naîtrait aussitôt, pour prendre la place vacante, et qu'il la remplirait peut-être tellement bien qu'il irait jusqu'à porter mes gants et mes bas. J'avais déjà avalé la dernière biscotte, plus sèche encore que toutes celles que j'avais déjà croquées, et mes pensées émergeaient des ténèbres où s'enfoncent les vérités éternelles pour se transformer en un désir soudain de gants et de bas. Que peut-il bien advenir, me demandai-je, des gants et des bas d'un atome femelle récemment disparu ? Sa Gertrud, me dis-je, en prendrait possession. Mais ma Gertrud, par exemple, ne pourrait mettre mes gants, et je sais qu'elle n'a confiance que dans les bas qu'elle tricote. Et puis, elle a des nièces et, je crois bien, des tantes. Elle leur enverrait tout ce qui leur serait inutile, ce qui ne serait pas gentil de sa part. Cela n'a aucune importance, me dis-je, mais ce ne serait tout de même pas bien. Elle deviendrait peu à peu une sorte de sorcière. Je commençai à me dire qu'il me fallait la sermonner avant qu'il ne soit trop tard. Et voici que, luttant contre le vent et le sable, les bras chargés de vêtements chauds et le visage empreint d'une sollicitude anxieuse, s'approcha la brave Gertrud. « J'ai préparé un lit pour notre bonne dame », cria-t-elle, hors d'haleine. « Ne va-t-elle pas bientôt rentrer se coucher ?

— Oh ! Gertrud ! dans quel lit ! m'écriai-je en me souvenant du galetas et en oubliant la sorcière.

— La femme de chambre m'a aidée à en mettre deux dans le couloir, fit-elle en boutonnant mon manteau.

— Et la table de toilette ? »

Elle secoua la tête. « Je n'ai pas pu l'enlever, car il n'y en a pas d'autre. La femme de chambre m'a dit que dans quatre semaines… » Elle s'interrompit et scruta mon visage. « Notre bonne dame semble inquiète. Est-il arrivé quelque chose ?

— Inquiète ? Ma chère Gertrud, j'ai pensé à des choses très sérieuses. Vous ne me voyez tout de même pas gambader sur les chemins de la vérité et de ses déceptions. Pourquoi devrais-je toujours sourire ? Je ne suis pas le chat du Cheshire.

— Je pense que notre bonne dame devrait à présent rentrer et regagner son lit », fit Gertrud d'un ton ferme. Elle n'avait jamais entendu parler du chat du Cheshire, et fut sans doute persuadée que mon cerveau avait besoin d'un peu de repos.

« Oh ! Gertrud ! » m'écriai-je, horriblement agacée à la seule idée de ce lit, « nous vivons dans un monde bien triste et cruel, n'est-ce pas ? Croyez-vous que nous retrouverons bientôt quelque chaleur, quelque confort et que nous serons à nouveau heureuses ? »

De Göhren à Thiessow

Le lendemain matin, nous avons quitté Göhren à sept heures et avons pris notre petit déjeuner dehors, là où s'achève la file de maisons meublées et où commencent les bois. Gertrud avait acheté du pain, du beurre, une bouteille de lait et nous nous sommes assises parmi les belladones en fleur ; nous avons déjeuné dans la pureté et la propreté, cependant qu'August attendait sur la route. Ces charmantes petites fleurs, moitié pourpres et moitié jaunes sont celles qui, plus tard dans l'année, portent des baies rouges et que Keats appelle raisins rubis de Proserpine. Mais elles ne sont pas vénéneuses, et vous pouvez les laisser caresser la pâleur de votre front si vous en avez envie. Elles sont aussi innocentes que charmantes et le bois en était empli. Le poison, la mort de Proserpine semblaient bien loin de cet endroit feuillu et de la franche rusticité du pain et du beurre. Pourtant, de crainte de n'être trop heureuse, et donc moins à même de supporter les surprises qui pourraient m'attendre à Thiessow, je récitai à mi-voix la belle et douloureuse ode *Sur la mélancolie*, afin de me donner du courage. En vain. D'habitude, la tristesse qui s'en dégage est un antidote infaillible à tout excès d'allégresse ; mais les bois, le soleil du matin, le pain et le beurre furent les plus forts. Nulle incantation poétique ne put me convaincre que "la main de la Joie porte toujours à ses lèvres un geste d'adieu". La Joie semblait heureuse d'être assise près de moi, partageant mon beurre et mon pain ; et lorsque nous prîmes la route pour Thiessow elle me suivit dans la victoria et me murmura que j'y serai heureuse.

Hors des bois, la route sablonneuse s'étendait entre les champs de blé, où l'abondance de nielles laissait prévoir que la moisson serait maigre. De Göhren à Thiessow, il n'y a pratiquement aucun arbre, excepté autour des fermes de Philippshagen, charmant village avec une vénérable église, au-delà duquel la route n'est plus que sable, formant quelques pistes mal définies entre les plats herbages qui s'étendent sur toute la distance jusqu'à Thiessow. Le guide recommande chaleureusement le bord de mer, quand le vent vient de l'est (ce qui était le cas) comme la route la plus rapide et la plus sûre pour se rendre de Göhren à Thiessow ; mais je préférai prendre celle qui surplombe la prairie car le guide cite, à propos du littoral, un poème qu'il prétend être une description fidèle, et je pensai que si telle était la réalité il valait mieux emprunter l'autre route. Voici ce poème, la traduction en est exacte, il n'est pas rimé, et la ponctuation est celle de l'auteur :

> *Clapotis des vagues*
> *Bateau qui se balance*
> *Plongeon des mouettes —*
> *Dunes*
> *Vents furieux*
> *Flots d'écume*

Lumière miroitante
Lune !
Abîmes redoutables
Matin gris —
Nuits de tempête
Courage !

Je le lus avec enchantement mais choisis l'autre route. Thiessow est un endroit où il faut se rendre comme on irait au bout du monde, ainsi que le montre un simple coup d'œil sur la carte. Si vous décidez de franchir le plat terrain qui l'isole complètement, songez qu'il vous faudra refaire le même trajet dans l'autre sens, repasser par Göhren, puis par Baabe et visiter Sellin, situé sur une route qui mène à des villages encore pratiquement inconnus, vers le nord. Le chemin qui conduit à Thiessow est singulier en ce sens qu'on ne perd jamais ce lieu de vue. Vous apercevez l'endroit de très loin et vous roulez au pas, cahin-caha, d'ornière en ornière, par de petits tertres herbus ; le soleil vous cogne sur la tête ; à votre gauche, la mer déferle en longues vagues sur la plage ; elle est encore plus vaste à votre droite, où vous la devinez au-delà de l'ondulation des prairies ; au loin, vous apercevez une colline et un village au bord de l'eau avec des voiles de bateaux de pêche, des gens en étrange costume du pays qui moissonnent les champs, et, au piquet dans les prés, des moutons et des vaches solitaires dont la nervosité, à votre approche, est celle des troupeaux sauvages. Pas d'arbres ; et si nous n'avions aperçu Thiessow à tout instant, nous nous serions égarés, car il n'y a plus de route. Vous continuez donc ainsi jusqu'au bout des terres et, contraints de vous arrêter, vous êtes à Thiessow. L'été, on doit pouvoir s'y rendre par bateau à vapeur, de Göhren ou de Baabe ; mais si le vent est trop fort et les vagues trop hautes, il n'y a pas d'escale. La seule voie reste donc celle de la plaine ou celle du littoral. J'ai presque tout le temps marché, tant étaient insupportables les cahots. La route était mauvaise et pour les chevaux et pour la voiture. Gertrud était assise, cramponnée au carton à chapeau afin d'éviter qu'il ne roulât sur la route ; August paraissait bien malheureux. Son expérience de Göhren avait été pire que la nôtre. Thiessow était au bout du monde, et présentait des inconvénients — dont même August se rendait compte — qu'il nous faudrait affronter, car suer de nouveau à grosses gouttes par la plaine en feu à seule fin de passer une seconde nuit à Göhren était hors de question, tant pour les chevaux que pour nous-mêmes. Quant à moi, je me sentais parfaitement heureuse. La vaste plaine, la vaste mer, le vaste ciel étaient d'une telle splendeur, d'une telle lumière, d'une telle vie ! L'herbe sous nos pieds était comme un tapis élastique ; les marguerites y semblaient fleurir davantage que partout ailleurs et, là-haut, entre les grands nuages, les petites alouettes du bon Dieu étaient ivres de bonheur. Je précédai la victoria afin de me sentir seule. J'aurais pu avancer pour l'éternité dans cette lumière et cette fraîcheur. À mon passage, les moutons à tête noire s'agitaient en tout sens, tirant frénétiquement sur leur longe. Même les vaches semblaient inquiètes si je m'approchais trop ; et, au loin, dans les champs, les moissonneurs s'interrompaient pour nous voir disparaître et, peu à peu, devenir de minuscules points. Dans cette partie de Rügen, les habitants portent un vêtement particulièrement hideux, surtout les hommes, et, à mon grand étonnement, en les observant derrière mes lunettes, je vis que les moissonneurs portaient de longs pantalons blancs et bouffants qui faisaient, sur chaque jambe, comme un jupon de femme. Mais je ne me souciai pas longtemps des moissonneurs et de leurs pantalons. Le soleil était à présent très haut dans le ciel, et frappait presque à pic au-dessus de nous. Thiessow n'en paraissait pas plus proche pour autant. Oh ! qu'importait ! Le plus grand charme d'un voyage tel que celui que j'avais entrepris, c'est que rien n'a vraiment d'importance. Quand on n'a plus de trains à attraper, n'importe quel voyage devient merveilleusement simple. Vous pouvez flâner sur la route aussi longtemps que vous le désirez, dès lors que vous trouvez un abri pour la tombée de la nuit. Du moins, tel était mon optimisme en cette mi-journée, avant que la fatigue n'épuise mes membres et que la faim n'entame ma bonne humeur. Le vent, avec ses senteurs de mer et d'herbe fraîchement coupée, avait complètement effacé le souvenir de l'affreuse nuit précédente, avec tous ces lits et cette unique table de toilette. Je continuai de marcher, portant en mon cœur, me semblait-il, tout l'éclat des cieux.

Cette promenade à pied — peut-être l'une des plus belles que j'aie jamais faites — s'acheva peu après midi. C'était l'heure languissante où la gloire du matin s'est enfuie et où l'après-midi n'a pas encore acquis toute sa sérénité. Nous atteignîmes un petit hôtel construit en planches grises, séparé de la mer, à l'est, par une ceinture de sapins, en face d'une prairie au sud, et à environ dix minutes de marche du centre de Thiessow, qui se trouve au bord de la mer, à la fois sur les rivages ouest et sud. Il paraissait propre. J'y entrai. August et Gertrud s'étaient assis sous le soleil brûlant, au bord de la route sablonneuse qui n'offrait pas le moindre abri, en face d'un jardin fleuri de lys. D'une manière ou d'une autre, j'étais certaine que nous y serions accueillis, et une hôtelière irréprochable me montra une chambre tout aussi irréprochable. C'était une pièce d'angle dans la partie sud-ouest de la maison, avec des fenêtres donnant au midi, sur le terrain communal, et à l'ouest sur la plaine. Le lit se trouvait en travers de cette fenêtre et, allongée, je pouvais voir la mer à l'ouest, la colline sur le rivage au loin avec son village, et de l'herbe, de l'herbe, rien que de l'herbe, allant du mur de la maison jusqu'à l'infini, jusqu'au crépuscule. La pièce était minuscule. Si j'avais eu d'autres bagages que mon sac de voyage, je n'aurais pu y pénétrer. Une porte fermée à clef menait à une autre chambre occupée, me dit la soubrette, par une dame tranquille qui ne ferait aucun bruit. La chambre de Gertrud était située en face de la mienne. August applaudit quand j'allai lui dire qu'il pouvait aller aux écuries et se reposer. Gertrud fut agréablement surprise par la propreté de nos deux chambres.

Je déjeunai sous la véranda dominant le pré communal, avec les lys blancs du petit jardin à portée de la main. Le linge de table, les couverts et le serveur ne le disputaient en rien en propreté à l'hôtelière. L'auberge étant petite, les pensionnaires étaient peu nombreux et ceux que je voyais dîner à de petites tables sous la véranda paraissaient aussi paisibles, aussi inoffensifs que l'on peut espérer en rencontrer dans un endroit aussi tranquille, aussi à l'écart du monde. On ne voyait pas la mer, mais je pouvais l'entendre au-delà de la rangée de sapins. La véranda, située en plein sud, devint vite chaude, suffocante et je n'eus plus qu'une envie : me précipiter dans l'eau fraîche. Le serveur m'informa que les cabines de bain étaient ouvertes de quatre à cinq. Je montai dire à Gertrud de m'apporter mes affaires sur la plage, à quatre heures ; elle m'y trouverait allongée sur le sable. Pendant cette petite conversation, j'entendis la dame tranquille de la chambre voisine parler, probablement à la soubrette, car il était question d'eau chaude. Je m'interrompis. La cloison était si mince que je crus qu'elle se trouvait dans ma chambre, ce qui était suffisamment gênant, mais un instant je crus reconnaître sa voix. Je regardai Gertrud. Son visage était dénué de toute expression. La dame tranquille dit encore à la soubrette de baisser les stores ; puis je n'entendis plus le son de cette voix qui m'avait tout de même frappée. Soulagée — je n'avais aucune envie de rencontrer des gens de connaissance —, je mis le *Prelude* dans ma poche et sortis. Le bois de sapins était plutôt épais, et je craignais les moustiques ; mais je vis plusieurs pensionnaires somnolant dans des hamacs, et j'en conclus qu'il n'y en avait pas. En arrivant soudain sur la plage, toute sensation de touffeur disparut : c'était le même bleu mouvant, glorieux, palpitant, étincelant que j'avais vu, du haut des dunes de Göhren, au crépuscule, le soir précédent. Le petit établissement de bains, modeste endroit avec deux cabines et une longue jetée de bois s'enfonçant dans la mer, se trouvait face au bout du sentier qui traversait la sapinière. Il était fermé à clef, et sans personne. La plage aussi était déserte, car les touristes faisaient la sieste dans leur hamac ou dans leur lit. Je fis un trou dans le sable propre et sec sous le dernier sapin et m'installai avec délice en attendant l'arrivée de Gertrud. Oh ! j'étais heureuse ! Thiessow était si calme, si primitive, l'après-midi si radieux et si belles les couleurs de la mer tout au long de la plage d'argent et dans la douce pénombre verte des sapins ! À une bonne distance, au nord, je voyais la côte de Göhren, et, sur ma droite, une forêt de hêtres au flanc de hautes falaises qui semblaient marquer l'extrémité du promontoire. Je décidai d'y aller plus tard, après mon bain. S'il est une chose que j'adore, c'est bien d'explorer les petits sentiers d'une forêt inconnue, d'aller à la découverte des endroits où poussent pervenches et anémones, des nids d'oiseaux, guettant en silence l'apparition des hérissons ou des écureuils, voire à la recherche de ces recoins délicieux, verts et humides, où les limaces abritent leur bonheur. Il paraît que les limaces ne sont pas vraiment heureuses, que la Nature est cruelle, et qu'il suffit de gratter la surface de toutes choses pour découvrir des drames sanglants. Peut-être, si vous continuez à gratter, trouverez-vous à nouveau consolation et bienfaits. Mais, après tout, à quoi bon gratter ? Pourquoi ne pas prendre la beauté comme elle s'offre et en être reconnaissant ? Je ne gratterai pas. Je ne critiquerai pas ma propre mère qui m'a si longtemps protégée contre sa poitrine et a été si longtemps mon guide le plus sûr sur les chemins de la bonté et de la tendresse. Quoiqu'elle puisse provoquer, des coups de tonnerre aux migraines, je ne la critiquerai pas ; car si elle me donne des migraines, n'est-ce pas un plaisir quand celles-ci disparaissent ? Et si elle lance ses coups de tonnerre sur moi et me laisse brusquement épuisée, mon corps pourra à nouveau revivre et s'épanouir dans l'éternité des marguerites. J'ai dû sans doute dormir, car j'entendis au loin grandir le bruit des vagues et il me sembla n'avoir vu que quelques minutes sur elles le reflet du soleil, et la voix de Gertrud me parvint. Elle m'annonça qu'il était plus de quatre heures, qu'une dame était déjà allée se baigner et que, comme il n'y avait que deux cabines, il me fallait me dépêcher si je voulais prendre un bain. Je m'assis dans mon trou et regardai vers les cabines. La gardienne, coiffée de l'habituel bonnet de coton blanc, se tenait sur la jetée de planches. Il n'y avait encore personne dans l'eau. Il eût été fort ennuyeux qu'il y eût quelqu'un d'autre à cet endroit, car les touristes allemandes, dans l'eau, peuvent se montrer d'une cordialité sans borne. À terre, lacées dans leur corset, habillées, cheveux secs et frisés, elles sont bien obligées de se tenir dans la limite des conventions, mais, plus elles se déshabillent, plus elles ont tendance à abattre les barrières qui séparent les êtres humains, et elles se conduisent avec vous, lorsqu'elles vous rencontrent dans l'élément liquide, comme si elles vous connaissaient et vous aimaient à la folie depuis des années. Leur cordialité, même, augmente en proportion de la fraîcheur et de l'agitation de la mer ; et cet après-midi-là, la mer était froide et particulièrement agitée. Je compris que si nous étions seules dans l'eau toutes les deux, il serait impossible d'échapper aux politesses. Mais, comme les cabines fermaient à cinq heures, je ne pouvais attendre qu'elle eût fini de se baigner ; j'entrai dans la mienne, la seule qui restât libre, et commençai de me déshabiller.

Je vis alors la baigneuse quitter sa cabine et l'entendis demander à la gardienne si l'eau était très froide. Elle dut y mettre un pied, car elle poussa un cri aigu. Elle entra dans la mer et s'en aspergea le visage ; je l'entendis haleter. Elle mit alors l'autre pied, et poussa un nouveau cri. Et puis, craignant que cinq heures ne sonnent bientôt, elle finit par se décider. J'étais enfin prête, mais je n'avais aucune envie de me retrouver face à face sur la jetée en planches avec cette personne émotive et inconnue, car les maillots avec lesquels on se baigne dans les eaux allemandes sont regrettablement succincts. Aussi, j'attendis encore, observant la scène par la petite lucarne en forme de losange. La gardienne avait dû se montrer convaincante, car la baigneuse, avec un cri sauvage, se lança dans l'écume, qui l'enveloppa aussitôt, et lorsqu'elle en émergea, la première chose qu'elle fit pour reprendre son souffle fut de s'agripper à la jetée et de pousser des petits cris pendant au moins une minute. « *Unwürdiges Benehmen !*[1] » fis-je observer à Gertrud, en haussant les épaules. « Elle doit être très froide », me dis-je, en frissonnant. Puis à ma grande surprise, comme je m'avançais sur la jetée à laquelle elle s'agrippait en hurlant, la malheureuse leva les yeux vers moi, à la fois radieuse et trempée ; elle cessa de hurler et, dans un hoquet : « *Prachtvoll !*[2] »

« Vraiment ! ces touristes dans l'eau !... » pensai-je indignée. De quel droit cette femme, à la vue de mon maillot trop petit, me souriait-elle en s'écriant *prachtvoll* ? Je fus tellement surprise de cette exclamation soudaine de la part d'une personne qui, une minute plus tôt, emplissait l'air de ses gémissements, que mon pied glissa sur les planches mouillées. Je l'entendis seulement me crier de prendre garde, et j'eus à peine le temps de saisir la sottise d'un tel conseil à l'adresse de quelqu'un qui se lance déjà dans le vide, quand je me sentis saisie par l'eau glaciale, me mis à suffoquer et à tout éclabousser, exactement comme cette baigneuse avait suffoqué et tout éclaboussé, à cette différence près qu'elle avait pu s'agripper à une corde de la jetée en poussant des hurlements, alors que, prise d'une énergie panique, c'est à elle que je m'agrippai en hurlant !

« *Prachtvoll, nicht ?* » Mes oreilles bourdonnaient, mais je pus tout de même percevoir ces mots prononcés avec une sorte de joie odieuse. Chaque vague me soulevait. J'avais la bouche pleine d'eau. L'écume m'aveuglait. Je m'agrippai encore à elle, d'une main, prenant misérablement conscience qu'il ne me serait désormais plus possible de

---

1. « Comportement indigne. » (*N.d.T.*)
2. « Ça alors ! » (*N.d.T.*)

lui battre froid, et, frottant mes yeux de l'autre main, je la regardai. Mes cris se figèrent sur mes lèvres. Où l'avais-je déjà rencontrée ? Je la connaissais sûrement. Elle portait l'un de ces bonnets de caoutchouc gris qui vous tombent sur les yeux et vous protègent si bien contre l'eau mais qui sont désespérément hideux. Elle me rendit mon sourire avec la plus extrême bienveillance et me demanda de nouveau si je ne trouvais pas magnifique notre rencontre.

« *Ach, ja, ja !* » fis-je en cherchant à reprendre haleine. Je la laissai s'éloigner et, à tâtons, cherchai la corde. « Merci, merci, et pardonnez-moi de m'être agrippée à vous aussi brutalement.

— *Bitte, bitte* », cria-t-elle, en se mettant à sauter en tous sens. »

« Qui diable cela peut-il bien être ? » me demandai-je en m'éloignant aussi vite que je pus. « Où l'ai-je déjà vue ? »

C'était probablement l'une de ces relations qu'on n'a pas envie de voir. Peut-être ma couturière… Je n'avais pas payé sa dernière stupide facture. Ajoutez à cela la vague ressemblance qu'aurait pu avoir avec cette femme ma couturière coiffée d'un bonnet de caoutchouc, voilà qui me torturait l'esprit. J'en fus aussitôt persuadée et ce fut d'un désagréable absolu. Comme il était déplaisant de rencontrer cette personne dans l'eau, après avoir fait tout ce chemin jusqu'à Rügen, après avoir souffert le martyre à Göhren, après avoir marché dans la chaleur jusqu'à Thiessow, pour me retrouver, me baignant dans la mer en *tête à tête** avec ma couturière ! Et avoir culbuté sur elle et m'être rattrapée à son cou ! J'escaladai la jetée et courus jusqu'à ma cabine. Il me fallait me rhabiller et m'enfuir le plus vite possible. Mais malgré toute la hâte de Gertrud, juste comme je sortais de ma cabine, elle sortit de la sienne, toute habillée, et nous nous retrouvâmes face à face. Nous nous arrêtâmes net, bouche bée.

« Quoi, s'écria-t-elle, c'est *vous* ?

— Quoi ? m'écriai-je, c'est *vous* ? »

C'était ma cousine Charlotte, que je n'avais pas vue depuis dix ans au moins.

À Thiessow

Ma cousine Charlotte avait vingt ans la dernière fois que je la vis. Elle en avait à présent trente, sans parler de son bonnet en caoutchouc… Cela vous change une femme, même si elle ne s'en rend pas compte, et elle semblait étonnée que je ne l'eusse pas aussitôt reconnue. Je prétendis que c'était à cause de son bonnet. Puis, je lui fis part de mon étonnement qu'il en ait été de même de son côté et, après avoir hésité un moment, elle me dit que j'avais beaucoup changé, puis, avec d'infinies délicatesses, nous évitâmes toute allusion à ces dix années d'irréparable outrage.

Charlotte avait eu une vie mouvementée ; du moins, comparée à l'existence paisible que j'avais menée. Dans sa prime jeunesse, et à la consternation de ses parents, elle avait exigé d'être élevée dans un collège anglais pour jeunes filles — c'était à Oxford, mais j'ai oublié son nom —, parcours inhabituel pour une jeune fille allemande de son milieu. Elle s'était montrée si ferme et, durant toute cette période, avait mis ses amis tellement mal à l'aise, que ses parents avaient préféré s'y résoudre, ce que d'autres, plus éloignés, et qui ne la fréquentaient pas quotidiennement,

99

avaient considéré comme une faiblesse criminelle. À Oxford, elle obtint tous les honneurs et tous les prix, et fit le bonheur et la fierté de son collège. Au cours de la dernière année, un savant allemand d'une soixantaine d'années, l'une des étoiles au firmament de l'enseignement européen, vint à Oxford et y fut fêté selon son rang. Lorsque Charlotte vit les célébrités locales qui, pour elle, étaient les hommes les plus merveilleux de leur temps — directeurs de collèges, professeurs et autres éminents personnages — se disputer l'honneur d'accueillir son compatriote, son admiration pour celui-ci lui en fit perdre le souffle. Il la remarqua ; la famille de Charlotte étant fort connue en Allemagne et elle-même dans la fraîcheur et la beauté de ses vingt et un ans, le grand homme s'intéressa aussitôt à elle, la regarda avec bienveillance et alla jusqu'à lui tapoter le menton. La logeuse du professeur, dame exquise à la fois dans sa tenue et ses manières, qui avait parfois dû fermer les yeux sur la conduite de son hôte, mais l'avait fait bien volontiers eu égard à sa science et à sa célébrité, ne manqua pas d'observer son vif intérêt pour Charlotte et lui parla, sur le mode plaisant, de la prometteuse carrière de celle-ci. Le professeur parut écouter avec attention, se montra charmé et approuva ; mais lorsque la maîtresse de maison eut terminé son éloge, tout ce que trouva à dire le brave homme, au lieu de parler des études de Charlotte et de ses succès fut : « Belle petite fille, bien rondelette. Très belle petite fille. *Colossal appetitlich.* » Il répéta ces paroles à plusieurs reprises, avec insistance, devant une maîtresse de maison gênée, tout en suivant bénignement Charlotte du regard dans les recoins obscurs du subconscient.

Six mois plus tard, Charlotte épousait le professeur. Sa famille pleura et implora en vain, et lui fit observer, tout aussi vainement, qu'il était insensé d'épouser un veuf qui avait déjà sept enfants, plus âgés qu'elle-même. Mais la gloire d'avoir été choisie par le plus grand homme qu'Oxford eut jamais vu l'aveuglait. Et Oxford était tout pour elle ! Elle n'avait plus que haussements d'épaules et presque du mépris pour sa maison, là-bas, en Allemagne, avec ses habitants tristounets. Elle m'écrivit pour m'annoncer qu'elle allait être la compagne pour la vie du plus grand penseur de notre temps. D'après elle, on ne pouvait pas attendre de ses parents, illettrés et pleins de préjugés, qu'ils pussent apprécier la splendeur de ce qui l'attendait ; elle remerciait le ciel de lui avoir donné une éducation qui lui évitait d'avoir des œillères ; elle ne pouvait concevoir rien de plus magnifique que d'épouser l'homme que le monde entier admirait, d'avoir été choisie pour partager sa pensée et être la partenaire de ses joies intellectuelles. Après quoi, je n'entendis plus souvent parler d'elle. Elle vivait dans le sud de l'Allemagne et la renommée de son mari allait chaque année croissant. Chaque année aussi, elle donna naissance à un futur professeur dans un monde qui en regorgeait déjà et, chaque année, la mort tuait dans l'œuf cette nouvelle carrière, en un laps de temps allant de dix à quinze jours. La *Kreuzzeitung* semblait annoncer sans cesse que « *Heute früh ist meine liebe Frau Charlotte von einem strammen Jungen leicht und glücklich entbunden worden*[3] » et « *Heute starb unser Sohn Bernhard im zarten Alter von zwei Wochen.*[4] » Aucun enfant ne vécut assez longtemps pour connaître son

---

3. « Ce matin, mon épouse bien-aimée, Charlotte, a mis au monde un enfant robuste et est heureuse d'être délivrée. » (*N.d.T.*)

4. « Aujourd'hui, est mort notre fils Bernhard, à l'âge tendre de deux semaines. » (*N.d.T.*)

frère cadet, et ils furent tous régulièrement appelés Bernhard, leur père étant manifestement désireux de perpétuer son propre prénom. À la fin, cela devint tout à fait désagréable. Charlotte eut l'impression de ne jamais sortir des colonnes de la *Kreuzzeitung*. Durant six années, elle-même et les pauvres petits Bernhard successifs hantèrent la rubrique nécrologique du journal ; et, soudain, ce fut terminé. La dernière fois que j'eus de ses nouvelles, elle se trouvait en Angleterre — Oxford, Londres et autres centres intellectuels où elle donnait des conférences sur la cause des femmes. La *Kreuzzeitung* reparla d'elle, mais sur une autre page, et choquée de ce que Charlotte fût devenue ce qu'on appelle une femme émancipée ; sa famille le fut tout autant, et la jugea hystérique. Charlotte, non contente de donner des conférences, écrivait aussi des brochures — d'un sérieux sublime et accablant, en allemand aussi bien qu'en anglais — exposées en permanence dans les vitrines des librairies d'*Unter den Linden*. La famille de Charlotte manqua de s'évanouir en les y voyant. Les journaux radicaux, que la famille ne lisait qu'en cachette et auxquels on ne permettait pas ouvertement de franchir la porte, la prirent sous leur aile et lui consacrèrent des articles élogieux. Il est surprenant et réconfortant, disaient-ils, de voir une intelligence de cette qualité émerger de l'atmosphère ancestrale et confinée qui flotte autour du *Landadel*[5]. L'effet paralysant d'une trop longue lignée d'ancêtres n'était pas alors un thème que l'on pouvait aisément évoquer, surtout les femmes. Pour secouer tant de préjugés bien ancrés, comme c'était le cas, et pour en être fière, il fallait avoir une certaine notion

5. Aristocratie terrienne. (*N.d.T.*)

du progrès. La civilisation d'un État ne peut être grande qu'aussi longtemps que ses femmes, etc., etc.

Mon oncle et ma tante faillirent mourir en lisant cette série d'éloges. Ses frères et sœurs ne quittèrent plus leur domaine à la campagne et déclinèrent toutes les invitations. Seul le professeur paraissait enchanté. « Je suis la cousine de Charlotte », lui dis-je un jour, lors d'une réception à Berlin, dont il avait été la vedette. « Comme vous devez être fier d'avoir une femme aussi intelligente ! » Je ne l'avais jamais rencontré et n'avais jamais vu un petit vieillard aussi agréable et charmant, avec un teint aussi rose.

Il me dévisagea d'un air radieux, derrière ses lunettes. Je sentis que j'aurais peut-être droit à une petite tape sous le menton. « Oui, oui, fit-il, tout le monde me le dit. La petite Lotte fait du bruit. Comme les récipients vides. Mais je dois avouer que ce qu'elle dit n'est que charmantes sottises. Il ne faut pas se montrer trop critique sur ces sujets. » Et, prenant conscience de notre cousinage, il se mit à me tutoyer.

Je demandai alors comment elle pouvait voyager toute seule à travers le monde. Il répondit qu'il n'en savait rien. Je lui demandai ensuite ce qu'il pensait de ses écrits. Il m'avoua qu'il n'avait pas eu le temps de les parcourir. J'étais déçue au point de lui dire, sans aucun doute avec enthousiasme, que j'avais lu quelques-uns de ses propres travaux les plus faciles d'accès, que j'en avais tiré un grand bénéfice et éprouvé une admiration sans bornes. Il parut plus bienveillant que jamais et répondit qu'il ignorait être au programme des écoles primaires.

Bref, le professeur me donna envie de fuir. Je me retirai, froissée, accablée et me demandai si j'avais mérité cela. Il me suivit, m'appela sa *liebe kleine Cousine*, s'assit à mon côté, me prit la main et me demanda, plein de sollicitude, pourquoi il ne m'avait jamais rencontrée auparavant. Des efforts renouvelés de ma part pour assimiler, telle une abeille, le miel de sa science n'aboutirent qu'à de petits tapotements sur la main. Il voulait bien tapoter, mais ne rien transmettre de son savoir ; et plus il me tapotait la main, plus il paraissait heureux. Quand des gens s'approchèrent, désireux de se suspendre à ses lèvres, il leva les yeux, et, dans un sourire radieux, dit : « Voici ma petite cousine, nous avons beaucoup de choses à nous dire », et leur tourna le dos. Et lorsqu'on me demanda si j'avais passé une soirée mémorable — j'avais tellement discuté avec le fameux Nieberlein ! — et si j'avais senti s'élever mes facultés spirituelles, force me fut de prendre un air solennel et de dire que je ne serais pas près de l'oublier. « Ce sera un souvenir à raconter à vos enfants, plus tard ; un souvenir digne de lui », répondirent ses admirateurs.

« Oh ! sûrement pas ! » lançai-je, en une sorte de conclusion.

« Dites-moi ? » fis-je à Charlotte, tandis que nous marchions lentement sur le sable, en direction de la falaise et du bois de hêtres, « puisque vous m'avez prise pour une inconnue, pourquoi vous êtes-vous montrée, disons… si charmante avec moi, tout à l'heure, dans l'eau ? »

Gertrud était rentrée à l'hôtel, emportant nos maillots de bain. « Elle pourrait aussi prendre le mien ! » avait fait observer Charlotte, en le posant sur le bras de Gertrud. Cela allait de soi, bien sûr. Et Gertrud partit, en faisant la grimace : elle rendait à Charlotte la sécheresse avec laquelle celle-ci l'avait remerciée. « Vous avez toujours cette vieille sotte, je vois », dit Charlotte, « je deviendrais folle si j'avais sans cesse une personne d'une intelligence inférieure à s'empresser autour de moi.

— Je serais encore plus folle si j'avais une personne d'une intelligence supérieure pour boutonner mes chaussures, et qui me mépriserait par la même occasion, répliquai-je.

— Pourquoi ai-je été aussi charmante tout à l'heure, dans l'eau ? » répéta Charlotte, en réponse à la question que j'avais posée avec quelque anxiété, car on aime bien connaître sa propre cousine, en dehors des pratiques habituelles de la baignade. « Je vais vous dire pourquoi. Je déteste la manière compassée, glaciale qu'ont les femmes de se tourner le dos quand elles ne se connaissent pas.

— Oh ! elles ne sont pas toujours compassées », fis-je remarquer, en songeant à des baignades précédentes, « et puis, dans l'eau…

— Ce n'est pas seulement déplaisant, c'est tout simplement méchant. Comment serions-nous autre chose que des créatures et des souffre-douleur si nous ne coopérons pas, si nous ne nous épaulons pas ? Oh ! mon cœur éprouve de la pitié pour chaque femme ! Je ne puis en voir une seule sans me dire qu'il me faut tout faire pour la mieux connaître, pour l'aider, lui montrer l'exemple, de sorte que, passé le temps de sa jeunesse, il subsiste encore quelque chose, un bonheur plus pur, une joie plus authentique…

— Que quoi ? » demandai-je, troublée.

Charlotte me regarda dans les yeux, comme si elle lisait dans mon âme ; ce n'était pas le cas, quoiqu'elle puisse avoir pensé.

« Que ce qu'elle a connu auparavant, bien sûr, répondit-elle avec vivacité.

— Mais si ce qu'elle a connu est exactement ce qu'elle désirait ?

— Mais si c'est seulement la sorte de joie dont toute femme jeune et belle est sûre d'être comblée, ne chercherat-elle pas des ailes pour s'enfuir, le jour où l'âge sera venu, la mélancolie, voire la maladie ? »

Je fus comme prise de panique devant l'imparable énergie de Charlotte. Je me suis toujours méfiée des femmes énergiques. Certes, je savais, d'après ses articles et ses conférences, qu'elle n'était pas du genre femme au foyer, toujours prête à ronronner sous les gifles de son mari. Je m'étais imaginé qu'on pouvait donner des conférences et écrire, sans mêler la polémique aux rapports familiaux.

« Vous étiez très drôle dans l'eau, dis-je. Pourquoi êtes-vous soudain si sérieuse ?

— L'eau est le seul élément dans lequel je sois drôle, comme vous dîtes. C'est le seul endroit où je parvienne à oublier combien la vie est affreusement sérieuse.

— Ma chère Charlotte, pourquoi ne pas nous reposer ? Le bain m'a épuisée. »

Nous nous assîmes. Je calai mon dos contre un rocher et, tirant mon chapeau sur mes yeux, contemplai la mer éblouie de soleil et les flocons de petits nuages blancs qui semblaient aller à la rencontre de l'eau. Charlotte parlait. Oui, elle avait raison, presque toujours, en tout ce qu'elle disait, et il était fort méritoire de sa part d'user ses forces, sa santé, son talent, pour tenter d'abattre de minables préjugés. Je compris les motifs de son combat : l'égalité des droits et des privilèges pour les femmes et pour les hommes. J'avais déjà entendu de tels propos ; or, jusqu'à présent, la conclusion n'en avait pas été convaincante. Et Charlotte était si fragile, si vaste et si indifférent le monde qu'elle défiait, qui avait la vieille et absurde habitude d'associer une telle volonté de changement — au demeurant rien moins qu'héroïque — avec le ridicule des cheveux bien coiffés et des culottes bouffantes ! Pourtant, l'idée de ce mur d'indifférence auquel Charlotte s'était heurtée durant toutes ces années qui auraient dû lui être douces ne m'apparut si tragique que je ne fusse tentée de lui être agréable et de l'accompagner dans son combat. Mais je ne suis pas douée pour l'héroïsme. Se buter à l'impossible m'a toujours terrifiée. J'en vins à me demander ce qu'avait bien pu être son expérience avec le célèbre penseur pour qu'elle tournât délibérément le dos aux liens si doux et si préservés de la vie conjugale ? Je ne pouvais qu'approuver ce qu'elle disait. Que les femmes, si elles avaient eu le choix, n'aient rien accepté, ou enduré, de ce contre quoi luttaient celles d'entre elles qui avaient la possibilité de s'exprimer, voilà qui était, depuis longtemps, parfaitement clair à mes yeux. Il faut en outre remarquer que, le plus souvent, ces femmes ne sont pas toujours bien disposées les unes envers les autres. Il est certain que cet antagonisme larvé doive être surmonté avant que puisse naître la moindre coopération véritable. Mais quand Charlotte parlait de coopération, elle entendait, semble-t-il, la coopération de celles qui, au fil des années, n'avaient connu, en lieu et place de la force que donne la jeunesse, que la triste vérité qui naît des déceptions accumulées — c'est-à-dire l'entraide des plus âgées. Or, dans la majorité des cas, les Allemandes d'un certain âge restent au fond de leur cuisine et ne rêvent pas d'entraide. Charlotte n'avait-elle donc pas surmonté les querelles conjugales des premières années de son mariage ? N'avait-elle pas rempli la chambre des enfants et n'avait-elle pas perdu une part de ses charmes ? Comme si cela ne suffisait pas ! Si elle avait des envies de rébellion, il lui suffisait de regarder honnêtement son visage dans la glace, pour se rendre compte qu'elle n'était pas de celles qui pourront jamais obtenir des concessions de l'autre sexe. Charlotte est une *brave Frau*, et une *brave Frau* qui ne se contente pas de tenir propre sa maison et de nourrir les siens sera toujours ridicule et pathétique.

« Vous ne devriez pas vous occuper des femmes âgées », murmurai-je en suivant des yeux un petit bateau blanc qui contournait le promontoire de Göhren. « C'est aux jeunes qu'il faut demander de coopérer, chère Charlotte. Ce sont les héritiers de la terre — et sûrement de la terre teutonne. Si vous avez avec vous toutes les jolies femmes entre vingt et trente ans, vous avez gagné. Nul besoin de concessions. Celles-ci pleuvront.

— Je déteste le mot concession.

— Vraiment ? Et pourtant ! Nous vivons sur les concessions que nous font ceux que vous appelleriez sans doute l'ennemi. Et, après tout, la plupart d'entre nous vivent plutôt confortablement.

— À part ça, dit-elle en tournant brusquement la tête pour me regarder, qu'avez-*vous* fait durant toutes ces années ?

— Fait ? » répétai-je, avec un certain trouble. Je ne sais d'ailleurs pas pourquoi j'aurais dû être troublée, à moins qu'il n'y eut, dans la voix de Charlotte, comme le désir de mettre au jour cette aptitude que j'ai à ne pas voir la mort en face.

« Comme si vous ne le saviez pas ! J'ai eu une ribambelle de bambins que j'ai plutôt bien élevés.

— Il n'y a pas de quoi en être fière.

— Je ne dis pas le contraire.

— Votre chat peut en faire autant.

— Chère Charlotte, je n'ai jamais eu de chat.

— Et, à présent, que faites-vous ?

— Vous le voyez bien. Exactement comme vous.

— Ce n'est pas ce que je veux dire, et vous le savez fort bien. Que faites-vous, à présent, de votre vie ? »

Je tournai la tête et regardai Charlotte d'un air de reproche. Comme elle avait été jolie ! Comme les coins de sa bouche se plissaient joliment, comme si son âme souriait toujours ! Elle avait eu le plus adorable menton, avec une fossette, et des yeux clairs et pleins d'espoir, et son corps tout entier était avenant et gracieux ! Ce sont là de réels avantages qu'on n'a pas toujours. Il n'en restait rien. Son visage était fin, et sa détermination le durcissait. Il y avait, entre ses sourcils, une ride profonde, comme si elle voulait défier la vie plus qu'il n'est nécessaire. Des angles avaient succédé aux courbes de son visage. Ses yeux étaient toujours clairs et brillants d'intelligence, mais ils semblaient s'être agrandis. Charlotte avait eu droit à tout ce que la beauté peut réserver. Que ce fût le passage éphémère des six Bernhard, ses passions intellectuelles ou le mélange peu ordinaire des deux, c'est ce que je ne parvenais pas à découvrir. Comme je ne pouvais savoir non plus si son âme avait gagné en beauté ce que son corps avait perdu, ce qui est le plus souvent le cas des âmes qui ont confiance en soi. Je n'avais jamais connu quelqu'un qui fût aussi éloigné de l'idée qu'on se fait de la femme d'un illustre professeur. La femme d'une célébrité allemande déjà âgée, se doit d'être — et est — paisible, douce, forte et quelque peu ennuyeuse. Elle doit être — et est — fière de son grand homme. Elle lui rend la vie agréable et ne se soucie guère de partager ses passions spirituelles. Dans la vie commune, il est le cerveau, elle se contente d'être les bras et les jambes. C'est parfaitement clair. Si on vit auprès d'un grand homme, on doit s'occuper de lui, se montrer plus patiente, plus fidèle, plus admirative qu'un domestique, et ne pas, comme le ferait un domestique, abandonner le terrain dès la moindre difficulté. Une femme est une admirable institution. Elle sépare les fleurs précieuses de l'intelligence masculine du soleil et de la poussière des petits tracas quotidiens. Elle est la flanelle protectrice à l'heure où les vents de l'habitude fraîchissent. Elle est la confiture qui permet aux pilules amères de la vie de mieux passer. C'est un tampon, une consolatrice et une cuisinière. Et tant qu'elle assume ces divers rôles, tout va parfaitement bien. Mais lorsqu'elle s'engage sur les terrains sulfureux de la révolte, au point de vouloir exprimer sa propre personnalité, et surtout en public, elle défie, en Allemagne du moins, toutes les conventions civiles et religieuses. C'est ce que Charlotte avait fait, selon ce que j'avais entendu dire, durant ces trois dernières années. C'est pourquoi la question qu'elle m'avait posée, à moi qui suis si sage, me choqua quelque peu. Qu'avais-je fait de ma vie ? Me retournant sur le passé pour trouver une réponse, ma vie m'apparut bien remplie, radieuse et paisible. Il y avait eu des enfants, et il y avait un jardin, et un époux auquel j'étais précieuse ; mais je n'avais pas fait *quelque chose*. Du moins si je n'avais à mon actif ni livres ni conférences, je n'avais pas non plus de sillon entre mes sourcils…

« C'est très étrange », poursuivit-elle tandis que je gardai le silence, « une rencontre comme la nôtre. J'étais sur le point d'écrire pour demander si je pouvais passer quelques jours auprès de vous.

— Oh ! vraiment ?

— J'ai souvent pensé, ces derniers temps, que vous pourriez m'aider si je parvenais à vous secouer un peu.

— Me secouer, chère Charlotte ?

— Oh ! On m'a parlé de vous ! Je sais que vous vivez à la campagne, là-bas, enfouie dans une sorte de rêve. Inutile de répondre à ma question, vous ne pourriez pas.

Vous avez vécu dans un rêve, entièrement prise par votre famille et vos plantes.

— Mes plantes, chère Charlotte ?

— Vous ne voyez pas, et ne voulez pas voir plus loin que la haie qui est au bout de votre jardin. Tout ce qui se passe au-delà, dans le grand univers des choses réelles, où vivent des gens qui ne plaisantent pas, qui se démènent, soupirent et souffrent, qui poursuivent sans trêve l'idéal d'une vie plus riche, d'un savoir plus élevé, tout cela vous est complètement indifférent. Votre existence — on ne peut pas appeler ça une vie — est tout à fait négative, entièrement dépourvue de passion. Elle est aussi négative et privée de passion que… »

Elle s'interrompit et me regarda avec un vague sourire de compassion.

« Que quoi ? demandai-je en m'attendant au pire.

— À parler franc, que celle d'une huître.

— Vraiment, chère Charlotte ? » m'exclamai-je, bouleversée. Quel malheur d'avoir si vite quitté Göhren. Pourquoi n'y étais-je pas restée deux ou trois jours, comme j'en avais eu d'abord l'intention ? C'était un endroit sûr, d'où l'on pouvait s'enfuir si facilement ! Si j'étais une huître — curieux, comme ce mot me déconcertait ! —, du moins étais-je une huître heureuse, ce qui vaut mieux que d'être une huître misérable ou que de ne pas être une huître du tout. Charlotte était certainement plus proche du malheur que du bonheur. Les gens heureux n'ont pas ce regard, ils n'ont pas cette expression continuellement combative. Et pourquoi avais-je droit à tout ce laïus ? Si je suis d'humeur à écouter une conférence, j'ai l'habitude d'acheter un billet, de m'y rendre et d'écouter. Et si je n'achète pas de billet, c'est que je n'ai pas l'intention d'assister à une conférence.

Je ne tentai pas d'expliquer à Charlotte une attitude d'une telle simplicité. Pourtant, je sentis qu'il me fallait en finir avec ses débordements verbaux, sous peine d'être hors de moi avant la fin de la journée. Je me levai, m'éclaircis la gorge, et dis, de ce ton suave que prennent les conférenciers : « *Geehrte Anwesende*.[6] »

« Allez-vous me faire une conférence ? demanda-t-elle avec un sourire de surprise.

— Pour vous remercier de la vôtre.

— Ma chère, ne peut-on vous parler d'autre chose que de plantes ?

— Je ne sais vraiment pas pourquoi vous semblez penser que les plantes sont les seules choses qui m'intéressent. Je n'en ai même pas parlé. Et, à vrai dire, vous êtes la dernière personne avec qui je voudrais partager mes soucis végétaux. Mais ce n'est pas ce que je voulais dire, je voulais vous faire part, *geehrte Anwesende*, de quelques remarques à propos des maris. »

Elle fronça les sourcils.

« À propos des maris justement », répétai-je d'une voix sucre et miel. « *Geehrte Anwesende*, au cours d'une morne existence, j'ai eu tout loisir de réfléchir, et mes réflexions m'ont conduite à la conclusion, peut-être erronée, mais définitive, qu'ayant un mari, l'ayant choisi librement, parfois contre l'avis de certains, la moindre des choses que je puisse faire est de lui être attachée. Et alors, Charlotte, où est votre mari ? Qu'en avez-vous fait ? Est-il ici ? Et sinon, pourquoi ? Et où est-il ? »

---

6. « Mesdames et Messieurs. » (*N.d.T.*)

Charlotte se leva brusquement et secoua le sable des plis de sa robe. « Vous n'avez pas changé, dit-elle avec un léger sourire. Vous êtes aussi…

— Stupide ? hasardai-je.

— Oh ! je n'ai pas dit ça. Quant à Bernhard, il est où il a toujours été, il avance triomphalement sur les voies de l'immortalité. Mais vous le savez bien. Vous me posez cette question parce que vos idées sur les devoirs d'une femme en sont encore au Moyen Âge. Et vous êtes choquée. Et vous allez l'être encore plus : je ne l'ai pas vu depuis un an. »

Je crus que nous allions nous disputer. Heureusement, Gertrud, émergeant du sable, s'avança vers nous, apportant une liasse de lettres. Elle était allée à la poste, et sachant combien j'aime recevoir du courrier, elle m'avait cherchée pour me les apporter aussitôt. Tandis que je les ouvrais en hâte et me plongeais dans leur lecture, Charlotte s'abstint de me faire part de ses objections peu amènes concernant la qualité inférieure de la forme du crâne de Gertrud.

De Thiessow à Sellin

Je me suis maintes fois interrogée sur les voies impéné-
trables du Destin, sur son plaisir mesquin à faire échouer les
plans les plus innocents, sur son manque absolu de dignité,
sur sa perversité singulière, sur la ressemblance de ses
manières avec celles d'une fille de cuisine mal disposée ;
mais je ne m'étais jamais autant interrogée que je le fis, à
Thiessow, cette nuit-là.

Après le thé, nous avions fait une promenade dans la
forêt de hêtres, gravissant une colline jusqu'au sémaphore,
au long d'un sentier surplombant la falaise, avec, d'un côté,
les bleus reflets de la mer au-delà d'une bordure mouvante de
fleurs bleues et pourpres et, de l'autre, des champs de seigle.
Nous nous étions arrêtées pour contempler, tout en bas, le
village de Thiessow — un bouquet de toits pittoresques
entourés sur trois côtés par la mer éblouie de soleil. Notre
vue s'étendait, par-delà une vaste plaine, jusqu'à la colline
et au village de Gross Zickow, dans le lointain. Nous avions
observé les ombres passant au-dessus des prairies, à des
kilomètres de distance, et vu la mer revêtir, à l'ouest, les
teintes apaisées de la perle ; nous l'avions vu aussi, tout en

bas, calme mais d'un bleu pur, entre les tiges des scabieuses et des campanules. Et, derrière nous, au-dessus des hêtres, la mer orientale agitée par le vent, brillante, tourmentée, floconneuse d'écume, comme toujours. Tout semblait vaste, ouvert, spacieux. C'était un endroit où bénir Dieu et renoncer à toutes vaines paroles. Quand les étoiles se levèrent, nous redescendîmes vers la plaine, et marchâmes sur l'herbe humide, dans la nuit épaissie, le visage tourné vers une traînée rouge dans le ciel où le soleil venait de disparaître à l'horizon.

Charlotte, tout ce temps-là, n'était pas demeurée muette ; au contraire, elle avait voulu s'expliquer en long et en large. Elle avait voulu me démontrer avec passion les aspects insupportables de la vie qu'elle avait menée auprès du célèbre Nieberlein ; elle m'avait expliqué avec passion comment elle y avait coupé court. En l'écoutant sans dire un mot, j'avais deviné la véritable blessure, l'endroit qu'elle ne précisait pas, mais où avaient porté tous les coups ; car, à l'écouter, il était clair que le principal reproche qu'elle adressait au grand homme, c'était de ne l'avoir jamais prise au sérieux. Défendre avec acharnement ses convictions, prendre des positions fermes sur des points qui vous paraissent essentiels, et être traitée comme un rien insouciant, un rien charmant sans doute, mais un rien quand même, doit être, à la longue, éprouvant. Je ne sais pas si je pourrais trouver un autre terme que celui-ci. Après tout, vous ne pouvez renoncer à vos opinions pour plaire à celui avec qui vous avez la chance de vivre ; aussi étendue que soit son intelligence, vous avez tout de même le droit de vérifier si le ciel et les étoiles sont toujours là, sans le délaisser pour autant. Si le grand Nieberlein n'avait pas assez pris Charlotte au sérieux, elle l'avait, de son côté, manifestement trop pris au sérieux. Il vaut mieux rire de votre Nieberlein que de se dresser contre lui ; c'est, en tout état de cause, beaucoup plus reposant. Et, par la suite, vous vous rendez compte que vous avez vieilli ensemble, que votre Nieberlein vous est précieux, sans vous en être rendu compte, et que vous n'avez plus du tout envie de rire — ou alors d'un rire plein de tendresse, d'une tendresse qui peut aller jusqu'aux larmes.

Nous continuâmes notre promenade à travers les prairies, sous les étoiles, dans le calme absolu de la nuit ; l'air sentait la rosée du soir, et l'herbe coupée, cet après-midi, dans les prairies lointaines était si douce, si moelleuse, qu'on eût dit que s'effaçaient de votre visage les fatigues d'un après-midi trop ardent. Charlotte se tut. Mais avant même que j'aie eu le temps d'en remercier la Providence, je compris que cette interruption serait de courte durée, car elle reprit aussitôt, sur un ton différent, mais tout aussi animé : « Après tout, je pourrais bien vous accompagner quand vous quitterez Thiessow. Je n'ai rien de précis. Je suis venue y passer un jour ou deux, pour fuir des Anglais qui étaient avec moi à Binz, et qui me portaient plutôt sur les nerfs. Et j'ai tellement de choses à vous dire ; ce serait l'occasion. Nous pourrons parler toute la journée, en voiture. »

Parler toute la journée en voiture ! Si Hazlitt ne trouvait aucun intérêt à parler en marchant, j'en trouvais encore moins à parler en roulant. Ces propos de Charlotte me firent m'interroger de nouveau sur les voies du Destin. J'étais, ici, le plus inoffensif des êtres, faisant un petit voyage des plus simples, ne demandant qu'à être seule, pauvre femme si effacée que je me croyais à l'abri de la Furie aveugle aux ciseaux maudits, un être aux projets si modestes que j'eus honte pour le Destin qui cherchait à les contrarier.

Avant même la fin de ma quatrième journée de voyage, j'étais donc de nouveau la proie de la vieille domination familiale, arguant cette fois-ci de ce que je ne pouvais me soustraire à la compagnie d'une cousine que je n'avais pas vue depuis dix ans.

« Oh ! Charlotte ! » m'écriai-je, en lui tordant le bras, tant je me sentis prise aux griffes du Destin. « Oh ! Charlotte ! quelle bonne idée ! Et quel dommage que ce soit impossible ! Voyez-vous, je n'ai qu'une victoria, et il n'y a que deux places, à cause des bagages, ce qui fait que nous ne pouvons utiliser le petit siège, à moins que Gertrud ne s'assoie sur...

— Gertrud ? Renvoyez-là chez vous. Qu'avez-vous besoin d'elle, si je suis avec vous ? »

Dans la pénombre, consternée, je regardai Charlotte. Son visage était résolu. « Mais c'est elle qui... fait les valises, répondis-je.

— Ne soyez pas aussi désarmée ! Comme si deux femmes en pleine santé n'étaient pas capables d'emballer elles-mêmes leurs brosses à cheveux !

— Oh ! il ne s'agit pas seulement des brosses à cheveux ! » continuai-jc, me débattant toujours dans les griffes du Destin, « c'est tout le reste. Vous ne pouvez imaginer combien je déteste boutonner mes bottines, je sais que je ne le ferais jamais, et marcherais ainsi, ce qui vous serait désagréable, et ça, je m'y refuse. Mais il y a autre chose », fis-je hâtivement, car Charlotte avait déjà ouvert la bouche pour me proposer, j'en suis sûre, de les boutonner pour moi, « mon mari ne me laisse jamais aller où que ce soit sans Gertrud. Voyez-vous, elle a également pris soin de sa mère, et il est persuadé qu'il m'arriverait des choses affreuses si je ne l'avais pas près de moi. Je suis vraiment désolée, Charlotte. C'est tellement dommage ! Si j'avais su... si j'avais su... j'aurais pris un omnibus !

— Votre mari est vraiment un tyran aussi stupide ? demanda Charlotte, avec, dans la voix, une forte nuance de mépris pour tant de soumission.

— Oh ! tyran ! hurlai-je, prenant à témoin les étoiles, et demandant en moi-même qu'elles veuillent bien pardonner à cette pauvre innocente.

— Soit. Alors, nous allons prendre une remorque et nous y mettrons les bagages.

— Oh ! » criai-je en lui prenant le bras — je n'avais qu'un désir trouver quelque échappatoire, « oh ! voilà... voilà encore une excellente idée !

— Et on pourra y installer Gertrud !

— Bien sûr ! C'est une véritable trilogie d'excellentes idées ! En avez-vous d'autres, Charlotte ? Vous êtes vraiment pleine de ressources ! Vous savez si bien surmonter les obstacles !

— Je le crois volontiers », fit-elle d'un ton suffisant.

Je lâchai son bras, renonçai à lutter et repris la marche, vaincue. Ainsi, si d'autres obstacles ne surgissaient pas d'eux-mêmes, Charlotte allait avoir raison de moi. Et, outre une Charlotte intarissable assise à côté de moi, j'aurais, toute la journée, une remorque brinquebalant dans mon dos ! Je crois que j'aurais pleuré à l'idée de la perte soudaine de ma tranquillité et de ma liberté ! J'allai me coucher ; j'avais un lit propre et confortable qui, en d'autres circonstances, m'eût parfaitement convenu, mais la vie est parfois bien mal faite. Que, de mon oreiller, je pusse apercevoir la plaine obscure et mystérieuse sous la voûte étoilée et une vague lueur rouge au nord-est ne suffit pas à mon bonheur, car Charlotte avait ouvert la porte séparant nos chambres, pour me demander, à tout instant, si je dormais. Je fis tout ce que je pus pour l'éviter, mais aucun des plans que j'échafaudai ne me parut digne de la gentillesse qui est de mise entre deux cousines ; et lorsque je fus exténuée à force de chercher comment associer la bienséance du cousinage à la force nécessaire pour en secouer les liens, je me mis à me lamenter de la surabondance de cousins en ce vaste monde. Il y en avait vraiment trop ! Chacun d'entre nous en a certainement davantage qu'il ne peut en supporter. Il était beaucoup plus de minuit quand Charlotte, décidément infatigable, me demanda une fois de plus si je dormais.

« Oui », répondis-je, pas très gentiment, je le crains, mais c'était là une question fort déplacée.

Le lendemain matin, nous quittâmes Thiessow à dix heures. Le ciel était gris. Sur la vive recommandation de l'hôtelier, nous roulâmes sur le sable ferme, jusqu'à un minuscule port de pêche du nom de Lobberort, d'où nous prîmes la plaine sur la gauche, pour nous retrouver, une fois encore, à Philippshagen, et emprunter la grand-route qui mène à Göhren, Baabe et Sellin. J'avais volontiers suivi les conseils de l'hôtelier, car je ne souhaitais pas rouler, par cette matinée grise, et dans l'état d'agacement où je me trouvais, dans la plaine où je m'étais si délicieusement promenée la veille. L'hôtelier, aussi obligeant que sa femme était efficace, nous avait trouvé une carriole tirée par deux chevaux efflanqués, à longue queue, qui nous emmèneraient jusqu'à Binz, ma prochaine étape. Gertrud, assise à côté du cocher, demeurait sinistre. Elle avait des pensées noires, car le siège était dur, le cocher sale, la carriole n'avait pas de ressorts, et elle avait dû emballer aussi les vêtements de Charlotte. Elle n'appréciait pas la *Frau Professor* ; comment l'aurait-elle pu ? Gertrud lisait la *Kreuzzeitung* aussi assidûment qu'elle lisait la Bible, avec une confiance aveugle. Elle savait donc tout des fameux écrits, et de ce qu'en disait la *Kreuzzeitung*. Sans compter que Charlotte commettait l'erreur que font quelquefois les gens intelligents, c'est-à-dire d'être persuadé que les autres sont stupides. Et il ne fallait pas à Gertrud beaucoup de perspicacité pour comprendre que la *Frau Professor* n'appréciait pas beaucoup la forme de son crâne.

La route, au long du sable humide, fut dénuée d'intérêt, tant le ciel et la mer étaient gris ; mais les vagues faisaient un tel vacarme que Charlotte, incapable de tirer de moi autre chose que des hochements de tête et des signes comme quoi je n'entendais rien, renonça à toute tentative de conversation et se tint coite. La carriole à bagages nous suivait de près, les chevaux efflanqués manifestaient des caprices imprévus, et, à un moment, sur le point de s'emballer, ils firent un écart vers l'eau, faisant passer Gertrud de la mauvaise humeur au mutisme absolu. Nous parvînmes sains et saufs à Lobberort, quittâmes les sables pour retrouver la route. Après Philippshagen, le ciel s'éclaircit, le soleil fit son apparition et l'univers, tout à coup, se remit à chatoyer.

Nous ne repassâmes pas par Göhren. La route, très accidentée, l'évite et s'allonge entre des talus escarpés bleus de campanules ; au-dessus des cimes des hêtres, s'étendait une large bande de ciel brillant. Une fois encore, je roulais bruyamment sur les pierres de "l'Unique" ; nous passâmes devant l'auberge en bois, où les mêmes consommateurs semblaient boire la même bière et attendre le même train, puis nous prîmes la grande route monotone qui mène de Baabe aux premiers pins de Sellin. À Sellin, nous déjeunâmes, laissâmes les chevaux se reposer ; puis, en fin d'après-midi, nous poursuivîmes jusqu'à Binz. Vu de ce côté-ci, Sellin semble une pinède, traversée par une avenue sablonneuse. On aperçoit quelques villas perdues entre les arbres qui, de plus en plus nombreuses, vont bientôt border la route. Puis, nous arrivâmes sur une grande route de gravillons, formant un angle droit avec celle où nous nous trouvions, avec des restaurants et des villas de chaque côté, des rangées de coquets réverbères et de jeunes châtaigniers, et, tout au bout, une large brèche au sommet de la falaise au bas de laquelle s'étend la mer.

C'était le véritable Sellin : cette unique route, large et brûlante, avec ses éblouissantes maisons blanches, dont la forêt vient caresser les fenêtres. Il était une heure. Les cloches du déjeuner résonnaient tout au long de la rue, des flots de touristes désertaient la plage pour s'engouffrer dans les hôtels ; on entendait le bruit des assiettes et l'air s'emplissait d'odeurs de cuisine. Aux balcons, les familles s'étaient assises à de petites tables rondes, attendant que les serveurs apportent le déjeuner. Au pied de la falaise s'étendait la mer, d'un calme absolu, d'un bleu céleste, hors d'atteinte des hurlements du vent qui soufflait sur Thiessow. Ici, nous étions à l'abri, tandis que la chaleur et la lumière étaient intenses. « Laissons August se reposer. Nous pourrions aller dans la forêt et demander à Gertrud d'acheter le déjeuner », proposai-je à Charlotte. « Vous ne trouvez pas affreux d'avoir à déjeuner dans l'un de ces endroits ?

— Que voulez-vous que Gertrud aille acheter ? répondit-elle, prudemment.

— Oh ! du pain, des œufs, des fruits, et puis voilà. C'est suffisant, par cette chaleur !

— Mais, ma chère, ça ne suffit pas. Ce serait folie que de se laisser dépérir. Je vous accompagne, si vous l'acceptez, mais je ne vois aucune raison de ne pas se nourrir convenablement. Et, d'ailleurs, nous ignorons tout à fait où et quand nous prendrons notre prochain repas. »

Nous allâmes donc jusqu'au dernier hôtel, d'où, de la terrasse, nous pourrions contempler la plage déserte et la merveilleuse couleur de la mer. August et le cocher de la carriole à bagages purent se détendre. Gertrud se retira dans un café proche ; nous nous assîmes, suffocantes, sous la verrière de l'hôtel et un serveur en sueur nous apporta un potage brûlant.

Quelle coutume barbare de devoir déjeuner à midi ! Dans le meilleur des cas, c'est toujours un moment difficile pour la tranquillité de l'esprit. Il y a là quelque chose de particulièrement vil. Je pense que c'est l'heure où la vie de l'esprit est à son niveau le plus bas, et il vaut mieux ne pas l'anéantir sous le poids d'un menu gigantesque. Je savais que le mien allait s'effondrer devant cette assiette de potage fumant, sans parler des autres plats auxquels nous allions avoir droit. Charlotte mangea son potage calmement, d'un air fort satisfait. Elle ne paraissait pas avoir plus chaud. Elle avala la suite avec le même calme et fit remarquer que les cerveaux les mieux remplis ne peuvent se contenter d'un estomac vide.

« Mais un estomac plein peut faire bon ménage avec un cerveau vide, rétorquai-je.

— Personne n'a dit le contraire », répondit Charlotte en se resservant de *Rinderbrust*[1].

Je crus que le déjeuner ne s'achèverait jamais. L'hôtel était bondé, tout comme la grande salle à manger et la véranda dans laquelle nous étions installées. Tout le monde

---

1. Poitrine de bœuf (*N.d.T.*)

parlait à la fois, et on se serait cru dans la volière aux perroquets d'un jardin zoologique. Les prix devaient être élevés ; il y avait un parquet, des fleurs sur chaque table et divers objets que je n'avais pas encore remarqués à Rügen. Lorsque l'addition arriva, je constatai que je ne m'étais pas trompée. À plus forte raison fus-je étonnée par le nombre de familles nombreuses qui y résidaient, avec l'indispensable *Mademoiselle**. Comment y arrivaient-ils ? Il y avait, à la réception, un registre des pensionnaires et, en le feuilletant, je constatai que, dans le pire des cas, ils n'étaient pas sans le sou. Tous indiquaient leur profession. Il y avait des *Apotheker* et des *Photografer*. Il y avait deux *Herren Pianofabrikanten*, plusieurs *Lehrer*, un *Herr Geheimcalculator*, ce qui ne veut rien dire, de nombreux *Bankbeamten*, des employés, et un autre qui a dû trouver l'endroit au-dessus de ses moyens : un *Schriftsteller*. Tous avaient avec eux femme et enfants.

« Je ne parviens pas à comprendre, dis-je à Charlotte.

— Comprendre quoi ?

— Comment ces gens peuvent rester des semaines dans un hôtel aussi cher.

— Mais c'est très simple. Le *Badereise* est pour eux le grand moment de l'année. Ils économisent tout le reste du temps. Ils vivent chez eux le plus frugalement possible et, ainsi, ils peuvent passer un mois magnifique entourés de serveurs, de femmes de chambre et d'autres touristes plus riches qu'eux. C'est de la folie, purement et simplement. C'est l'une de ces choses auxquelles j'essaie de persuader les femmes de renoncer.

— Mais vous en faites autant ?

— Oui, mais certainement pas de la même façon. En outre, j'étais éreintée.

— Comme doivent l'être ces pauvres mères de famille qui ont mené une vie ascétique pendant toute l'année. Et puis, si ça leur fait plaisir, pourquoi pas ?

— C'est encore ce à quoi je voudrais les persuader de renoncer.

— Quoi ? Être heureuses ?

— Non. D'être mères de famille.

— Chère Charlotte ! murmurai-je, en songeant aux six Bernhard.

— De grosses matrones, disons.

— Qu'entendez-vous par grosses matrones ? demandai-je, songeant toujours aux Bernhard.

— Au-dessus de trois. Et, pour la plupart de ces femmes, même trois, c'est beaucoup trop. »

Le souvenir des six Bernhard me troubla tellement que j'en demeurai muette.

« Regardez toutes ces femmes », reprit Charlotte. « Toutes, ou chacune prise à part. Celle qui est à la table en face, par exemple. Songez à la corpulence de cette pauvre fille… Imaginez-vous comme la vie doit lui être pénible ? Comment, pour elle, la vie pourrait-elle être autre chose qu'un essoufflement perpétuel ?

— Peut-être ne prend-elle pas suffisamment d'exercice… Elle devrait faire le tour de Rügen à pied, une fois par an, au lieu de jeter l'ancre dans le pot à viande de Sellin.

— On lui donnerait cinquante ans. Et pourquoi cela ?

— Peut-être parce qu'elle les a…

— Stupide. Elle est toute jeune. Mais ces quatre mômes affreux sont à elle, et il y a sûrement un bébé, peut-être deux, dans la chambre. Ils l'ont achevée. Comment cette pauvre femme peut-elle se réaliser pleinement ? Comment peut-elle trouver son salut ? Que d'énergie elle a dû dépenser pour ses enfants ! Et si jamais elle essaie d'y réfléchir, la simple torpeur de son cerveau doit suffire à la faire tomber de sommeil. Pourquoi serait-elle privée de l'usage de son âme ?

— Charlotte ! vous êtes bien sibylline. Tenez, prenez mon gâteau, je n'en veux plus. »

J'espérais que le gâteau endiguerait ce flot d'éloquence. Je redoutais l'imminence d'une conférence. Elle avait retrouvé son ton pamphlétaire de la veille, et je me sentais perdue. Elle prit le morceau de gâteau, et je fus déçue que cela n'eût aucun effet. Elle ne semblait même pas se rendre compte qu'elle mangeait, et elle continua de m'entretenir, avec une véhémence qui ne cessait de croître, du régime qui convient aux âmes féminines. Passe encore, mais pourquoi tant de véhémence ? La véhémence me fait presque toujours sortir de mes gonds ; je suppose que c'est ce que Charlotte appellerait la manifestation de mon "huîtrité". De toute manière, au moment où le serveur apporta les fromages, les radis et ces affreuses tranches de cuir noir qu'on appelle *Pumpernickel*, je demeurai assise sans rien dire, tandis que Charlotte, s'appuyant sur la petite table, s'adressait à moi de toute sa fougue. Quant à la dame corpulente qui avait provoqué son indignation, elle dégustait amandes et raisin avec un calme sublime, jetant les amandes sur le plancher et les écrasant du talon de ses bottines, après quoi elle se penchait avec une souplesse prodigieuse pour les ramasser.

« Vous ne pensez pas que, si elle n'avait pas eu ces quatre enfants, et Dieu sait combien d'autres, elle ne serait pas toute autre ? » me demanda Charlotte, en appuyant ses coudes sur la table et en me fixant avec de grands yeux qui m'éblouirent. « Comme le jour diffère de la nuit ? La santé de la maladie ? La vivacité de la torpeur ? Elle paraîtrait dix ans plus jeune, et se sentirait dix ans de moins. Son énergie serait intacte. Elle aurait l'usage de son âme, de son temps, de son individualité. À présent, c'est trop tard. Tout a été étouffé par les misérables corvées quotidiennes. Que dirait l'homme, son mari béat, là, à côté d'elle, s'il devait partager avec sa femme ces travaux mortifères auxquels elle est inévitablement condamnée ? Pourquoi ne l'aiderait-il pas à porter son fardeau ? Pourquoi ne lui prêterait-il pas ses épaules, qui sont plus larges ? Ne me répondez pas, banalement, qu'il a ses propres occupations — nous le savons bien, qu'il a ses occupations, le travail du mâle, avec ses joies et ses plaisirs, ses espoirs et ses ambitions, qui commence et s'achève chaque jour à heure fixe —, cependant qu'elle vieillit dans des corvées vaines, sordides, interminables. Il y a, entre eux deux, une différence qui me fait bouillir le sang.

— Oh ! non ! par pitié ! m'écriai-je, épuisée. Il fait assez chaud comme ça !

— Je vous dis que cette femme, à côté de nous, est le spectacle le plus tragique qu'il soit donné de voir. Je pourrais lui crier : "Pauvre sotte, vestige à demi-conscient de ce qui prétendait être l'image de Dieu !"

— Chère Charlotte… » murmurai-je, troublée. Il y avait de vraies larmes dans ses yeux. Là où je ne voyais qu'une femme corpulente écrasant calmement des amandes d'une façon que la bienséance récuse, le regard sévère de Charlotte perçait le voile de chair jusqu'à la flétrissure de l'âme. Et la sincérité de Charlotte était telle, elle était à ce point meurtrie de la décrépitude finale de ce qui s'était appelé les joyeuses promesses de la jeunesse, que je commençai à me sentir émue et à jeter des regards de sympathie et de respect à la pauvre voisine. Il s'en fallut de peu que les larmes me viennent, à moi aussi, lorsqu'un événement imprévu me sauva. Le serveur apportait le courrier aux habitués, et, posant deux lettres sur l'assiette de la dévoreuse d'amandes, dit à haute et intelligible voix — et nous l'entendîmes distinctement toutes deux — : « *Zwei für Fräulein Schmidt* » ; et le plus âgé des quatre enfants, une petite fille mutine avec une natte, s'écria : « *Ei, ei, hast Du heute Glück, Tante Marie !* ». Ayant fini de déjeuner, nous nous levâmes et nous éloignâmes en silence ; lorsque nous fûmes sur le seuil, je dis à Charlotte, d'un ton qui se voulait celui de la réconciliation : « Si nous allions faire un tour dans la forêt, Charlotte ? J'aimerais vous faire quelques observations sur les Âmes des Tantes célibataires », et Charlotte me répondit, non sans mauvaise humeur, que cela ne changeait rien, qu'elle avait la migraine et… si je pouvais me tenir tranquille…

De Sellin à Binz

Supposez un être qui ne serait ni homme ni femme, un être à l'écart de toutes les tentations, de l'un et l'autre sexe, un être qui envisagerait avec une indifférence absolue les multiples façons que nous avons de gâcher notre vie, étranger aux ambitions des hommes comme aux aspirations des femmes, que penserait un tel être de l'idée fort répandue, contre laquelle Charlotte et quelques autres femmes s'élèvent, selon laquelle l'homme ne doit pas se soucier de l'entretien de la maison et du soin des enfants, mais plutôt poursuivre son existence quotidienne, affaires ou plaisirs, comme il le faisait avant d'avoir maison et enfants ? J'aime par-dessus tout que chaque détail de la vie soit prévu et traité selon son importance, que les petites corvées en soient réparties avec une équité absolue entre ceux qui en ont la charge. Et j'imagine qu'un tel être, qui serait plus qu'un homme et moins qu'un dieu, qui comprendrait tout et ne se soucierait de rien, trouverait injuste d'attribuer une double charge au plus fort sous prétexte qu'il est le plus fort, et juste qu'il ait la part qui lui revient, afin d'utiliser les forces qui lui restent, non pas à porter le fardeau de quelque ami plus faible, qui, déchargé de son propre fardeau, ne représenterait plus rien et n'aurait plus qu'à glorifier Dieu, mais à montrer aux autres le chemin.

Ainsi je méditai, marchant en silence près de Charlotte, dans la forêt de hêtres de Sellin. Pour rien au monde, je n'aurais voulu lui faire part de mes réflexions, car j'étais bien consciente que ce qui pour moi était nourriture spirituelle serait pour elle un poison. La tante vieille fille et le déjeuner avaient donné à Charlotte une migraine que je respectai en gardant le silence ; et, pendant deux heures, nous marchâmes ou nous assîmes sous les hêtres, parfois sur le bord herbu de la falaise, le dos contre le tronc d'un arbre, contemplant le bleu chatoyant de la mer et le vert sombre de ses gouffres, parfois allongées sur l'herbe à regarder les nuages de beau temps passer entre les clairs feuillages des hêtres.

Ce furent des heures splendides, car Charlotte somnola la plupart du temps, et tout était aussi calme que si elle n'avait pas été là. Nul baigneur pour écarter les branchages et nous observer ; ils dormaient jusqu'à ce que la chaleur soit passée. Nul promeneur à jumelles venu pour voir la mer et s'extasier sans pour autant nous perdre des yeux : « N'est-ce pas *colossal** ! » Nul étudiant échauffé s'essuyant le front en entonnant des chants d'amour et à boire. Aucun de ceux qui avaient dîné à la *table d'hôte** n'aurait pu bouger par une telle chaleur. Ainsi, Charlotte et moi partageâmes-nous la forêt avec les oiseaux et les écureuils.

Cette forêt est extrêmement belle. Elle s'étend, au long de la côte, sur des kilomètres, et fourmille de routes et de sentiers qui vous mènent à des merveilles imprévues : échappées soudaines sur la mer, entre les grands troncs des hêtres sur des plateaux herbus ; ravines profondes, aux flancs moussus, avec des filets d'eau rebondissant sur des pierres vertes pour aller se jeter dans la mer, en plein soleil ; silencieuses clairières de fougères, argentées dans la lumière de l'après-midi, où des daims vous examinent avec curiosité, un instant, avant de s'enfuir, pris de panique, dans l'ombre plus épaisse de la hêtraie. Dans cet endroit mi-ombre mi-soleil, de tous côtés merveilleux, si vaste et si paisible, comment aurais-je pu sérieusement m'intéresser à des questions qui sentent le renfermé, telle l'égalité des sexes ou quoi que ce soit d'autre qui fût étranger à la beauté du monde et à la joie d'y vivre ? Cela ne m'a jamais beaucoup intéressée, vraiment pas. Le Destin ayant décidé que je m'avancerais dans la vie en jupon, accablée par la masse des servitudes liées aux jupons allemands, je ne perdrai pas mon temps à discuter. Car l'arrêt du Destin est inexorable, et le demeurera. Et il faut s'habituer aux servitudes, et bien comprendre, si on y regarde de près, qu'elles n'excluent rien de ce qui est l'essentiel.

Je me retournai vers Charlotte, à demi endormie. J'avais à présent presque envie de la réveiller pour lui faire part de mes réflexions, et l'exhorter à agir comme ces dragons, dans le magnifique poème du docteur Watts[1], qui « *changent leurs sifflements féroces en chants de joie et, de leurs langues fourchues, louent le Créateur* ». Mais je redoutai en même temps de la déranger, tant sa langue pouvait être fourchue au point de mettre en morceaux mes arguments. Elle continua donc de somnoler en paix, et je répétai pour moi seule les vers superbes de l'immortel docteur, souvenir des jours où j'ânonnais ces vers qui n'étaient pas seulement des vers

---

1. Isaac Watts (1674-1748), auteur de *Divine Songs for Children*, 1715. (*N.d.T.*)

pour enfants, mais des vers anglais, assise aux pieds d'une pieuse nurse venue du pays des brouillards.

À cinq heures, je réalisai qu'il me fallait bien secouer doucement Charlotte si nous voulions arriver à Binz le soir même, et je m'y préparai avec une délicatesse digne de deux cousines entre elles lorsqu'un bourdon qui venait, quelques minutes auparavant, de voleter sur la fleur pourpre d'une digitale, tout au bord de la falaise, s'en éloigna, et vint obligeamment s'égarer près du visage de ma cousine, au point de l'effleurer de ses ailes. Elle se redressa aussitôt, ouvrit les yeux et me regarda fixement. La méfiance des cousines entre elles est telle que, bien que je fusse allongée à l'écart, elle fut convaincue que je l'avais chatouillée. J'en fus bien ennuyée, car elle est vraiment la dernière personne au monde qu'il me fût venu à l'idée de chatouiller. Il y avait quelque chose en elle qui m'en eût empêchée, aussi hardie que je sache être ; en outre, il faut vraiment être déjà de très grandes amies pour avoir envie de se chatouiller. Charlotte et moi étions cousines, mais n'avions guère, jusqu'à présent, été très liées. Je me levai, mis mon chapeau, et déclarai d'un ton un peu sec, car elle ne me quittait pas des yeux, qu'il était temps de partir. Nous prîmes en silence le chemin du retour, agacées l'une et l'autre, et, après avoir quitté la falaise, peu avant d'arriver à Sellin, nous vîmes un petit restaurant, une verrière colorée, bâtisse ronde d'une laideur sans nom, qui était l'une des fiertés du lieu. En effet, quelques instants plus tard, roulant à travers la forêt, vers Binz, nous vîmes des poteaux indicateurs, avec une flèche portant l'inscription "*Glas Pavilion, schönste Aussicht Sellins*"[2]. Le "*schöne Aussicht*" ne faisait aucun doute, mais avoir choisi

2. Pavillon de verre, avec la plus belle vue de Sellin. (*N.d.T.*)

l'endroit le plus charmant et l'abîmer avec un tel pavillon, alors que ce ne sont pas les restaurants qui manquent, tient certainement de la provocation. C'était pourtant ainsi et, à longueur de journée, il déversait sur la forêt, assidûment, ses relents de soupe. Les gens commençaient de s'attabler, tous ceux que nous avions vu déjeuner et qui, ensuite, avaient fait la sieste. Quelques-uns prenaient du café et mangeaient des tranches de cake aux cerises avec des monceaux de crème fouettée, comme s'ils n'avaient rien avalé depuis le petit déjeuner. Bien visible, la tante vieille fille était assise à l'une des tables, encore toute empourprée par le sommeil. Elle aussi avait commandé du cake aux cerises, et, à notre passage, le serveur le lui apporta ; elle demeura un moment à contempler tendrement son assiette, la tournant et la retournant afin d'en saisir les multiples beautés, et si jamais femme parut heureuse, c'était bien elle. « Pauvre sotte, vestige à demi conscient », murmurai-je en moi-même. Charlotte dut lire dans mes pensées, car, dans un mouvement d'impatience, elle détourna la tête du cake et de la dame, et dit une nouvelle fois, d'un ton provocant : « Ça ne change rien, évidemment. »

« Certes », fis-je.

La route entre Sellin et Binz est, de loin, la plus belle que j'aie jamais vue. Jusque-là, nous avions roulé dans des paysages qui n'étaient pas toujours d'une grande beauté, mais cette partie du voyage fut admirable du début à la fin. Il nous fallut environ une heure et demie, et, tout ce temps, nous traversâmes la magnifique forêt aux multiples essences, qui appartient au prince Putbus, et qu'on appelle le Granitz. Comme nous approchions de Binz, la route commença de descendre jusqu'à la mer, et, à travers les branchages qui la surplombaient, nous nous rendîmes compte que nous avions dépassé un autre promontoire et avions atteint une autre baie. Aussi, après n'avoir rencontré que des daims timides, nous vîmes des cohortes de plus en plus compactes de touristes, marchant lentement, et prenant quelque exercice avant le dîner. Charlotte s'était montrée très calme. Apparemment, elle avait toujours la migraine ; mais, soudain, elle sursauta et s'écria : « Les Harvey-Browne ! »

« Et qui sont, s'il vous plaît, les Harvey-Browne ? » demandai-je en suivant la direction de son regard.

Il était assez facile de reconnaître ceux qui, dans les groupes de touristes, pouvaient être les Harvey-Browne. Ils allaient dans la même direction que nous ; c'était un couple de grande taille, avec des vêtements d'une coupe et d'une sobriété irréprochables. Nous les rattrapâmes très vite. Charlotte s'inclina froidement ; les Harvey-Browne s'inclinèrent cordialement. Et je me rendis compte que le jeune homme était mon charmant philosophe de Vilm.

« Et qui sont donc les Harvey-Browne ? demandai-je à nouveau.

— Les Anglais dont je vous ai parlé, qui me portaient sur les nerfs. Je pensais qu'ils étaient déjà partis.

— Et pourquoi vous portaient-ils sur les nerfs ?

— Oh ! elle, c'est la femme d'un évêque, et c'est la personne la plus stupide que je connaisse. Où que nous soyons, nous ne pouvons nous supporter. Mais elle adore son fils, et ferait n'importe quoi pour lui plaire. Et il me court après !

— Vous court après ? » m'écriai-je, d'un ton si incrédule que j'en perçus aussitôt la muflerie. Je m'empressai d'atténuer ma violence, en secouant gentiment la tête, et d'un air réprobateur : « Chère… Charlotte, ma chère ! Ma chère ! » En même temps, je me sentis déçue par le jeune Harvey-Browne.

« Pourquoi pensez-vous qu'il me court après ? demanda Charlotte, en tournant la tête pour me, regarder.

— Je me le demande, allai-je dire, mais je m'arrêtai à temps.

— La raison la plus absurde. Il me poursuit de ses attentions parce que je suis la femme de Bernhard. Il adore les idoles, et prétend que Bernhard est le plus grand homme de notre temps.

— Soit. Mais c'est la vérité, non ?

— Il ne peut me lâcher, il me tourne autour et me parle de Bernhard durant des heures. C'est pour ça que je suis partie pour Thiessow. Il me rendait folle.

— Il n'a pas idée, le pauvre, que vous ne... que vous ne... plus...

— J'ai autant de courage que quiconque, mais pas suffisamment pour expliquer les choses à la mère. C'est la femme d'un évêque, vous comprenez ? »

N'étant guère aussi au courant que Charlotte des caractéristiques des femmes d'évêque, je ne compris pas. Mais elle semblait sous-entendre que cela expliquait tout.

« Elle vous a lue ? demandai-je.

— Oh ! oui ! Elle est même venue à l'une de mes conférences, à Oxford — le garçon est à Balliol —, et a lu quelques-uns de mes écrits. Il les lui a fait lire.

— Et alors ?

— Oh ! elle a fait quelques remarques banales qui m'ont fait comprendre ses limites, et elle s'est mise à me parler de Bernhard. Pour ces gens-là, je n'ai aucune personnalité, aucune existence propre, rien dans la tête, aucune opinion personnelle ; mon seul intérêt est d'être la femme de

Bernhard. C'est exaspérant ! Le garçon a mis je ne sais quelles idées dans la tête de sa mère. Elle a essayé de lire l'un des ouvrages de Bernhard, et elle prétend trouver cela sublime. Elle en fait des citations. Je ne veux pas rester à Binz. Allons-nous en dès demain matin…

— Mais je trouve Binz adorable, et les Harvey-Browne me paraissent charmants. Je ne suis pas du tout sûre d'avoir envie de partir dès demain.

— Eh bien ! je partirai seule, et vous attendrai à Sassnitz !

— Oh ! ne m'attendez surtout pas ! Je n'irai peut-être pas à Sassnitz !

— Eh bien, je suis sûre de vous retrouver quelque part. Rügen n'est pas si grand, et on vous y remarque. »

Elle avait raison. Tant que je serai à Rügen, je ne pouvais espérer échapper à Charlotte. J'atteignis Binz dans un état de soumission maussade.

Tous les hôtels étaient pleins, et il n'y avait plus aucune chambre dans les villas. L'histoire de Göhren recommençait. À la fin, et par le plus grand des hasards, nous trouvâmes un abri dans la plus jolie maison — nous n'avions même pas osé nous renseigner, certaines qu'il n'y aurait pas la moindre chambre libre —, une petite maison au bord de la plage, surplombée par la forêt de hêtres ; aux fenêtres pendaient des rideaux de soie jaune clair ; un toit très rouge, et des murs très blancs. Une petite maison tout à fait coquette, avec une ravissante allée dallée conduisant à la porte, et des pots de géraniums aux fenêtres. Une personne proprette, du genre veuve de bon aloi, nous accueillit avec une cordialité qui contrastait agréablement avec ces veuves dont les chambres sont toujours retenues à l'avance. Le rez-de-chaussée tout entier, nous dit-elle, était à notre disposition. Nous avions chacune une chambre ouvrant sur une véranda qui semblait suspendue sur la mer ; il y avait, en outre, une salle à manger, une belle cuisine bleue et blanche au cas où nous voudrions préparer nos repas et, pour Gertrud, une grande chambre. L'ensemble n'était pas cher. Lorsque je déclarai que nous y passerions sans doute une ou deux nuits seulement, le tarif ne changea pas. La veuve expliqua que les chambres avaient été retenues pour toute la saison, mais que le monsieur de Berlin qui les avait réservées n'avait pu venir, ce qui expliquait que nous pouvions les occuper, car elle n'avait pas l'habitude de prendre des hôtes de passage.

Je demandai alors si elle était certaine que le monsieur de Berlin ne débarquerait pas sans crier gare, et que nous risquions d'être chassées. Elle me regarda quelques secondes, comme si ma question l'avait troublée, puis elle hocha la tête. « Non, non ! » fit-elle, sûre d'elle, « il ne viendra pas. »

Une très gentille petite soubrette, qui apportait nos bagages, fut tellement surprise par ma question, pourtant innocente, qu'elle les laissa tomber.

« Hedwig », ne sois pas stupide ! fit la veuve, d'un ton sévère avant de reprendre, en se tournant vers moi : « Le monsieur ne viendra pas, il est mort. »

« Oh ! » fis-je, rendue muette par une aussi excellente raison.

Charlotte, impatiente d'intervenir, ajouta : « En effet. »

C'était une bonne raison. Mais il me sembla soudain que ces chambres agréables, avec leurs lits préparés, toutes prêtes à accueillir celui qu'on attendait, devenaient tout à coup effrayantes. Il faut dire qu'il était plus de huit heures, que le soleil était couché, et que l'obscurité envahissait la baie. J'avançai jusqu'à la petite véranda, qui avait des piliers blancs fort imposants, comme s'ils devaient soutenir le poids d'une pesante maçonnerie. Et, au-delà, je voyais l'eau clapoter, paresseusement, inexorablement, là, en bas, et ce clapotis était celui, solitaire, que font les vagues, le soir, quand elles viennent mourir sur une plage déserte.

J'entendis Charlotte, de sa chambre, demander d'une voix déprimée :

« Pour quand l'attendiez-vous ?

— Pour aujourd'hui, fit la veuve.

— Aujourd'hui ? reprit Charlotte en écho.

— C'est pour ça que les lits sont faits. Ces dames ont bien de la chance.

— En effet, acquiesça Charlotte d'une voix sourde.

— Il est mort hier. Un accident, J'ai reçu le télégramme ce matin seulement. C'est un grand malheur pour moi. Ces dames dîneront-elles ? Le monsieur m'avait envoyé quelques provisions pour son dîner de ce soir. Hélas ! le pauvre, il ne dînera jamais plus. »

La veuve, dont les dernières paroles semblaient accroître l'émotion, soupira profondément. Elle se livra alors à cette banalité, que le monde est étrange, qu'on y vit aujourd'hui et qu'on n'y sera plus demain — ou plutôt, car elle rectifia, qu'on y était hier et qu'on n'y est plus aujourd'hui — et que la seule chose qui soit sûre, c'est le *schönes Essen*[3] qui, à ce moment même, nous attendait dans le garde-manger. Ces dames ne voudraient-elles pas saisir l'occasion et dîner ?

« Non, non ! nous ne dînerons pas », s'écria Charlotte, d'un ton définitif. « Vous ne voulez pas dîner ici, n'est-ce pas ? » me demanda-t-elle, de derrière les rideaux jaune clair qui rendaient son visage encore plus pâle. « C'est toujours détestable, dans les maisons meublées. Si nous

3. Bon repas. (*N.d.T.*)

allions dans ce charmant hôtel de brique rouge devant lequel nous sommes passées, et où les gens assis sous le grand arbre avaient l'air si contents ? »

Silencieuses, nous allâmes jusqu'à l'hôtel de brique rouge. Nous nous frayâmes un chemin entre les tables déjà occupées, jusqu'à un grand hêtre planté près de l'eau, et nous nous retrouvâmes à la table voisine de celle des Harvey-Browne.

« Chère Frau Nieberlein, quelle joie de vous retrouver ! » s'écria la femme de l'évêque, avec la plus extrême cordialité, tout en se penchant entre nos tables pour serrer la main de Charlotte. « Brosy a parcouru tout le pays à bicyclette, pour savoir où vous étiez cachée, et il a été inconsolable de ne pas vous trouver. »

Parcourir le pays à la recherche de Charlotte ! Ciel ! Et moi qui étais tombée sur elle dans les eaux de Thiessow sans le moindre effort ! Ainsi le Destin retire-t-il ses grâces à ceux qui l'en supplient et jette-t-il les autres, horriblement, dans les bras de ceux qui ne lui demandent rien.

Pendant ce temps-là, Brosy Harvey-Browne, jeune homme poli habitué aux manières allemandes, s'était levé et attendait de m'être présenté par Charlotte. « Eh bien, jeune philosophe », pensai-je, non sans un vague regret, « vous allez à présent comprendre que votre Fräulein intellectuelle et indépendante est toute autre que vous ne l'imaginiez. »

« S'il vous plaît, présentez-moi », dit Brosy.

Charlotte s'exécuta.

« S'il vous plaît, présentez-moi », fis-je à mon tour, m'inclinant vers la femme de l'évêque.

Charlotte s'exécuta.

Le visage de la femme de l'évêque donna alors l'impression qu'il ne lui semblait vraiment pas urgent de faire connaissance. Elle paraissait penser, bien qu'acceptant qu'on puisse accueillir une Nieberlein parmi ses amis sous le seul prétexte du prestige et de la célébrité de son mari, qu'il n'y avait aucune raison que les amies inconnues d'une Nieberlein en fassent également partie. Aussi ne fus-je pas admise dans ce cercle restreint. Je m'assis à l'écart et examinai le menu.

« Comme c'est étrange », fit observer Brosy dans son allemand parfaitement correct, en s'installant sur une chaise libre, à notre table, « comme c'est étrange que vous soyez apparentée aux Nieberlein.

— Vous savez, on est toujours apparenté à quelqu'un, répondis-je, tout en m'émerveillant de mon intelligence.

— Et comme il est bizarre que nous nous soyons de nouveau rencontrés ici.

— Sur une île on finit toujours par rencontrer les mêmes personnes, surtout sur une île aussi petite. »

Tel fut le genre de conversation que j'eus avec Brosy, riche à mes yeux de vérités premières, cependant qu'on préparait notre dîner, et que Charlotte répondait aux questions de Madame mère : Où était-elle allée ? Où m'avait-elle rencontrée ? Quels étaient nos liens de parenté ? Qui était mon mari ?

J'entendis Charlotte répondre, d'une voix lugubre, et d'un ennui sans fond :

« Son mari possède un domaine.

— Vraiment ? Comme c'est intéressant ! » dit Mrs Harvey-Browne. Son intérêt retomba aussitôt.

De l'autre côté de la baie, les lumières de Sassnitz scintillaient. Un bateau à vapeur s'avançait sur la mer grise, le pont joyeusement illuminé d'ampoules de couleur, et on entendait le vrombissement de ses roues à aubes, tandis qu'il quittait Sassnitz dans l'air calme du soir. Sur la route, entre nos tables et les groupes de pensionnaires et baigneurs, déambulaient de braves familles, papa et maman bras-dessus, bras-dessous, et, en avant, les jeunes filles et leurs chevaliers servants ; des troupes de jouvencelles chahutant avec des rires étouffés ; de paisibles vieilles filles, venant juste de dîner, et s'extasiant, au passage, sur les délices de ces quelques semaines passées au sein de la Nature, s'émerveillant sur son calme, son repos et la fraîcheur de ses légumes. Alors que les étoiles clignotaient entre les feuillages des hêtres, Mrs Harvey-Browne disserta sur le grand Nieberlein devant une Charlotte ahurie, tandis que Brosy essayait d'amener la conversation sur des sujets tels que l'âme des femmes occupées à manger une omelette.

J'étais dans un état d'esprit tout à fait différent de celui qui avait été le mien à Vilm, et n'avais plus qu'un désir, qui était qu'on me laisse seule. Le plus beau jeune homme du monde, l'air d'un archange vêtu du lin le plus blanc, ne pouvait alors m'arracher à ma solitude. Brosy semblait dans la même humeur qu'il était à Vilm. Était-ce un état permanent ? Ne savait-il parler que de l'Inconnaissable, de l'Impensable et de l'Indicible ? Je puis affirmer qu'à ce moment-là je ne dus pas sembler très intelligente, non seulement parce que je ne m'y efforçais pas, mais aussi parce que je me sentais parfaitement stupide. Et, pourtant, il continua. Il n'y avait qu'une seule chose que j'aurais aimé savoir : pourquoi s'appelait-il Brosy ? Tout en dînant, et tandis qu'il parlait — sa mère ne l'écoutait que dans les intervalles de sa conversation avec Charlotte —, je tournai et retournai cette question dans ma tête : pourquoi Brosy ? Était-ce son nom, une abréviation ou un surnom familier ? Peut-être avait-il une jumelle appelée Rosy ?

Dans ce cas, si ses parents aimaient la simplicité, ce nom était magnifiquement choisi.

Lorsque notre table fut débarrassée, il fit remarquer une fois encore — la première fois, il avait noté que j'avais répliqué : « Quoi ? » — que les idées religieuses fondamentales n'étaient que les symboles des idées empiriques et non pas une authentique cognition de celles-ci. Sa mère, ne comprenant pas bien sa pensée, et craignant qu'il ne s'agisse pas là de choses que doit penser un fils d'évêque, dit alors, sur un ton de reproche aimable : « Mon cher Brosy. » Je pris mon courage à deux mains et demandai : « Pourquoi Brosy ? »

« C'est un diminutif pour Ambrose, répondit-il.

— Il a été baptisé sous le nom d'Ambrose », intervint sa mère, « qui est, vous le savez sans doute, l'un des Pères de l'Église. »

Mais je ne compris rien, car elle avait parlé en allemand afin, je suppose, de mieux se faire comprendre, et avait appelé les Pères de l'Église *frühzeitige Väter*[4]. Comment aurais-je pu comprendre ?

« *Frühzeitige Väter* ? répétai-je d'un air stupide. Qui est-ce ? »

La femme de l'évêque le prit fort bien. « Peut-être n'en avez-vous pas dans l'Église luthérienne ? » dit-elle. Puis elle ne m'adressa plus la parole et me tourna définitivement le dos, concentrant son attention sur Charlotte, qui ne s'exprimait plus que par monosyllabes.

« Ma mère veut dire *Kirchenväter*, expliqua Ambrose à voix basse.

— Je suis désolée, fis-je poliment, d'avoir été si stupide. »

---

4. Père précoce. (*N.d.T.*)

Et il poursuivit le paragraphe — il semblait ne parler toujours que par paragraphes entiers, et non pas par phrases — qu'il avait commencé avant que je ne l'interrompisse. Et, à mon grand délassement, je pus saisir de temps à autre quelques mots de la conversation de Mrs Harvey-Browne.

« J'ai un message pour vous, chère Frau Nieberlein, un message de l'évêque.

— Ah ? fit Charlotte fraîchement.

— Nous avons reçu quelques lettres aujourd'hui et, dans l'une d'elles, il parle de vous.

— Ah ? fit Charlotte, de plus en plus glaciale.

— Dites-lui, écrit-il, dites-lui que j'ai lu ses écrits.

— Vraiment ? fit Charlotte, qui commença à se réchauffer.

— L'évêque n'a pas souvent le temps de lire, et il s'intéresse très rarement à ce qu'une femme peut bien écrire. C'est un très grand honneur qu'il vous fait là.

— Bien sûr, fit Charlotte avec chaleur.

— Et c'est un vieil homme, chère Frau Nieberlein, d'une très grande expérience, d'une admirable sagesse, comme vous le savez certainement, et je suis sûre que vous prendrez en bonne part ce qu'il dit. »

Ces derniers mots semblaient tellement inquiétants que Charlotte se tut.

« Dites-lui, écrit-il, dites-lui que j'ai de la peine pour elle. »

Il y eut un silence. Puis Charlotte dit très fièrement : « C'est très gentil de sa part.

— Et je puis vous assurer que l'évêque n'a jamais de peine sans raison, sinon, dans un diocèse aussi vaste que le sien, il serait toujours chagrin. »

Charlotte ne répondit mot.

« Il me demande de vous dire qu'il priera pour vous. »

Il y eut un autre silence. Charlotte reprit enfin : « Merci. »

Qu'aurait-elle pu dire d'autre ? Que peut-on dire dans un cas pareil ? Nos gouvernantes nous avaient appris les bienfaits de la politesse, mais aucune ne nous avait appris la réponse à faire, si on nous annonçait un jour que nous serions l'objet des prières de quelqu'un. Si Charlotte, par souci de politesse, avait répondu : « Oh ! qu'il ne se donne pas cette peine ! », la femme de l'évêque aurait été vexée. Si elle avait répondu, plus sincèrement, qu'elle ne tenait absolument pas à être l'objet des prières d'un évêque inconnu, Mrs Harvey-Browne aurait été horrifiée. Cette question me poursuivit tout le temps que nous restâmes assises, et nous le restâmes très longtemps. J'avais beaucoup de mal à entraîner Charlotte, pourtant manifestement épuisée par Mrs Harvey-Browne. Chaque fois que je proposai d'aller nous coucher, elle trouvait quelque excuse pour ne pas bouger. Tout le monde semblait être rentré, et même Ambrose, qui avait fait du vélo toute la journée, commençait à baisser les paupières, avant que je pusse persuader Charlotte de prendre congé. Elle marcha longtemps sur le sable désert, regagna lentement la villa et entra encore plus lentement dans sa chambre. Puis, après que Gertrud m'eût béni et eût éteint d'un seul souffle la chandelle, Charlotte entra dans ma chambre avec une lampe, prétendant qu'elle n'avait pas sommeil, s'assit au pied de mon lit, et commença de parler.

Elle portait une robe de chambre blanche ; ses cheveux tombaient sur son visage ; elle était très pâle.

« Je n'ai aucune envie de parler, dis-je. Je tombe de sommeil, et vous aussi vous avez l'air suffisamment fatiguée.

— Mon âme est épuisée, absolument exténuée par cette femme. Je venais vous demander si vous ne voulez pas partir avec moi, demain.

— Je ne partirai pas avant d'avoir exploré ces merveilleuses forêts.

— Je ne resterai pas ici, si je dois passer mon temps avec cette femme.

— Cette femme ? Oh ! Charlotte ! ne la traitez pas ainsi ! Essayez d'imaginer ce qu'elle éprouverait si elle vous entendait.

— Cela m'est absolument égal.

— Chut ! murmurai-je. Les fenêtres sont ouvertes, elle peut très bien être dehors, sur la plage. J'en frissonne rien que d'y penser. Ne redites pas des choses pareilles ! Ne soyez pas comme ces Allemandes cyniques. Pensez à Oxford, pensez à toutes ces choses vénérables, le *close* de la cathédrale, les résidences des évêques. Songez à la déférence et à la dignité dont Mrs Harvey-Browne est entourée, chez elle. Vous ne voulez pas aller vous coucher ? Vous ne pouvez pas savoir comme j'ai sommeil…

— Viendrez-vous avec moi, demain ?

— Nous en reparlerons demain matin. Je ne suis pas en état de vous répondre. »

Charlotte se leva à contrecœur et se dirigea vers la porte de sa chambre. Puis elle fit demi-tour, alla jusqu'à la fenêtre et regarda dehors, entre les plis des rideaux jaunes. « Il y a un beau clair de lune, dit-elle. Si paisible. La mer est comme un miroir. Comme on voit bien les lumières de Sassnitz !

— Vraiment ? murmurai-je, à demi-endormie.

— Vous allez laisser vos fenêtres ouvertes ? N'importe qui peut entrer. Nous sommes presque à la hauteur de la plage. »

Je ne répondis pas. Ma pendulette de voyage, sur la table, sonna minuit.

Charlotte se retira lentement, sa bougie à la main. Elle s'arrêta devant la porte, se retourna. « Je crois que j'ai hérité du lit de ce pauvre malheureux », dit-elle.

Ainsi donc, c'était le monsieur de Berlin qui l'agitait.

« Et vous, reprit-elle, vous occupez celui qui était destiné à sa fille.

— Elle est vivante ? demandai-je, presque endormie.

— Oh ! oui, elle est vivante.

— Bon. De toute façon, c'est bien ainsi.

— Je crois que vous avez peur, murmurai-je encore, voyant qu'elle s'attardait.

— Peur ? Et de quoi ?

— Du monsieur de Berlin.

— Absurde ! » fit Charlotte, qui se retira.

Je fis un rêve très drôle, au cours duquel j'essayais de me rappeler les mots exacts de Herbert Spencer à propos de ces antiques croyances selon lesquelles, dans leur garde-robe, sont encore pendus les cols des prêtres et, dans leurs guêtres, leurs jambes, et je me répétai avec ravissement le passage sur les évêques — c'est en effet une jolie phrase — lorsque je ressentis comme une peur soudaine : il me sembla que quelqu'un se trouvait dans mon lit.

L'obscurité a toujours été, pour moi, pleine de frayeurs, et je me souviens des années lointaines et des horribles nuits noires au cours desquelles je me réveillais terrorisée. Tant que je n'ai pas allumé une bougie, comment puis-je ne pas croire aux fantômes, et à des horreurs sans nom infiniment plus effrayantes que les fantômes ? Quel courage il faut pour s'asseoir dans ces ténèbres compactes, oppressantes, et tendre une main tremblante pour atteindre les allumettes, épouvantée par tous les bruits que provoque cette quête tâtonnante, terrorisée que cette main n'entre en contact avec quelque chose d'inconnu et de terrifiant ! Ainsi, à Binz, tirée de mon charmant rêve par la nuit et la solitude, je restai quelques moments immobile, au comble de la frayeur. Lorsque je parvins à tendre une main tremblante pour chercher les allumettes — le passé devenait réalité —, je sentis une autre main. À présent, je m'émerveille de n'avoir pas crié. Sans doute n'ai-je pas osé. Je ne sais comment, pétrifiée d'effroi, je me retrouvai sous les draps, réfléchissant à mille choses. Quelle main avais-je touchée ? Et que faisait-elle sur ma table de nuit ? C'était une main désagréable et froide, qui avait saisi la mienne au moment où j'allais la retirer. Oh ! elle me poursuivait, elle s'avançait sur les draps, ce n'était pas possible ! Ce devait être un cauchemar ! C'est pour cela qu'aucun son ne sortit quand je tentai de crier pour appeler Charlotte. Mais quel cauchemar affreux ! Et tellement réel ! J'entendis la main glisser sur le drap, jusqu'à l'endroit où je m'étais pelotonnée. Oh ! pourquoi étais-je venue dans cette île terrifiante ? Je parvins à pousser un cri d'horreur, et aussitôt j'entendis Charlotte murmurer : « Ne bougez pas ! Ne faites pas de bruit ! Il y a un homme sous vos fenêtres. »

Je repris immédiatement mes esprits. « Vous avez failli me tuer », murmurai-je, du ton le plus indigné. « Si j'avais été cardiaque, je serais morte. Laissez-moi voir, je veux allumer une bougie. Un homme ? Un homme en chair et en os ? »

Charlotte me serra plus fort. « Ne bougez pas », murmurat-elle, en proie à une peur atroce. « Ne bougez pas ! Ce n'est pas… il n'a pas l'air… je ne pense pas qu'il soit vivant.

— Quoi ? murmurai-je à mon tour.

— Chut ! chut ! Votre fenêtre est ouverte, il lui suffit de passer la jambe sur le rebord pour entrer.

— Mais s'il n'est pas vivant, il ne peut pas passer la jambe ! fis-je encore. C'est quelque pauvre marin noyé rejeté sur le rivage !

— Oh ! surtout ne bougez pas ! implora Charlotte, en cachant sa tête sur mon épaule. Ayant surmonté ma peur, je m'étonnai du ridicule de son attitude.

— Laissez-moi. Je veux aller voir, dis-je en essayant de me dégager.

— Chut ! chut ! ne bougez pas… il pourrait entendre… il est juste sous la fenêtre… insista-t-elle, me replongeant dans l'effroi.

— Mais comment pourrait-il entendre s'il n'est pas en vie ? Laissez-moi…

— Non, non… il est assis juste là… il est assis depuis des heures… et il ne bouge pas… oh ! c'est cet homme… je le sais… je savais qu'il viendrait…

— Quel homme ?

— Oh ! le terrible… le terrible homme de Berlin, celui qui est mort !

— Ma pauvre Charlotte ! » Je voulus la raisonner et me sentais parfaitement calme face à sa prostration. « Laissez-moi… Je vais regarder entre les rideaux, il ne pourra pas me voir, et je reviendrai vous dire s'il est vivant ou mort. Vous croyez que je ne sais pas reconnaître un vivant d'un mort ? »

Je me dégageai et, en silence, pieds nus, allai à la fenêtre, entrouvris soigneusement les rideaux, et jetai un coup d'œil dehors. Il y avait un homme, assis sur un rocher, juste en face de ma fenêtre, le visage tourné vers la mer. Des nuages passaient lentement devant la lune, et j'attendis qu'ils fussent passés pour y voir plus clair. L'homme ne bougeait pas. Et lorsque les rayons de la lune tombèrent sur lui, j'aperçus un dos bien vêtu avec deux boutons dorés — pas du tout le dos d'un cambrioleur, et encore moins celui d'un fantôme. Dans mes rêves les plus fous, je n'avais jamais imaginé un fantôme avec des boutons dorés, et je me refusai à en voir un.

Je revins vers Charlotte, qui se blottissait toujours.

« Il n'y a pas de mort, murmurai-je gaiement, et je crois qu'il se promène.

— Se promène ? » fit-elle en s'asseyant. Ce mot sembla lui faire retrouver ses esprits. « Pourquoi se promènerait-il en pleine nuit ?

— Eh ! pourquoi pas ? C'est la seule raison qu'on ait de s'asseoir sur un rocher. »

Charlotte se sentit tellement soulagée qu'elle poussa un petit gloussement nerveux. Dehors, soudain, il se fit un bruit léger, et l'ombre d'un homme se dessina sur les rideaux. Nous nous serrâmes l'une contre l'autre, atterrées.

« Hedwig », murmura l'homme, en repoussant un peu les rideaux, pour mieux voir dans les ténèbres de la chambre, « *Kleiner Schatz… endlich da ? Lässt mir mich so lang warten…* »[5]

Il attendit, hésitant, essayant de percer l'obscurité. Charlotte prit aussitôt la situation en main. « Hedwig n'est pas là », dit-elle d'un ton parfaitement digne, « et vous devriez avoir honte de déranger des dames de cette façon. Je vous demande de partir immédiatement, et de me dire vos nom et adresse afin que je puisse prévenir qui de droit. Je n'y manquerai pas, et ça vous servira de leçon. »

« Bien dit », ajoutai-je, avant d'aller fermer la fenêtre. « Comme ça, il ne restera pas là, à écouter. À présent, allumons la bougie. »

---

5. Doux trésor… tu es là ?… Tu m'as fait attendre si longtemps. (*N.d.T.*)

Et, écartant les rideaux, je vis la clarté de la lune sur les boutons dorés qui s'éloignaient.

« Qui aurait pensé », dis-je à Charlotte qui se tenait au milieu de la chambre, folle d'indignation, « qui aurait pensé que cette petite Hedwig, avec son air de sainte-nitouche, nous aurait causé une telle frayeur !

— Qui aurait pu la croire aussi dépravée ? ajouta Charlotte, folle de rage.

— En sommes-nous bien sûres ?

— Enfin… mais elle en a tout l'air !

— Pauvre petite !

— Pauvre petite ? Balivernes !

— Oh ! après tout, je ne sais pas… nous éprouvons un grand besoin d'indulgence… Hedwig pas plus que vous ou moi. Et nous en avons bien plus besoin que de punition, encore que nous soyons toujours punis, et presque jamais pardonnés.

— Je ne vois pas ce que vous voulez dire, fit Charlotte.

— En effet, ce n'est pas très clair, je dois en convenir. »

Le Jagdschloss[1]

Le lendemain matin, jetant un coup d'œil dans sa chambre, je vis qu'elle dormait toujours. Je refermai doucement la porte, et, priant Gertrud de ne pas la déranger, je sortis pour une promenade. Il était moins de huit heures, et les gens n'avaient pas terminé leur café. J'eus pour moi seule la plage sous les hêtres et la mer, miroitante dans le matin. Le sentier longeait le bord de l'eau, au pied d'une colline abrupte plantée de hêtres qui protégeaient Binz du vent d'ouest, une colline suffisamment haute et escarpée pour faire perdre haleine à celui qui la gravirait après dîner ; sur la droite, une étroite et profonde ravine monte à travers bois, comme si elle émergeait de la plus molle et verte des mousses qui recouvrent ses flancs. Je fis halte au milieu de ces murailles vertes et sombres, au-dessus desquelles s'entrelaçaient les branches des arbres, avec, en bas, la nappe d'eau scintillante, et me trouvai dans le silence le plus absolu que j'aie jamais connu. C'était merveilleux. Il semblait ne pas y avoir le moindre bruit. Aucun son

---

1. Le château de chasse. (*N.d.T.*)

ne venait du feuillage qui pourtant s'agitait ; aucun son non plus ne montait de l'eau ; nul ressac, nul clapotis. Le temps que je demeurai là, je n'entendis aucun oiseau, aucun bourdonnement d'insecte. On aurait dit l'entrée d'un sanctuaire, tant le calme était étrange et solennel. Levant les yeux vers l'éclatante clarté du soleil qui tombait à flots sur les fougères avec une joie toute matinale, j'eus soudain l'impression que ma promenade était exceptionnelle et que je gravissais les degrés qui mènent au temple de Dieu, pour y prier.

Je ne connais rien de mieux pour secouer la terrible croûte qui se forme dans l'âme qui tente de faire son devoir, ou souffre avec patience d'avoir à accomplir celui d'autrui, que d'aller seule, ainsi, à la clarté de l'aube, quand le sol n'est pas encore souillé par les pas du labeur et que Dieu seul est éveillé ; ou bien encore le soir, quand le calme, semblant tomber des étoiles bénies, descend, et que, levant les yeux vers elles, on s'étonne de la médiocrité du jour qui vient de s'écouler, de la vanité des combats menés, des émois et des peurs subis. Rien ne permet de mieux prendre la mesure exacte de la vie que ces quelques instants de solitude, la nuit, sous les étoiles. Que sont les prières de circonstance, prononcées hâtivement dans la chambre, entre couvertures et édredon, auprès de cette profonde humilité que nous impose la majesté de la voûte céleste ? Et, pour bénédiction de ce qui pourrait être encore une journée heureuse, de quelle valeur sont ces dévotions matinales, troublées par l'inquiétude que le café n'arrive froid et que la personne, présente dans toute maison et dont la raison d'être est de toujours trouver à redire, de pire humeur qu'à l'ordinaire, comparées à une promenade dans l'aurore d'un jour nouveau, remerciant Dieu, paisiblement, d'avoir été, sous Son vaste ciel, si bon pour nous ? Je suis sûre, après avoir dit mon *Te Deum* dans une clairière ensoleillée, parmi les fougères tremblantes, de pouvoir poursuivre mon chemin d'un cœur léger, expérience inconnue que ne me procurent pas les exercices spirituels en chambre. La forêt, ce matin-là, était si gaie, si chatoyante, si pleine de petites créatures affairées et insouciantes, qu'il eût fallu avoir un cœur de pierre pour ne pas s'y sentir heureuse. Dans cette palingénésie, il n'y a pas place pour les remords, ou la mauvaise conscience qui vous rappelle à l'ordre ; et je crois même que le remords vous prend beaucoup de temps. La seule attitude raisonnable face à une faute, voire un péché que l'on a commis, c'est de l'oublier de toutes ses forces, d'en effacer à tout jamais le souvenir. Le péché est déjà en lui-même une terrible perte de temps et de bonheur, et on n'a pas le droit d'en perdre plus encore en le ressassant à l'infini. Pauvres humains que nous sommes, si désavantagés, dès l'origine, dans notre combat avec le destin, par les multiples faiblesses de notre corps, allons-nous devoir de surcroît charger nos âmes du fardeau de plus en plus lourd du regret et du repentir ? Laisserons-nous les souvenirs continuer de nous briser le cœur ? Comment pourrons-nous vivre si nous nous laissons engluer dans le bourbier des inutiles reproches que nous nous portons à nous-même ? Chaque matin nous apporte la lumière et une occasion nouvelle de mieux agir. Ne serait-ce pas de l'ingratitude que de gâcher, par le souvenir d'hier, l'aujourd'hui que Dieu nous accorde ?

Il y avait eu beaucoup de rosée, et la mousse sur le bord du chemin en était trempée, tout comme en luisaient les feuilles des jeunes hêtres, et les fougères, des deux côtés du sentier, laissaient, à mon passage, leur humidité sur ma robe. Nulle part la moindre pénombre où s'asseoir pour pleurer sur son sort. Les geais eux-mêmes se seraient moqués de vous si vous vous étiez assis là, en proie à la mélancolie. Parfois, le sentier devenait plus étroit et les arbres cachaient le ciel ; parfois, il me conduisait au grand soleil, dans une clairière ; à un moment, je me trouvai au bord d'une prairie qui descendait vers d'autres bois, avec une seule rangée de grands hêtres entre moi et la chaude lumière dansant sur l'herbe ; et, tout du long, je jouissais de la compagnie des écureuils, bavardant et heureux comme peuvent l'être de sages écureuils qui ne vivent que dans l'instant ; les alouettes, au-dessus de ma tête, chantaient, insouciantes, ignorant qu'elles avaient peut-être un lourd passé ; et, à mes pieds, les lézards, immobiles au soleil, semblaient parfaitement inconscients de leur comportement éhonté : se prélasser alors que vous êtes tout habillé, et en proie à vos scrupules. Quant aux senteurs de la forêt, celui qui les a une fois respirées au terme d'une nuit humide de rosée les connaît bien, et sait l'effet qu'elles peuvent avoir sur ses états d'âme. Aussi est-il inutile de dire mon bonheur et combien je me sentis tonifiée, en grimpant lentement le flanc de la colline, dans la fraîche épaisseur des bois. En parvenant au sommet, je me trouvai dans une clairière ensoleillée tapissée de gazon, avec des tables ombragées et, au centre, un serveur qui tenait une cafetière à la main.

Ce serveur, en cet endroit, me fut comme un choc. Mes pensées m'avaient entraînée sur des voies bien différentes de celles qui s'achèvent par une telle rencontre. Il se tenait pourtant là, solitaire et accueillant, au milieu de la verdure inondée de soleil ; son plastron était froissé, et il n'était apparemment pas de ceux qui font plus de deux lessives par semaine. Mais son regard était persuasif, la fumée sortait du bec de la cafetière et, comme je m'approchai, il prononça quelques mots choisis à propos du temps. J'avais pensé rejoindre Charlotte pour le petit déjeuner, et je n'avais aucune raison de traverser cette clairière pour aller à la rencontre de cet homme ; mais quelque chose dans son regard me fit comprendre que, si je n'acceptais pas son café, je n'avais plus qu'à partir, et qu'en outre j'étais affreusement lâche. Je m'assis donc à l'une des tables disposées sous les hêtres — il y en avait au moins une douzaine, et un unique client, un monsieur à lunettes. Le serveur apporta une nappe qui me donna le frisson, me versa une tasse de café et me présenta un petit pain complètement rassis, datant sans doute de la veille, car la voiture du boulanger de Binz n'avait pas pu avoir le temps d'atteindre le sommet de la colline. Il avait apporté cet en-cas d'une charmante petite maison aux fenêtres treillagées. Il me fixa d'un œil perçant et m'informa que cette maison était une auberge. Il ajouta que tout y était prévu, et que je pouvais y prendre pension à tout moment. Je déclinai l'offre sous prétexte que l'endroit était trop éloigné de la mer. « C'est pourtant ce qui fait son charme, reprit-il (quelques gouttes de café tombèrent en faisant une petite traînée de vapeur dans l'herbe), la dame peut se rendre compte comme notre situation est idyllique ! » La dame approuva d'un murmure, et, pour éviter son regard, se mit à distribuer son petit pain aux volatiles affamés, fort habitués à cet exercice, qui s'étaient assemblés autour d'elle. Ainsi, ce pain rassis, peut-être intentionnellement, retourna-t-il tout entier au bénéfice de l'auberge.

Les oiseaux en demandaient encore davantage, et la présence muette du serveur me devint intolérable. J'aurais aimé rester assise, me reposer à l'ombre, observer les nuages passer lentement au-dessus des cimes, errant dans le ciel, puis disparaître, mais l'impassibilité du serveur m'en empêcha. Je payai, me levai, refusant fermement de visiter les chambres ou d'en retenir une, et lui souhaitai une bonne matinée, machinalement, d'un ton digne et glacial.

« La dame va visiter à présent le Jagdschloss, bien sûr, fit-il, en brandissant un carnet de tickets d'entrée.

— Le Jagdschloss ? » répétai-je. Et, suivant la direction de son regard, j'aperçus, entre les arbres, une bâtisse posée au sommet d'une pente abrupte.

Voilà donc où mes pas m'avaient conduite ! Le guide consacre plusieurs pages exaltées à ce Jagdschloss, ce pavillon de chasse. Mais c'était bien plus qu'un pavillon, un véritable château ! Il appartient au prince Putbus. Sa tour ronde, émergeant des bois, était un repère déjà familier. Sur quelque colline que vous grimpiez, à Rügen, pour contempler le panorama, vous apercevez le Jagdschloss. Sur quelque route que vous rouliez, c'est toujours le point central du paysage. Si vous ne l'apercevez pas tout de suite, vous êtes sûr de le voir apparaître à l'horizon, à un moment ou un autre. De la partie la plus septentrionale de l'île, il est invisible, mais avec de bonnes jumelles, vous le verrez aussitôt se dresser. Et voici que je me trouvais sous ses murs. Soit. Je n'avais aucune intention de m'y rendre ; tout ce que je souhaitais, c'était être débarrassée du serveur et pouvoir continuer ma promenade. Mais, après tout, il était plus simple de prendre un ticket et d'éviter ses protestations. Je payai donc cinquante *pfennigs* en échange d'un bout de papier, et entreprenai de grimper une pente fort escarpée.

On eut dit que le site avait été choisi sans aucun souci des jambes ou des poumons des touristes. Vous arrivez là-haut en sueur, hors d'haleine, vous vous effondrez sur les marches entre deux loups de bronze, et la seule chose que vous êtes alors capable de faire, c'est de haleter pendant quelques minutes. Puis, vous sonnez, donnez votre ticket, déposez votre ombrelle, et vous vous retrouvez entraînée au milieu d'un groupe de gens par une personne âgée qui, manifestement, vous prend pour des imbéciles.

Parvenue au sommet, je me trouvai face à face avec l'autre visiteur, l'homme à lunettes, assis sur les marches, reprenant lui aussi son souffle. Ayant repris le mien avant lui — c'était un homme corpulent —, je sonnai. Un vieux gardien apparut, qui avait un art consommé pour, d'un simple coup d'œil, vous faire comprendre que vous n'êtes qu'un ver de terre. « Je ne puis vous prendre séparément », dit-il, en tendant le doigt vers l'homme qui reprenait son souffle, « mais peut-être votre mari ne veut-il pas faire la visite ?

— Mon mari ? fis-je, stupéfaite.

— Alors, monsieur ! » reprit-il avec rudesse en s'adressant à l'homme qui lui tournait le dos. « Vous venez, oui ou non ? »

L'homme à lunettes fit un grand effort, s'appuya à la patte d'un des loups de bronze, se releva et commença de remonter lentement les marches.

« Le public est prié de ne pas toucher aux œuvres d'art », cria le gardien, en regardant la patte du loup pour voir si elle n'avait pas été éraflée.

L'homme à lunettes sembla honteux de son comportement ; j'eus également honte de moi, mais surtout de me sentir traitée en ver de terre ; ensemble, nous suivîmes en silence le gardien ; nous lui donnâmes nos tickets et, ensemble, posâmes lui sa canne et moi mon ombrelle, côte à côte, sur une table.

L'homme à lunettes reçut un numéro.

« Et le mien ? demandai-je poliment.

— Un seul suffit », répliqua le gardien en me regardant d'un air soupçonneux. Me prenant pour la femme de l'homme à lunettes, il considérait sans doute mon exigence d'avoir un numéro à moi comme un exemple d'un de ces embarras chers aux femmes qui ne songent qu'à leur émancipation.

Canne et ombrelle furent attachées ensemble.

« Voulez-vous monter à la tour ? » demanda-t-il à mon compagnon, en nous montrant l'escalier métallique ajouré qui tournait en colimaçon jusqu'au sommet.

"*Gott Du Allmächtiger, nein*"[2] fut la réponse immédiate, après un coup d'œil et un frémissement d'horreur.

Le gardien, certain que je ne ferais pas l'ascension sans mon "mari", ne me posa même pas la question. Nous traversâmes alors un vestibule tout à fait charmant, décoré de ce qu'il est convenu d'appeler des trophées de chasse, et nous nous trouvâmes devant une porte fermée à clef, sur le seuil de laquelle étaient alignés d'immenses chaussons de feutre gris.

« Le public ne peut pénétrer dans les appartements princiers sans avoir mis ses chaussures dans ces chaussons, dit le gardien, comme s'il récitait sa leçon.

— Tous ? » demandai-je, un peu facétieuse.

Il me regarda, mais cette fois sans rien dire.

L'homme à lunettes chaussa la paire la plus proche. Même pour lui, ils paraissaient immenses, et pourtant c'était un homme fort, avec des chaussures en conséquence. Je regardai l'alignement, espérant trouver une taille plus petite, et peut-être moins usée, mais les chaussons étaient tous identiques, et avaient déjà servi à nombre de touristes.

---

2. « Dieu tout-puissant, non ! » (*N.d.T.*)

« La prochaine fois que je viendrai au Jagdschloss »,
fis-je observer prudemment, en voyant mes pieds
disparaître dans la gueule ouverte de deux de ces monstres
de feutre, « j'apporterai mes chaussons. Tout cela est
sans doute fort utile, mais on ne peut pas dire que ce
soit très élégant ! »

Personne ne releva ma remarque. Le gardien fit le
dégoûté. À le regarder, et bien qu'il me considérât toujours
comme un ver de terre, je compris qu'il me soupçonnait à
présent d'appartenir à cette classe de gens inqualifiables
qu'on appelle des originaux.

Voyant que nous avions obéi, il s'apprêta à ouvrir
la porte, mais on entendit la cloche de l'entrée. Il nous
abandonna, muets, devant la porte fermée et alla s'appuyer à
la balustrade — car, ô lecteur, comme l'aurait dit Charlotte
Brontë, nous étions à l'étage ! — et appela la demoiselle
qui avait pris nos canne et ombrelle pour lui demander de
faire entrer les visiteurs. Ce qu'elle fit. Et, lorsque celle-ci
ouvrit grand la porte, entre les balustres, j'aperçus Brosy.
En haut des marches, la femme de l'évêque reprenait son
souffle, appuyant un bras sur l'épaule d'un des loups de
bronze.

Voyant cela, le gardien descendit quatre à quatre
l'escalier. L'homme à lunettes et moi, muets, résignés,
immobiles dans nos chaussons de feutre, retînmes notre
respiration.

« Le public est prié de ne pas toucher aux œuvres d'art ! »
cria le gardien, se précipitant.

Mrs Harvey-Browne regarda son fils : « C'est à moi
qu'il s'adresse, chéri ? demanda-t-elle.

— Je crois, mère », répondit Ambrose. « Il veut dire
qu'il ne faut pas s'appuyer sur ce loup.

— Loup ? » fit la mère, surprise. Elle se tenait droit, et examinait l'animal derrière son pince-nez. « Ah oui ! Je croyais que c'étaient des aigles prussiennes.

— Quoiqu'il en soit, il ne faut pas y toucher, mère », fit Ambrose avec quelque impatience. « Il a dit que le public ne devait pas toucher les objets.

— Il me traite de "public" ? Chéri, quel grossier personnage !

— La dame veut-elle visiter le château, oui ou non ? » fit alors le gardien. « J'en ai d'autres qui attendent à l'intérieur.

— Venez, mère ! Vous voulez visiter, n'est-ce pas ?

— Oui, mais pas avec ce grossier personnage », répondit Mrs Harvey-Browne, en montant lentement les marches. « Peut-être auriez-vous dû lui dire qui est votre père.

— Je ne crois pas que ça l'aurait beaucoup impressionné », fit Brosy en souriant. « Quantité de pasteurs viennent ici.

— Des pasteurs, oui ; mais pas des évêques », répliqua la mère en pénétrant dans le vestibule, où ces derniers mots résonnèrent dans le silence comme un coup de trompette.

« Il ignore ce qu'est un évêque… ils n'en ont pas.

— Pas d'évêques ? s'écria la mère, en s'arrêtant net pour regarder son fils d'un air inquiet.

— *Bitte um die Eintristtkarten*[3], fit le gardien, après avoir claqué la porte. Et il arracha les tickets des mains de Brosy.

— Pas d'évêques ? » reprit Mrs Harvey-Browne, « et pas de Pères de l'Église ? comme nous le disait hier soir cette femme assommante, cette cousine de Frau Nieberlein. Mon cher Brosy, quel étrange pays !

---

3. « Les billets, s'il vous plaît. » (*N.d.T.*)

— Ce n'est pas ce qu'elle a voulu dire. Ils ont aussi des Pères de l'Église. Elle n'a pas bien saisi vos propos.

— Cannes et parapluies, s'il vous plaît », fit le gardien en les leur arrachant des mains. « Prenez un numéro. Par ici, s'il vous plaît. »

Il les fit courir jusqu'à la tour — ou plutôt il essaya. Mais la femme de l'évêque, qui ne s'était jamais pressée, depuis bien des années, n'aurait jamais pu imaginer que ce fût nécessaire. Puis il demanda s'ils voulaient faire l'ascension. Ils levèrent les yeux, frémirent d'horreur et renoncèrent.

« Alors, nous allons tout de suite rejoindre l'autre groupe, reprit-il en avançant au pas de charge.

— L'autre groupe ? » s'écria en allemand Mrs Harvey-Browne. « J'espère que ce ne sont pas d'affreux touristes ! Nous qui sommes justement venus de bonne heure afin de les éviter !

— Deux seulement », fit le gardien. « Un monsieur vénérable et sa femme. »

Nous nous regardâmes, l'homme à lunettes et moi, qui étions demeurés muets, résignés et immobiles dans nos chaussons de feutre. Je l'observai prudemment, du coin de l'œil, et vis, à ma grande confusion, qu'il en faisait autant. Au bout d'un moment, les Harvey-Browne nous rejoignirent.

Le charmant Ambrose jeta un bref coup d'œil vaguement surpris à mon compagnon, puis il me salua comme si j'étais une vieille amie. S'inclinant alors, avec la politesse acquise durant un long séjour dans notre Mère-patrie, vers la personne qu'il pensait être mon mari, il se présenta, selon la coutume allemande, en déclinant son nom, et ajouta qu'il lui était extrêmement agréable de faire sa connaissance. « *Es freut mich sehr Ihre Bekanntschaft zu machen* », dit le charmant Ambrose.

« *Gleichfalls, gleichfalls* »[4], murmura l'homme à lunettes, s'inclinant à son tour, et manifestement surpris. Il s'inclina aussi, rapidement et un peu ahuri, à plusieurs reprises, devant la femme de l'évêque, mais lorsqu'il vit qu'elle regardait par-dessus sa tête, il cessa net. Elle montra qu'elle m'avait reconnue, d'un simple signe, auquel je répondis avec une indifférence glaciale ; mais, curieusement, ce qui m'offensa davantage encore que ce signe, ce fut la façon dont elle toisa l'homme à lunettes, avant de regarder au-delà. Il n'avait strictement rien à voir avec moi, et, pourtant, je me sentis offensée. Cette attitude me parut tellement suspecte qu'elle me plongea dans une méditation profonde.

« Le public ne peut pénétrer dans les appartements princiers sans avoir auparavant mis ses chaussures dans ces chaussons », répéta le gardien.

Mrs Harvey-Browne le regarda d'un œil sévère.

« Il s'exprime de façon fort brutale, n'est-ce pas, chéri ? fit-elle remarquer à Ambrose.

— Il ne fait que réciter le règlement. Il le faut, mère, vous savez bien. Et le public, incontestablement, c'est nous. »

Ambrose regarda mes pieds, puis ceux de mon compagnon, et, sans autre embarras, mit une paire de chaussons. Il portait des knickerbockers et des bas, et ses jambes avaient cette finesse classique qui ressemble quelque peu à la maigreur. La vue de ces immenses chaussons gris au bout de ces jambes attiques, me donna envie — et ce fut une minute horrible — d'éclater de rire. Je parvins, au prix d'un grand effort, à me retenir et à affecter un air solennel.

Mrs Harvey-Browne venait d'apercevoir la rangée de chaussons. Elle mit son pince-nez et les examina avec soin.

_____

4. « De même, de même. » (*N.d.T.*)

« Tellement allemand !

— Mettez-les, mère, dit Ambrose. Nous n'attendons que vous.

— Sont-ils neufs, Brosy ? demanda-t-elle, hésitante.

— La dame doit mettre les chaussons, sinon elle ne pourra pénétrer dans les appartements princiers », fit le gardien, d'un ton quasi militaire.

— C'est vraiment indispensable, Brosy ? » demanda-t-elle encore, l'air profondément malheureuse. « J'ai tellement peur des maladies… et de toutes ces choses. Craignent-ils que nous n'abîmions leurs tapis ?

— Les parquets sont cirés, sans doute, et le propriétaire craint probablement que les visiteurs ne glissent et ne se blessent.

— C'est très aimable de sa part… mais si seulement ils étaient neufs ! »

Ambrose, avec ses chaussons, se traîna jusqu'au bout de la rangée et en prit deux. « Regardez, mère ! » dit-il en les lui apportant. « En voici une paire toute neuve. Jamais portés. Mettez-les. Vous n'avez rien à craindre. »

Ils n'étaient pas neufs, mais Mrs Harvey-Browne, pensant qu'ils l'étaient, les chaussa. Dès cet instant, avec ces immenses chaussons qui dépassaient de beaucoup l'ampleur de sa jupe, elle fut obligée de glisser au lieu de marcher, et cela lui conféra une sorte de grâce. En passant devant moi, elle sourit d'un air aimable, bien qu'un peu revêche. Les chaussons l'avaient immédiatement réduite au niveau des simples mortels, des simples pécheurs. Tout cela me parut sonner tellement faux que je me replongeai dans mes pensées.

« Frau Nieberlein ne vous accompagne pas, ce matin ? me demanda-t-elle d'un ton aimable tandis que nous glissions de concert sur le parquet des appartements princiers.

— Elle se repose. Elle a fort mal dormi.

— Les nerfs, bien sûr…

— Non. Les fantômes.

— Les fantômes ?

— C'est la même chose. N'est-ce pas, Monsieur ? fit gentiment Ambrose en s'adressant à l'homme à lunettes.

— Peut-être, répondit prudemment celui-ci.

— Mais pas un vrai fantôme ? demanda alors Mrs Harvey-Browne, l'air intéressé.

— Je crois que la caractéristique principale des fantômes, c'est de ne pas être "vrais".

— De toute façon, l'évêque n'y croit pas. Mais, je… je n'en sais trop rien. On entend tellement d'histoires. La femme de l'un des membres du clergé de notre diocèse y croit dur comme fer. Elle est végétarienne ; alors, elle mange beaucoup de légumes, et puis elle voit des fantômes.

— La cheminée, dit le gardien, est entièrement en marbre romain.

— Vraiment ? » fit Mrs Harvey-Browne en l'examinant distraitement derrière son pince-nez. « Elle prétend que leur presbytère est hanté. Et par qui croyez-vous ? C'est inimaginable ! Par le fantôme d'un chat !…

— La statue sur la droite est de Thorwaldsen.

— Oui, par le fantôme d'un chat », répéta Mrs Harvey-Browne.

Elle semblait attendre que je réagisse. Je fis « Ah ? »

« Celle sur la gauche est de Rauch.

— Et rien n'arrive ! Je veux dire que le chat n'annonce aucune catastrophe. Il se contente de déambuler dans une certaine pièce — le salon, je crois — tout comme un vrai chat, et il ne se passe rien.

— Mais c'est peut-être un vrai chat…

— Oh ! non ! c'est un chat surnaturel. À part elle, personne ne le voit. Il marche très lentement, la queue en l'air, et une fois elle a voulu essayer de lui attraper la queue afin d'être sûre de son existence, et elle a seulement attrapé du vide.

— Les fresques qui ornent cet appartement ont été peintes par Kolbe et par Eybel.

— Vous voulez dire qu'il s'est enfui ?

— Non. Il a continué de marcher. Mais la queue n'étant pas de chair et d'os, il n'y avait rien à attraper.

— De gauche à droite, nous avons tout d'abord une représentation de l'entrée du roi Waldemar Ier à Rügen.

— Mais le plus extraordinaire est arrivé le jour où elle a posé sur le plancher une soucoupe de crème. Elle y a pensé toute la nuit, pour arriver à la conclusion que, nul fantôme ne lapant de la crème et aucun chat ne pouvant y résister, cela serait une preuve, quelle qu'elle soit. Le chat s'est approché, il a vu la crème, et l'a lapée. Elle en a été tellement heureuse ! Car, bien sûr, on préfère les vrais chats…

— Ensuite, nous voyons l'introduction du christianisme dans l'île.

— … après qu'il eût fini, et la soucoupe une fois vide, elle s'est approchée…

— Puis, voici la pose de la première pierre de l'église de Vilmnitz.

— … et, que pensez-vous qu'il arriva ? *Elle a traversé !*

— Elle a traversé quoi ? » demandai-je, de plus en plus intéressée. « La crème, ou le chat ?

— Ah ! mais c'est ça le plus extraordinaire. Elle a traversé le corps du chat. Alors, qu'est-il advenu de la crème ? »

Je dois avouer que ce récit m'impressionna davantage que toutes les histoires de fantômes que j'avais entendues auparavant. La disparition de la crème était vraiment chose extraordinaire.

« Et il n'y avait rien… aucune trace sur sa robe ? » demandai-je, impatiente d'en savoir davantage. « Je veux dire après avoir traversé le chat ? On aurait pu penser qu'un peu… un tout petit peu de la crème…

— Rien ! pas une trace ! »

J'examinai la femme de l'évêque, absorbée dans mes réflexions. « Vraiment étrange », murmurai-je enfin, après avoir essayé en vain de comprendre la disparition de la crème.

« N'est-ce pas ? » reprit Mrs Harvey-Browne, ravie de l'effet produit par son récit. L'amabilité engendrée par les chaussons de feutre gris s'était rapidement accrue et la disparition de la crème allait bientôt cimenter notre amitié. Elle me fit alors remarquer qu'il y a bien plus de mystères, sur la terre et dans les cieux, que notre philosophie ne peut en appréhender. Et moi, voulant prouver ma connaissance des classiques étrangers, j'ajoutai « Comme Chaucer le fait justement remarquer… » À quoi elle répliqua : « Ah ! c'est si beau, n'est-ce pas ? » Soudain, une voix, dans notre dos, nous fit sursauter ; nous retournant, nous vîmes, presque sur nos talons, l'homme à lunettes. Ambrose, en compagnie du gardien, se trouvait à l'autre bout de la salle, et examinait les œuvres de Kolbe et de Eybel. L'homme à lunettes avait, bien évidemment, entendu toute l'histoire du chat, car il déclara soudain :

« Madame, cette apparition, dans la mesure où elle a une signification, ce dont je doute fort, étant personnellement porté à croire qu'elle est due à une mauvaise digestion de votre amie, voudrait nous persuader qu'il existe une vie au-delà de la tombe, pour les esprits des chats. Mais ce genre de phénomènes, appliqué à l'esprit de l'homme, qui seul nous intéresse, est sans valeur. »

Mrs Harvey-Browne le regarda un instant derrière son pince-nez : « Les chrétiens, dit-elle avec hauteur, n'ont pas besoin de preuves de ce genre. »

« Puis-je vous demander, Madame, ce que vous entendez par chrétiens ? » interrogea vivement l'homme à lunettes. « Ayez la bonté de me l'expliquer. »

La femme de l'évêque n'avait pas l'habitude qu'on lui demandât des explications. Comme la plupart des gens, elle n'aimait guère cela. Outre les rayons d'intelligence qui filtraient derrière ses lunettes, leur propriétaire portait des vêtements qui étaient non seulement usés mais singuliers, et son aspect tout entier semblait témoigner de bien des efforts pour peu de récompenses. Mrs Harvey-Browne en resta doublement pantoise et indignée. « Monsieur, dit-elle d'un ton glacial, ce n'est pas le moment de donner une définition des chrétiens !

— J'entends ce mot à tout bout de champ », fit l'homme à lunettes, qui s'inclina sans se laisser le moins du monde démonter, « et si je regarde autour de moi, je me demande vraiment où ils se trouvent.

— Monsieur, ils se trouvent dans tous les pays chrétiens.

— Et, s'il vous plaît, Madame, qu'entendez-vous par là ? Je regarde autour de moi, et ne vois que des nations armées jusqu'aux dents, quelquefois résolues à se sauter à la gorge. Leur attitude est sans doute patriotique, virile, voire justifiée, à la limite estimable ; mais, Madame, les appellerez-vous chrétiens ?

— Monsieur...

— J'ai remarqué, Madame, à votre accent, que l'excellent allemand que vous parlez ne vous vient pas de la terre de mes ancêtres, mais plutôt de la louable assiduité avec laquelle on l'enseigne dans les écoles de votre pays. Et j'ai également observé, à certains signes qui ne trompent pas, que ce pays doit être l'Angleterre. C'est pourquoi j'éprouverais un intérêt tout particulier à connaître l'exacte signification que les habitants de ce pays éclairé donnent à ce mot de chrétien. Mes revenus ne m'ont pas, jusqu'à présent, permis de visiter ces rivages hospitaliers, et je saisis avec plaisir cette occasion de discuter de questions qui nous concernent tous, avec l'une, sans aucun doute, de ses filles les plus distinguées…

— Monsieur…

— À première vue, reprit l'homme à lunettes, on serait porté à dire qu'un chrétien est quelqu'un qui croit en les doctrines de la foi chrétienne. Mais la croyance, si elle est authentique, doit nécessairement trouver son expression pratique dans les œuvres. Et alors, comment pourriez-vous, Madame, expliquer le fait que, lorsque je regarde autour de moi dans la petite ville où je pratique l'honorable métier de pédagogue, je vois de nombreux chrétiens, mais point d'œuvres.

— Monsieur… je n'ai aucune opinion là-dessus, répondit Mrs Harvey-Browne avec emportement.

— Veuillez considérez, Madame, la foi agissante qu'inspirent d'autres credos, et, face à l'inertie des chrétiens, l'activité des autres croyants. Songez aux derviches tourneurs, songez au fakir pendu à son crochet…

— Sûrement pas, Monsieur. » Mrs Harvey-Browne n'y tenait plus. « D'ailleurs, je ne comprends pas pourquoi vous choisissez ce lieu et cet instant pour imposer vos opinions sur des sujets sacrés à une dame, de surcroît étrangère. »

Elle lui tourna le dos et continua de glisser sur le parquet avec toute la dignité que lui permettaient ses chaussons de feutre.

L'homme à lunettes resta confus.

« Cette dame », dis-je, voulant apporter quelque baume, « est la femme d'un ecclésiastique — Mon Dieu ! si elle m'entendait ! — et craint de parler de choses qui pourraient l'entraîner sur les voies du sacré. Je pense que vous trouveriez le fils très intelligent, et prêt à s'entretenir avec vous. » Je regrette de devoir dire que l'homme à lunettes se montra très méfiant à mon égard. Était-ce parce que le gardien m'avait prise pour sa femme ? Ou bien parce que j'avais l'air d'une femme indépendante, en vacances, buvant son café toute seule, contrairement à toute bienséance ? Je l'ignore. Quoi qu'il en soit, il accueillit avec suspicion ma tentative pourtant bien intentionnée de lui révéler la vraie personnalité de Mrs Harvey-Browne. Il marmonna à propos de la bizarrerie des mœurs britanniques, puis s'éloigna prudemment.

Nous visitâmes les salles, chacun de notre côté — Ambrose, en avant, avec le gardien, sa mère toute seule, moi de même, et, assez loin derrière nous, l'homme à lunettes, qui se sentait humilié. Il ne fit aucun effort pour suivre mon conseil de s'entretenir avec Ambrose, et se tint aussi éloigné de nous qu'il lui était possible. Lorsque nous nous retrouvâmes hors des appartements princiers, dont nous sortîmes par la porte opposée à celle par laquelle nous étions entrés, il se faufila devant nous, retira ses chaussons de feutre comme s'il avait voulu secouer la poussière de ses souliers, fit trois rapides courbettes, une pour chacun d'entre nous, et se jeta dans l'escalier. Arrivé au bas des marches, nous le vîmes arracher sa canne des mains de la demoiselle du vestiaire, hocher la tête avec une vigueur indignée quand elle voulut aussi lui donner mon ombrelle, tirer la lourde porte et aussitôt se précipiter dehors. Il la claqua avec une violence qui fit trembler le Jagdschloss.

La demoiselle regarda d'abord la porte, puis l'ombrelle, et enfin m'observa. Son regard signifiait "ils se sont disputés", aussi clairement que si elle l'avait dit à haute voix.

Ambrose me regarda aussi, d'un air surpris.

Mrs Harvey-Browne me regarda à son tour. Ses yeux exprimaient une condamnation sans appel. Son regard disait : "Comment peut-on épouser une telle femme ?"

Quant à moi, je descendis l'escalier, à pas légers, l'air innocent. « Ces murs sont tout à fait charmants, fis-je dans un sursaut d'enthousiasme, vraiment charmants, avec tous ces andouillers et tous ces machins accrochés ! »

« Tout à fait », approuva Ambrose.

Mrs Harvey-Browne se taisait. Elle avait certainement décidé de ne plus m'adresser la parole. Lorsque nous fûmes au bas de l'escalier, son fils donna quelques pièces à la demoiselle et au gardien, puis me dit : « J'ignorais que votre mari vous accompagnait. »

« Mon mari ? » répétai-je d'un air surpris. « Mais ce n'est pas mon mari. Il est à la maison. J'espère qu'il garde les enfants, que j'ai abandonnés pour quelques jours…

— … À la maison ? Mais, alors, qui… de qui est-ce le mari ?

— Qui ? demandai-je, en suivant son regard fixé sur la porte qui venait d'être claquée.

— Mais… cet homme à lunettes…

— Vraiment, je ne saurais vous dire. Il n'est peut-être le mari de personne. Et certainement pas le mien. »

Mrs Harvey-Browne me regarda d'un air ahuri. « Comme c'est extraordinaire ! » fit-elle.

Les bois de Granitz, le Schwarze See et Kieköwer

Isolée au cœur des bois qui entourent Binz, près d'une clairière qui dut être habitée car quelques vieux arbres fruitiers indiquent l'emplacement de ce qui fut un jardin, se trouve une simple tombe que les feuilles mortes des hêtres, au fils des jours et des nuits d'automne, ont peu à peu recouverte. Sur la pierre, une plaque de métal rouillé porte cette inscription :

Hier ruht ein Finnischer Krieger
1806[1]

Aucune grille, aucun nom. Chaque automne, les feuilles des hêtres font au guerrier inconnu un nouveau drap funéraire, brun, et, durant les hivers étincelants de gel, malgré les ombres ténues des branches dénudées, il repose là, au soleil. Au printemps, les hépatiques bleues, filles de bien

---

1. « Ici repose un guerrier finnois. » (*N.d.T.*)

des floraisons, s'assemblent autour du tertre détrempé en petits groupes charmants. Puis, après une chaude averse, les ombres grandissent et se rassemblent ; le vent qui souffle de la clairière en est tout embaumé, car l'herbe alentour déborde de violettes ; les poiriers du jardin abandonnée sortent leurs blanches robes de fiançailles ; puis, vient l'été, avec, tout au long des jours, nombre de promeneurs dans les bois, et l'un d'entre eux, mû peut-être par quelque sentiment de pitié pour la solitude du guerrier, lui jette au passage quelques fleurs ou quelques brins de fougère. Lorsque je me suis approchée de la tombe, je découvris une croix faite de fougères, toutes fraîches et liées par quelques brins d'herbe et, sur la pierre, une couronne de panicauts.

Le soleil était haut dans le ciel et je commençai d'être fatiguée. Je m'assis à côté du guerrier inconnu et, en appuyant mon visage sur la nappe de feuilles froides et encore humides de la dernière ondée, j'eus le sentiment qu'il était bienheureux, blotti en cet endroit, à l'écart des soucis, loin des griffes glacées de la peur, loin de tout ce qui aurait pu le troubler, hors d'atteinte des moindres souffrances d'ici-bas ; tout cela était pour lui du passé. Curieuse d'apprendre comment il était parvenu dans les bois de Granitz, à une époque où Rügen appartenait à la France et n'avait rien à faire avec la Finlande, je consultai mon guide. Mais il n'en parlait pas. Tout le temps que je passai à Rügen, il demeura invariablement muet chaque fois que j'eusse souhaité quelque réponse. Qu'avait bien pu commettre cet homme, ou qu'avait-il bien pu ne pas commettre pour être ainsi privé de la compagnie de ses compagnons qui reposent dans les cimetières ? Pourquoi, sous prétexte qu'il était anonyme, l'avait-on banni ? Pourquoi son corps avait-il été jugé indigne de reposer auprès de ceux qui, morts à ses côtés, avaient eu droit au respect ? Je remis mon chapeau et m'appuyai à la tombe du guerrier finnois. Je contemplai les troncs unis des hêtres, levant les yeux jusqu'aux feuilles qui, sortant de l'ombre, étaient baignées de soleil, et je m'étonnai de ces façons qu'ont les hommes d'appliquer encore leurs normes, voire leurs blâmes, à l'un de leurs semblables qui a cessé de vivre et n'est plus qu'une pauvre dépouille, vulnérable, indifférente à tout et à tous.

C'est certainement chez moi un symptôme de fatigue et d'appétit que de m'interroger ainsi sur la folie des hommes. Mon esprit tend de plus en plus à épiloguer au fur et à mesure que je ressens davantage la fatigue et la faim. Quand je ne suis pas trop lasse et que je n'ai pas distribué mon petit déjeuner aux oiseaux, j'ai le don d'être de bonne humeur et de pouvoir me concentrer sur le bon côté des choses, et la vie me semble alors parfaitement agréable. Mais si je n'ai pas mangé, je ne trouve rien de plaisant et mon âme sombre dans les ténèbres. À quoi bon parler de charité à quelqu'un que vous n'avez pas suffisamment nourri ? À quoi bon lui expliquer que la charité est éparse à ses pieds, telles des fleurs, si vous l'avez trop nourri ? Être trop nourri, ou pas assez, vous rend également incapable d'apprécier la vie exquisément sensée de l'âme. J'en étais venue à ces réflexions parce que l'heure du déjeuner était depuis longtemps passée, j'avais beaucoup marché, il faisait chaud, et je m'apitoyais de plus en plus sur le sort du malheureux Finnois. Je finis par l'envier de pouvoir se reposer ainsi, alors qu'il me fallait trouver mon chemin pour retourner à Binz, en pleine chaleur, et me faire pardonner mon absence par une cousine qui, sans doute, me la reprocherait. Indignée qu'on eût refusé à mon héros une sépulture chrétienne, je me lançai dans un océan de réflexions sinistres sur la malveillance et la folie des hommes, qu'un simple croûton de pain aurait pu m'éviter. J'étais exténuée, tout était brûlant, silencieux, assoupi ; mon indignation et mes griefs devinrent peu à peu plus vagues, plus diffus, moins oppressants, et je finis par m'endormir.

Dormir en plein air, par un bel après-midi d'été, est chose fort agréable si personne ne s'approche pour vous regarder ; vous vous sentez parfaitement bien. Ce n'était pas le confort idéal car le sol, autour de la tombe, était dur, dépourvu de mousse, et, quand le vent se leva, la croix de fougères chatouilla mon oreille. Je crus aussitôt à des perce-oreilles. Quelques araignées, que leurs longues pattes frêles auraient dû inciter à s'enfuir, grimpèrent au contraire sur moi, comme si elles ne souhaitaient nul autre champ de manœuvre. Je finis bientôt par ne plus m'occuper d'elles, et sombrai dans les délices des rêves. La dernière chose que j'entendis fut le bruissement des feuilles, et la dernière que je sentis la fraîcheur du vent dans mes cheveux.

Un véritable écrivain, s'il ne se lance pas dans une description de ses rêves, sorte de digression que tout être sensé se doit d'éviter, un véritable écrivain, donc, écrirait : « J'ignore combien de temps je dormis », et ajouterait, pour son lecteur, que réveillé en sursaut, il avait aussitôt éprouvé des frissons. Je ne puis mieux faire que de l'imiter, à l'exception du sursaut et des frissons, puisque je ne connus ni l'un ni les autres, et ne retenant que la première partie de son discours, je me contenterai de faire remarquer qu'en effet j'ignore combien de temps je dormis. J'avais oublié de regarder ma montre, mais je n'oublierai pas qu'en ouvrant les yeux je me trouvai face à ceux de Mrs Harvey-Browne, qui se tenait à côté de Brosy. Et me regardait.

Étant femme, je n'eus qu'une crainte : avoir dormi la bouche ouverte. Étant un être humain, incapable de se maîtriser, ma seconde réaction fut de m'écrier — en moi-même — mais avec le sens de la formule : « Personne ne me débarrassera donc jamais de cette pénible femme d'évêque ? » Puis je m'assis et m'arrangeai fébrilement les cheveux.

« Je ne suis ni une curiosité, ni une œuvre d'art, fis-je d'un ton âpre.

— Nous sommes venus voir la tombe, répondit en souriant Mrs Harvey-Browne.

— Puis-je vous aider ? demanda Ambrose.

— Merci, non.

— Brosy, va chercher mon pliant dans la voiture, et installe-le. Je vais bavarder quelques minutes avec Frau X. », lui lança-t-elle avant de se tourner vers moi en souriant : « Alors, vous avez fait une petite sieste post-prandiale ?

— Pré-prandiale.

— Comment ? vous êtes dans les bois depuis que nous avons quitté le Jagdschloss ce matin ? Brosy, apporte-nous le panier à thé. Chère Frau X., vous devez être épuisée ! Il n'est pas raisonnable de rester si longtemps sans rien prendre ! Nous allons faire du thé sans plus attendre et j'insiste pour que vous mangiez quelque chose. »

C'était vraiment très aimable. Que lui était-il arrivé ? Tant de gentillesse me fit penser que c'était un beau rêve, et je me frottai les yeux avant de répondre. Mais c'était incontestablement Mrs Harvey-Browne qui se trouvait devant moi. Depuis notre dernière rencontre, elle avait eu le temps de regagner sa chambre, se reposer, déjeuner et changer de robe ; elle avait peut-être même pris un bain. Mais tout cela, aussi agréable et relaxant fût-il, ne suffisait pas à expliquer un tel revirement. Pour la première fois, elle me parla en anglais. « Vous êtes très aimable », murmurai-je en la fixant des yeux.

« Imagine que la petite dame n'a rien avalé de toute la journée », dit-elle à Ambrose qui, marchant sur les feuilles sèches, s'approchait avec le pliant, le panier à thé et des coussins qu'il était allé chercher dans la voiture garée à quelques mètres, sur le chemin forestier.

« Oh ! vraiment ? » fit Brosy d'un ton apitoyé.

« La petite dame ? Voilà du nouveau ! » répétai-je en moi-même.

« Si vous devez vous appuyer sur cette tombe qui est plutôt dure, reprit Brosy, permettez-moi de poser ce coussin dans votre dos. Et ce serait encore mieux, si vous vous leviez un instant.

— Oh ! je me sens tellement ankylosée ! » dis-je, tandis qu'il m'aidait. « J'ai dû rester là si longtemps ! Quelle heure est-il ?

— Quatre heures passées.

— Ce n'est pas du tout raisonnable ! fit sa mère. Chère Frau X., promettez-moi de ne plus recommencer. Que deviendraient vos charmants enfants, si leur petite mère était obligée dc s'aliter ? »

Mon Dieu, mon Dieu ! Que signifiait tout cela ? Les charmants enfants ? La petite mère ? Je ne pus que m'asseoir sur mes coussins, et attendre.

Mrs Harvey-Browne vit ma stupéfaction et crut qu'elle venait peut-être de ce que Brosy préparait le thé et avait allumé la lampe à pétrole si près du pauvre Finnois. « Ce n'est pas un sacrilège, dit-elle. Ce n'est pas comme si nous prenions le thé dans un cimetière, ce que nous n'avons, bien sûr, jamais fait ! Cette tombe n'est pas consacrée. On ne peut pas commettre un sacrilège envers ce qui n'a jamais été consacré. Le sacrilège ne peut se commettre qu'après qu'il y ait eu consécration. »

J'acquiesçai d'un signe de tête ; puis, encouragée à la vue d'une biscotte, j'ajoutai : « Je connais une famille qui possède un mausolée et, lorsqu'il fait beau, ils s'y rendent tous ensemble pour y prendre le café.

— Des Allemands, évidemment », fit Mrs Harvey-Browne en s'efforçant de sourire. « On n'imaginerait pas des Anglais…

— Oui ! des Allemands. Quand on leur rend visite, s'il fait beau, ils disent : "Allons prendre le café au mausolée." Et ils y vont.

— Ils y prennent un plaisir particulier ? demanda Brosy.

— On y jouit d'une très jolie vue.

— Ah ! je comprends », fit Mrs Harvey-Browne, soulagée. « Ils s'assoient seulement à l'extérieur… J'ai craint, un moment, qu'ils ne… réellement…

— Oh ! non », fis-je, en mangeant ce qui me parut être la meilleure biscotte qu'aucun boulanger allemand ait jamais fait cuire. « Pas réellement !

— Quel endroit merveilleux que celui-ci, pour y être enterré », fit remarquer Mrs Harvey-Browne. Brosy, comme s'il avait fait cela toute sa vie, préparait le thé. Puis, comme toutes les braves femmes qui parlent d'enterrement, elle poussa un soupir. « Je me demande, reprit-elle, comment on a pu l'enterrer ici.

— C'est ce que je me suis demandé dès l'instant où j'ai vu sa tombe.

— Il a dû être blessé lors d'une bataille et vouloir rentrer chez lui », dit Brosy. « Vous savez, la Finlande était alors suédoise, tout comme Rügen. »

Ignorant tout de ce point d'histoire, je me tus et pris un air intelligent.

« Il a combattu pour la Suède contre les Français. J'ai rencontré, hier, un bûcheron qui m'a dit qu'il y avait une cabane de forestiers là où sont aujourd'hui ces arbres fruitiers, et les gens qui y habitaient l'ont accueilli et protégé jusqu'à sa mort. Puis ils l'ont enterré.

— Mais pourquoi ne l'a-t-on pas enterré au cimetière ? demanda la mère.

— Je ne sais pas. Pauvre gars, je suppose que ça lui aurait été égal. Ce que je voulais surtout dire, c'est dans quelles circonstances il mourut…

— Cher Brosy… », murmura la mère — c'était toujours sa façon de réagir lorsqu'il disait quelque chose qu'elle désapprouvait sans trop savoir pourquoi.

— Ce qui importe encore davantage », fis-je, encouragée par l'excellent thé préparé par Brosy, et que sa mère, se méfiant du thé teuton, avait passé en contrebande, ainsi qu'elle me l'avoua avec fierté quelques instants plus tard, « ce qui importe davantage, c'est de savoir si ce sont les circonstances qui se tiennent à l'affût, même si nous n'étions pas nés.

— Quel pessimisme ! » s'écria Mrs Harvey-Browne en voulant me réprimander d'un signe du doigt. « Que diable, de tous les peuples du monde, avez-vous à faire avec le pessimisme ?

— Oh ! je ne sais pas, je dois être dans un mauvais jour », fis-je, légèrement déconcertée par cette remarque. « Un jour, on m'a parlé de deux Allemands âgés — j'avais mangé trois biscottes et me sentais toute ragaillardie —, de deux Allemands âgés dont l'appareil digestif était fort capricieux.

— Les pauvres ! fit Mrs Harvey-Browne, avec sympathie.

— Et malgré cela, ils ont bu de la bière durant toute leur vie, sans arrêt et beaucoup, beaucoup.

— Ce n'est pas du tout raisonnable.

— Ils en ont bu tellement, et pendant si longtemps, qu'ils sont devenus philosophes.

— Chère Frau X. », fit-elle, incrédule, « qui aurait pu le croire ?

— Mais comment ne pas devenir philosophe », insistai-je, « si, outre le fait d'être Allemands, vous vous livrez à des excès ?

— C'est bien vrai ! s'exclama Mrs Harvey-Browne.

— Et alors, qu'est-il arrivé ? demanda Brosy en souriant.

— Eh bien, l'un et l'autre devinrent profondément pessimistes. Vous savez, si vos excès…

— Bien sûr ! fit Mrs Harvey-Browne, comme si elle savait tout.

— Ils étaient dégoûtés de tout. Ils détestaient tout ce que les gens disaient ou faisaient. C'étaient des disciples de Nietzsche.

— Était-ce la cause ou l'origine de leur abus de bière ? demanda Brosy.

— Oh ! je ne puis supporter Nietzsche », s'écria Mrs Harvey-Browne. « Ne le lis jamais, Brosy. Il dit de ces choses sur les femmes !… c'est trop affreux !

— Et l'un a dit à l'autre, dans le cours de leurs libations : "Seuls ceux qui ne sont pas nés peuvent être proclamés heureux…"

— Voilà ! » s'écria Mrs Harvey-Browne, « c'est tout Nietzsche. Un pessimisme répugnant.

— J'ai rarement entendu plus répugnant, ajouta Brosy, qui souriait toujours.

— … Et l'autre réfléchit un moment, puis dit : "Ils sont bien peu, ceux à qui échoit le bonheur." »

Il y eut un silence. Brosy riait derrière sa tasse. Sa mère, au contraire, parut grave et me regarda pensivement. « Il y a, chez les Allemands, un très grand manque de foi toute simple », dit-elle. « L'évêque trouve que c'est bien triste. Une histoire comme celle-ci l'aurait profondément bouleversé. Il craint toujours que Brosy — notre unique enfant, chère Frau X., vous pouvez imaginer ce qu'il est pour nous ! — ne se laisse corrompre par de telles idées !

— Je déteste la bière, fit remarquer Brosy.

— Cet homme, ce matin, par exemple… Avez-vous jamais entendu semblables propos ? Exactement le type d'homme qui horrifie le plus l'évêque. Sans parler de son insolence !

— Vraiment ? m'étonnai-je respectueusement devant les abîmes d'horreur dans lequel l'évêque pouvait se laisser entraîner.

— Un homme instruit, pourtant. N'a-t-il pas dit qu'il était maître d'école ? Quelqu'un qui enseigne aux jeunes gens, sans avoir en lui la moindre trace de la foi qu'il devrait leur enseigner. Car s'il en avait eu, se serait-il lancé dans cette conversation irrévérencieuse avec une dame qui n'était pas seulement une inconnue, mais la femme d'un prélat de l'Église d'Angleterre ?

— Il ne pouvait pas le savoir, mère », fit Brosy, « et d'après ce que vous m'avez dit, ce n'est pas dans une conversation qu'il s'est lancé, mais plutôt dans un monologue. Et je dois vous demander pardon, ajouta-t-il en se tournant vers moi avec un sourire, pour l'absurde erreur que nous avons commise. C'était la faute du gardien.

— Oh ! bien sûr, chère Frau X., il faut me pardonner. C'était vraiment stupide de ma part ! J'aurais dû savoir… j'étais tout à fait surprise, je vous assure, mais ce gardien semblait si sûr de lui. » Elle me fit ensuite tant d'excuses que j'en fus toute abasourdie, pour retenir seulement le sentiment qu'elle ne cherchait qu'à se montrer d'une excessive amabilité.

Soit. Une femme encline à être aimable vaut mieux qu'une femme encline à être désagréable, mais, étant donné mon goût pour la prudence, force m'est d'ajouter : pas toujours… Je pense, en effet, que nous sommes peu nombreux à avoir parcouru quelque distance sur le chemin de la vie sans avoir connu, à un moment ou un autre, des compagnons animés du louable désir de se montrer aimables, et qui n'ont réussi qu'à nous abreuver du flux embarrassant de leurs effusions. Et celles-ci me font toujours penser à l'escargot qui, innocemment, prend l'air au soleil et qui, si l'on pose un doigt sur ses cornes, rentre aussitôt dans sa coquille. J'en fais autant.

C'est ce qui arriva. Pour une raison que je puis à peine deviner, la femme de l'évêque qui, le matin même, me réprouvait, me noyait à présent d'amabilités. Elle avait déjeuné avec Charlotte, et elles avaient eu, me dit elle, une charmante conversation à mon propos. À mon propos ? Immédiatement, je rentrai dans ma coquille. Il n'y a rien de plus éprouvant que d'être interrogée, comme je l'étais à présent, sur vos affaires de famille et vos habitudes privées. Je veux bien parler de tout, sauf de ça. Je veux bien parler, avec tout le courage que procure l'ignorance, des grands sujets que j'ignore. Je suis prête à parler de quelque grande abstraction que ce soit, voire de toutes, avec la volubilité d'un esprit superficiel. Je suis à même d'écouter avec sympathie le récit des maladies subies ou des opérations auxquelles on a survécu, de l'intelligence des garçons ou de la beauté des filles. Je prête une oreille attentive à l'énumération des réussites sociales et des difficultés familiales, des malheurs et des succès de toutes sortes, y compris dans le domaine culinaire. Mais je me refuse à répondre aux questions d'ordre personnel. Et d'ailleurs, qu'y a-t-il à répondre ? Nul ne s'intéresse à mon âme ; quant à mon corps, il y a longtemps que cela m'assomme.

On peut néanmoins croquer les biscottes d'autrui sans se trouver entraîné dans les confidences. Aussi fis-je de mon mieux pour être aimable. Brosy fumait des cigarettes. Si j'avais regagné l'estime de sa mère, j'avais apparemment un peu baissé dans la sienne. Il ne me considérait plus, me semblat-il, comme le prototype de l'Allemande intelligente. J'avais beau conserver un silence éloquent, cela ne l'impressionnait pas le moins du monde. Je m'en rendis compte à quelques-unes de ses remarques. C'était d'autant plus pénible qu'il était un jeune homme tout à fait charmant de sa personne, et la bonne opinion qu'ont de vous les jeunes gens charmants de leur personne est toujours agréable. Je commençai à regretter, à présent qu'il ne s'exprimait plus que par interjections, ces paragraphes entiers dans lesquels il s'était lancé la veille au dîner et durant notre promenade crépusculaire dans l'île de Vilm. Je l'observai prudemment, d'un œil, et je m'aperçus que les beaux discours de sa mère *à propos** de tout et de n'importe quoi l'agaçaient un peu. J'étais tout à fait de son avis : les beaux discours sont assommants, surtout quand c'est une femme qui les adresse à une autre. Vous pouvez pardonner à un homme, parce que vous sentez malgré tout qu'il sait ce dont il parle ; mais comment pardonner à une femme qui vous a prise pour une idiote ?

Ils finirent par me convaincre de les accompagner en voiture, jusqu'à un lieu-dit, dans les bois, qui s'appelle Kieköwer, d'où l'on a, paraît-il, une très belle vue sur la baie. Quand je me relevai, je me sentis tellement ankylosée que la voiture était la seule solution possible. Ambrose était très gentil, et très attentif à mon confort physique, mais, spirituellement, il se souciait fort peu de moi. Dès qu'il y avait une colline, et il n'y avait que ça, il partait en avant et me laissait seul avec sa mère. Peu importait, car la forêt, de ce côté-là, était tellement exquise, l'après-midi si serein, si noyé d'une lumière douce et charmante, que je ne pouvais regarder autour de moi sans me sentir heureuse ? Oh ! cet état béni, où la seule qualité de l'air, l'herbe et les arbres, la mer et les nuages parviennent à vous faire oublier que la vie n'est pas toujours un enchantement, et à vous faire boire le ciel à chaque respiration ! Combien de temps durera cette joie de vivre, cette merveilleuse extase de l'âme ? Je redoute davantage de perdre tout cela, n'en fût-ce même qu'une partie, et de voir s'obscurcir la moindre frange de cette miraculeuse beauté, que de devoir me séparer de toute autre bien terrestre. Je songeai à Wordsworth, chantre divin de cette splendeur, qui ne sut longtemps jouir des merveilles de l'herbe et de la gloire des fleurs, et je me demandai, le cœur lourd, si, pour lui qui la vécut et la chanta, grâce à Dieu, avec une telle perfection, elle se fana si vite, combien de temps une âme ordinaire, à moitié aveugle, à moitié sourde, à moitié muette, parvient à en retenir sa petite part intime.

En commençant d'écrire ce livre, mon intention était de rédiger un guide de Rügen, qui fût utile, et indiquer les plus beaux paysages ainsi que les auberges les moins inconfortables au voyageur anglais ou américain que son goût de l'exotisme a conduit sur ces rivages. Mais à chaque page tout devint si banal que je ne pus mener à bien mon projet. De quelle aide, par exemple, pourraient être Charlotte et la femme de l'évêque pour le touriste désireux qu'on le guide ? Honnêtement, je ne puis faire l'éloge des auberges, et donc donner leur nom, et à quoi cela peut-il être utile au touriste qui souhaite savoir où dîner et coucher ? Je voulais décrire le Jagdschloss et n'ai réussi qu'à écrire une histoire de fantômes. Certes, j'ai dit combien étaient rassis les petits pains de l'auberge, mais cette information était noyée dans un discours sans intérêt et je pense qu'aucun touriste ne me lira avant de passer sa commande. Toujours dans mon désir d'être utile, je dirai au voyageur qu'il ne doit sous aucun prétexte renoncer au trajet qui sépare Binz de Kieköwer, mais qu'il lui faut s'y rendre à pied et ne pas se laisser cahoter sur les souches et les pierres de la route en compagnie d'une femme d'évêque ; et que, peu avant d'arriver à Kieköwer (c'est un terme de bas-allemand pour "vue", ou "panorama"), il se trouvera à la croisée de quatre routes, avec un poteau indicateur au milieu ; il devra prendre celle de droite, qui le mènera au Schwarzesee (ou lac Noir) ; là, il s'assoira tranquillement, tirera de sa poche le volume de poèmes qu'il a toujours avec lui, et remerciera Dieu d'avoir créé cet adorable petit refuge au sommet de la colline, cerné par la forêt, avec un petit lac encombré de roseaux et de nénuphars ; il s'y installera en silence et ouvrira les yeux pour en saluer la beauté.

Sans doute n'avais-je pas écouté, depuis quelque temps, les questions de Mrs Harvey-Browne, car je vis bientôt qu'elle avait fait le tour de cet endroit enchanté pour rejoindre Brosy qui prenait des photos, et je me retrouvai assise toute seule sur la mousse, regardant les nénuphars à travers les arbres et n'écoutant plus que le coassement des grenouilles. Je baissai les yeux entre les troncs minces des bouleaux argentés qui se penchaient sur l'eau ; de temps à autre, un léger souffle de vent venait rider leur reflet, troublant le haut des feuilles des nénuphars, pour se perdre ensuite quelque part entre les roseaux. Puis, chaque feuille semblait retomber sur l'eau calme, avec un minuscule bruit mat. À l'ouest, le lac se perd en un marais couvert de roseaux et parsemé de fleurs de coton blanc où les grenouilles abondent. Une odeur singulière, comme celle d'un très délicat cuir de Russie, se répandait sur cet endroit, du moins cet après-midi-là. C'était sans doute la chaleur du soleil qui l'apportait de quelques herbes cachées, et ce devait être exceptionnel, mais j'aime à penser que ce charmant petit lac est toujours aussi embaumé tout au long de l'année, isolé et enchanté, blotti au creux des collines.

Après être demeuré quelques instants allongé sur la mousse avec son poète préféré — et il peut y rester jusqu'à ce que son âme devienne aussi paisible et claire que l'eau, et le poète pourrait bien être Milton —, le voyageur reviendra à la croisée des routes — cinq minutes de marche dans la hêtraie — et arrivera à Kieköwer, à près d'un kilomètre. Le contraste est frappant entre le lac Noir et Kieköwer. En quittant les bords de ce lac si bien abrités, vous grimpez une colline escarpée et vous vous retrouvez soudain au bord de hautes falaises ; l'air y est toujours agité et, venu de la baie, vous sentez un vent frais souffler. Tout en bas, l'eau bleue palpite et scintille. Au loin, au-delà de Sassnitz, on aperçoit un promontoire brumeux dans la lumière de l'après-midi. Les hêtres, immobiles autour du lac, ne cessent à présent de frémir. Vous avez eu si chaud dans la journée qu'il vous semble maintenant avoir froid.

« *Sie ist schön, unsere Ostsee, was ?* »[2], fit soudain une voix mâle et forte, derrière nous.

Nous étions tous trois appuyés à la rambarde de bois, au bord de la falaise. À quelques mètres, se trouvait une baraque où un serveur, au teint hâlé par la brise de mer qui lui fouette le visage à longueur de temps, fournit ceux qui ont soif en bière et café. Cette voix robuste était celle d'un homme, bronzé, en sueur et rendu jovial par l'exercice physique et la bière, qui regardait par-dessus l'épaule de Mrs Harvey-Browne avec la fierté d'un propriétaire, les mains dans les poches, jambes écartées, la casquette rabattue sur son front en sueur.

Il s'était adressé à Mrs Harvey-Browne. Comme celle-ci était d'âge mûr et d'une sobriété manifeste, il avait sans doute pensé qu'il ne risquait rien à lui adresser la parole en termes joviaux. Mais s'il y avait une chose que la femme de l'évêque détestait par-dessus tout, c'était bien cela, la jovialité, surtout venant d'un inconnu. Le pédagogue de la matinée, si ingénument intéressé par notre conversation, entre elle et moi, au point d'oublier que c'était la première fois qu'il la rencontrait, l'avait révoltée. Moi-même, la veille au soir, bien que peu encline à m'adresser joyeusement à une inconnue, lui avais profondément déplu. Combien plus grossier dut lui paraître un homme en sueur lui adressant brusquement la parole avec une jovialité qui ne ressemblait à rien moins qu'à une claque dans le dos. Elle ne s'occupa pas de lui, jeta un coup d'œil alentour, et laissa errer sur la mer un regard glacial, faisant comme si de rien n'était.

---

2. « Elle est belle, notre Baltique, hein ? » (*N.d.T.*)

« Y'a pas d'eau aussi bleue, en Angleterre, hein ? » cria l'homme qui était dans cette joyeuse humeur que les Français appellent *déboutonnée**.

Sa femme et ses filles, en tenue légère, se trouvaient assises à une table de bois, devant des chopes de bière vides, et riaient aux éclats. Que les Harvey-Browne parussent si indéniablement anglais semblait les amuser énormément. Elles étaient, elles aussi, d'humeur *déboutonnée**.

Ambrose, aussi prompt à parler que sa mère à tourner le dos, répondit à sa place et assura à l'homme jovial que, en Angleterre, il n'avait en effet jamais vu une eau aussi bleue.

Cela parut faire les délices de toute la famille. « *Ja, ja !* » s'écria le père. « *Deutschland, Deutschland über alles !* » Et il entonna cet air fameux, de l'une de ces voix qu'on a coutume d'appeler grasse.

« Bravo ! fit poliment Ambrose, lorsqu'il eut fini.

— Venez, venez ! Il faut que nous trinquions ensemble », s'écria l'homme. « Boire la meilleure bière du monde à la santé de la Vieille Angleterre, hein ? » Il fit signe au serveur et, au bout d'un moment, Ambrose et lui se mirent à choquer leurs verres et à faire chacun l'éloge de son pays, cependant qu'à l'arrière-plan, la famille, hilare, applaudissait.

La femme de l'évêque n'avait pas bronché. Elle contemplait la mer, le regard de plus en plus glacial. « Je voudrais… » commença-t-elle ; mais elle s'interrompit. Puis, voyant qu'il n'y avait pas moyen d'endiguer la gentillesse d'Ambrose, elle se résolut sagement à l'attendre, en échangeant avec moi des pensées éclairées. Cela dura un instant, jusqu'à ce que mes propres lumières fussent assombries par ces quelques paroles :

« Je ne vois pas ce que peuvent avoir les Allemands pour tellement fasciner Ambrose. Vous entendez ce rire stupide ? Le rire sonore qui trahit le vide de l'esprit.

— Comme dit Shakespeare.

— Chère Frau X., vous avez tout lu.

— C'est très aimable.

— Je sais que vous êtes une femme à l'esprit ouvert, aussi vous ne verrez pas d'inconvénient si je vous dis que les Allemands me surprennent beaucoup.

— Je vous en prie.

— Ambrose a toujours éprouvé tellement d'enthousiasme à leur égard, que je m'attendais à découvrir des merveilles. Qu'est-ce que je trouve ? Je passe sous silence bien des choses, y compris cette hilarité qui dénote une mauvaise éducation — écoutez ces gens ! —, mais je ne puis m'empêcher d'être déconcertée par leur manque absolu de sens commun.

— Vraiment ?

— Comme les Anglais sont gens sensés, en comparaison !

— Croyez-vous ?

— Oui, bien sûr, en tout.

— Mais ne jugez-vous pas une nation sur quelques individus ?

— Oh ! il y a bien des exemples ! Quoi de plus insensé, par exemple — et elle tendit une main vers la baie — que d'appeler la Baltique *die Ostsee* ?

— Mais pourquoi pas, si ça leur fait plaisir ?

— Mais, chère Frau X., c'est absurde ! La mer de l'Est ! L'Est de quoi ? On est toujours l'Est de quelque chose, mais on n'en parle pas. De toute façon, ce nom ne veut rien dire. "Baltique", voilà qui la décrit parfaitement ! »

De Binz à Stubbenkammer

Le lendemain matin, nous quittâmes Binz à dix heures, pour Sassnitz et Stubbenkammer. Sassnitz est la principale station balnéaire de l'île, et j'avais eu l'intention d'y passer une nuit ; mais aucun d'entre nous n'appréciant beaucoup l'éclat des routes crayeuses et des maisons blanches, nous allâmes, le jour même, à Stubbenkammer, où tout est à l'ombre.

Charlotte n'était pas partie comme elle l'avait annoncé, et, lorsque, le soir précédent, j'avais regagné notre pension, contrite et m'excusant de ma longue promenade en forêt, redoutant de me faire gronder et persuadée que je le méritais bien, je la trouvai assise sous la véranda, contemplant tendrement le crépuscule, le *Prelude* ouvert sur les genoux. Elle ne me demanda pas où j'avais passé la journée, mais se contenta de me montrer le livre, en disant : « Quel fatras ! » — à quoi je ne pus répondre que : « Oh ! »

Plus tard dans la soirée, je découvris que son manque de curiosité au sujet de mon absence était dû au fait qu'elle avait eu, elle aussi, une journée bien remplie. La sentence prononcée par Charlotte, la nuit précédente s'était abattue sur Hedwig, et la veuve, horrifiée, dégoûtée, l'avait flanquée à la porte. Charlotte appréciait la veuve. « C'est une femme intelligente et droite, dit-elle. Elle m'a assuré qu'elle préférait faire seule le travail, plutôt que de conserver une fille aussi dévergondée. Je serais partie sur le champ, si elle ne l'avait pas renvoyée. »

Un peu plus tard encore, je compris, à certaines de ses remarques, qu'elle avait prêté à la veuve le plus sinistre de ses ouvrages, *The Beast of Prey*[1], et que celle-ci, à la grande satisfaction de Charlotte, l'avait lu avec enthousiasme. Le fait est qu'il s'agit d'un livre suffisamment effrayant pour transporter d'enthousiasme la première veuve venue.

Nous partîmes donc le lendemain matin, et la veuve nous accompagna de ses bénédictions — des bénédictions vibrantes, aussi pathétiques que les malédictions des enfants qu'on abandonne, et nous savons tous de quoi nous parlons.

« Brave femme », dit Charlotte, émue par tant de chaleur dans les adieux. « Je suis tellement contente d'avoir modestement contribué à lui ouvrir les yeux.

— L'opération, fis-je, n'est pas forcément agréable.

— Mais toujours nécessaire », fit-elle d'un ton décidé.

Lorsque nous eûmes tourné au coin du petit hôtel de brique rouge, et que je me retournai pour adresser un dernier adieu à la minuscule maison blanche sur le rivage, quelle ne fut pas ma stupéfaction d'apercevoir Hedwig, à la fenêtre d'une chambre à l'étage, agitant un chiffon en direction de Gertrud qui nous suivait dans la carriole à bagages. Tout en se trémoussant, elle bavardait et riait avec la veuve qui se tenait sur le seuil de la porte d'entrée, juste en dessous de la

---

1. *La Bête de proie. (N.d.T.)*

fenêtre. « Cette maison est certainement hantée, m'écriai-je. Il y a un nouveau fantôme qui regarde par la fenêtre. »

Incrédule, Charlotte se retourna. Ayant vu l'apparition, elle regarda une seconde fois.

« Ce ne peut être Hedwig, m'empressai-je d'affirmer pour la rassurer, vous m'avez dit qu'elle avait été envoyée à la campagne, chez sa mère. C'est donc forcément son fantôme. Elle pourrait très bien en avoir un, non ? »

Charlotte ne répondit pas. C'est ainsi que nous quittâmes Binz, en silence, longeant une étroite langue de terre, désignée sur la carte du nom de Schmale Heide, qui sépare la Baltique d'une petite mer intérieure nommée Jasmunder Bodden. Hors du village, sur la gauche, j'aperçus une nappe d'eau calme miroitant entre les troncs des pins et je descendis pour aller voir. August, toujours nerveux lorsque je quitte la victoria, me suivit sur le sentier battu, en sorte que nous nous égarâmes.

C'était le Schmarter See, véritable lac, et non simple étang comme le Schwarze See. Je m'arrêtai pour l'admirer dans son charme matinal ; il s'étendait au soleil, sans une ride, et le bruit de la mer, de l'autre côté du rideau de pins, semblait irréel comme une vague de rêves sur ce calme rivage. Pendant les quelques instants que je passai ainsi entre les roseaux, August essaya de trouver un raccourci pour rejoindre la route que nous avions quittée plus haut. Nous fûmes bientôt complètement perdus, et, sortant des bois au lieu dit la ferme de Dollahn, nous nous trouvâmes au bord du Jasmunder Bodden. Peu importait où nous allions du moment que le chemin nous plaisait, et quand tout est frais et neuf, comment pourrait-on ne pas être charmé ? Nous roulâmes à la recherche d'une route, à notre droite, qui nous ramènerait à la Schmale Heide. Nous longeâmes de ravissants champs sans enclos dans la lumière du matin, et décidâmes une fois pour toutes que le chemin n'était pas poussiéreux. Du moins, c'est ce dont je voulus me convaincre. Charlotte n'était pas du tout de cet avis ; au contraire, elle déclarait de temps à autre qu'elle étouffait.

Et ceci est l'un des nombreux points sur lesquels le promeneur a un avantage sur celui qui conduit — il peut marcher sur l'herbe au bord de la route, ou bien sur la mousse, parmi les airelles, et ne souffre pas de la poussière soulevée par huit sabots de chevaux. Mais quels avantages n'aurait-il pas ? Le seul avantage de la voiture, c'est de pouvoir emporter nombre de vêtements propres ; pour le reste, il n'y a pas de comparaison possible. Et, après tout, qu'importe, entre toutes les quinzaines de l'année, celle où vous n'êtes pas aussi propre qu'à l'habitude ? Et je pense même qu'il y a un charme tout à fait singulier, pour celui qui est toujours propre, à se retrouver quelque temps délibérément sale.

À Lubkow, petit village au bord du Jasmunder Bodden, nous prîmes la grand-route de Bergen, tournâmes à droite et remontâmes encore une fois vers le nord. Peu après avoir dépassé une pépinière au milieu des bois, nous rejoignîmes de nouveau la Schmale Heide, et durant sept ou huit kilomètres roulâmes sur une route blanche bordée de jeunes pins, avec au-dessus de nos têtes le ciel le plus bleu que l'on puisse imaginer et, sur notre droite, au niveau de la route, la mer violette. C'était la première fois que je voyais la Baltique violette. Les autres jours, elle avait été d'un bleu profond ou d'un vert brillant, mais je la vis, ce jour-là, d'un violet aveuglant, merveilleux.

À Neu Mucran — tous ces endroits sont indiqués sur la carte —, nous quittâmes la grand-route pour nous diriger vers Sagard, petite ville située à l'intérieur des terres, et nous roulâmes par des routes de campagne sablonneuses et sans ombre, attentifs à ne pas nous éloigner du rivage. Le reste de la route, jusqu'à Sassnitz, fut véritablement trop éblouissant et trop poussiéreux pour avoir le moindre agrément. Il n'y avait plus aucun arbre ; elle grimpait presque tout le temps ; nous fûmes grillés, aveuglés de chaleur et de poussière. Il nous fallut quitter le rivage. La route nous en éloigna progressivement, et nous avançâmes péniblement, entre des champs de blé poussant sur un sol pauvre, avec des coquelicots, des marguerites et des chicorées sauvages. La terre et le ciel étaient comme une fournaise. Nos yeux, pleins de poussière, nous brûlaient bien avant que nous eûmes atteint une fournaise encore plus vive : Sassnitz. Et lorsque nous vîmes que cet endroit était comme une clairière de craie avec des maisons blanches, construites sur un espace découvert, la forêt n'apparaissant qu'au lointain, nous décidâmes, d'un commun accord, de ne pas nous y attarder.

Je conseillerais volontiers au touriste de prendre Sassnitz comme centre d'excursions, vers Binz d'un côté, et vers Stubbenkammer de l'autre. Mais étant donné la singularité de mes goûts, je ne le lui conseillerais tout de même qu'après quelques instants d'hésitation. Sur mille Allemands, neuf cent quatre-vingt-dix neuf lui donneraient à coup sûr un avis contraire, et le dernier ne serait pas d'accord avec moi. Mais je n'ai rien à faire de l'enthousiasme d'autrui, et ne puis que répéter qu'à Sassnitz la poussière est éblouissante — endroit assez étrange par beau temps, avec ses rues en pente descendant vers la mer, et, les jours de mauvais temps, lugubre au-delà du possible, car toutes les maisons semblent faites de carton et ne paraissent habitées — c'est incontestable — que quelques semaines, en été.

J'envoyai August, Gertrud et les chevaux se reposer quelques heures dans une auberge, et nous descendîmes la petite rue qui conduit à la mer, bordée de kiosques proposant au touriste bibelots en ambre et photographies. C'était l'heure du déjeuner ; tout était désert et il nous venait des hôtels de tels bourdonnements, de tels brouhahas de conversations et d'assiettes — cela nous rappela Sellin — que nous renonçâmes à y pénétrer. En bas, sur la plage, nous trouvâmes une pâtisserie donnant directement sur la mer, avec des fenêtres ouvertes et des stores, et personne à l'intérieur. L'endroit semblait frais, nous entrâmes et nous assîmes devant un guéridon de marbre, en plein courant d'air ; la mer clapotant sur les galets donnait une sensation de fraîcheur ; nous mangeâmes beaucoup de gâteaux, des sardines, des glaces à la vanille et ne tardâmes pas à nous sentir tout à fait misérables.

« Qu'allons-nous faire jusqu'à quatre heures ? » demandai-je d'un air triste, les coudes appuyés sur le rebord de la fenêtre, regardant les galets vibrer sous l'effet de la chaleur.

« Faire ? » interrogea une personne arrêtée juste en-dessous, « mais aller à pied avec nous jusqu'à Stubbenkammer, bien sûr ! »

C'était Ambrose, vêtu de blanc de la tête aux pieds, vision fraîche et charmante.

« Vous ici ? Je croyais que vous étiez restés à Binz.

— Nous sommes venus en bateau à vapeur, pour passer la journée. Ma mère m'attend à l'ombre. Elle m'a envoyé acheter quelques biscuits, puis nous allons à Stubbenkammer. Venez avec nous !

— Par cette chaleur ?

— Attendez-moi une minute, je vais chercher des biscuits. »

Il disparut à l'angle de la maison.

« Il est beau garçon, n'est-ce pas ? dis-je à Charlotte.

— Je déteste ce genre d'animal, plein de santé, content de lui, à qui tout réussit.

— Vous avez mangé trop de gâteaux et trop de sardines, fis-je d'une voix douce.

— Vous n'êtes donc jamais sérieuse ?

— Mais si ! Toujours !

— Franchement, je ne connais rien de plus épuisant que de parler à quelqu'un qui ne cesse de badiner.

— Ce sont vos trois glaces à la vanille, répliquai-je d'un ton qui se voulait apaisant.

— Vous êtes là, aussi, Frau Nieberlein ? s'écria Ambrose en revenant. Parfait. Vous allez nous accompagner, n'est-ce pas ? C'est une très jolie promenade. Tout le temps à l'ombre ! Je viens juste de terminer le livre du Professeur sur les Phrygiens, et j'aimerais vous en parler, vous en dire beaucoup de mal. J'ai passé la nuit à le lire. C'est l'ouvrage le plus merveilleux qui soit. Rien d'étonnant à ce qu'il ait révolutionné la pensée européenne. C'est un livre qui fera époque ! » Il avait acheté ses biscuits sans y penser, tellement son enthousiasme l'emportait.

« Venez Charlotte ! dis-je, une promenade vous fera beaucoup de bien. Je ferai dire à August de nous rejoindre à Stubbenkammer. »

Charlotte refusa de nous accompagner. Elle préférait rester assise là, tranquillement. Se baigner plus tard, peut-être, et nous retrouver à Stubbenkammer avec la victoria.

« Je voulais vous dire que… » cria Ambrose depuis le comptoir, « que je n'ai jamais envié une femme, Frau Nieberlein, mais je dois dire que je vous envie. Quel destin merveilleux, quelle gloire d'être la femme d'un penseur aussi extraordinaire !

— Voilà qui est dit, fis-je en hâte, ne sachant pas très bien quelle pourrait être la réponse de Charlotte. Vous viendrez avec August et nous rejoindrez là-bas. *Auf wiedersehen, Lottchen !* » Et je poussai dehors Ambrose et ses biscuits.

Comme nous passions sous la fenêtre, en levant les yeux, je vis Charlotte, toujours assise devant le guéridon de marbre. Elle regardait dans le vide.

« Votre cousine est merveilleuse lorsqu'elle parle du Professeur », déclara Ambrose. Nous traversions un morceau brûlant de la promenade de craie jusqu'aux arbres où nous attendait Mrs Harvey-Browne.

« Comment cela ? demandai-je, mal à l'aise, car je n'avais aucune envie d'évoquer avec lui la vie conjugale des Nieberlein.

— Oh ! si maîtresse d'elle-même, si calme, si modeste ! Elle ne le met jamais en avant, elle ne prend jamais de grands airs sous prétexte qu'elle est sa femme… Oh ! c'est merveilleux !

— Ah ! oui. Et ces Phrygiens… à propos… » Je parvins ainsi à lui faire oublier Charlotte, et lorsque nous eûmes rejoint sa mère, j'en savais sur les Phrygiens beaucoup plus que je n'aurai jamais cru.

La promenade le long de la côte, de Sassnitz à Stubbenkammer, vaut un voyage à Rügen. Je suppose qu'il y en a peu au monde qui soient aussi belles sur tout leur parcours. Sous aucun prétexte, même s'il ignore la proximité d'une telle beauté, le voyageur ne doit se rendre à Stubbenkammer par la route. Celle-ci ne pourrait lui proposer qu'un circuit agréable, sans plus ; certes le plus court, mais toujours à l'écart de la mer ; le sentier, quant à lui, serpente au sommet des falaises et offre à tout instant des échappées ravissantes. Seuls les marcheurs robustes et agiles peuvent entreprendre cette promenade qui dure au moins trois heures, et qui n'est qu'une série de descentes par d'innombrables marches dans des ravines profondes, puis de remontées par d'autres marches tout aussi nombreuses. Néanmoins, vous demeurerez à l'ombre des hêtres, et qui pourrait décrire, au fur et à mesure que vous montez, l'adorable miroitement et la couleur de la mer qui ondule, tout en bas, entre les plis des falaises ?

Mrs Harvey-Browne était suffisamment vaillante pour effectuer cette promenade. Ambrose était au comble du bonheur en nous entretenant du nouveau livre de Nieberlein. Et moi aussi, car une seule oreille me suffisait pour Nieberlein, et, de l'autre, j'écoutais les alouettes et le clapotis des vagues, sous mes yeux ravis. Nous ne nous pressions pas, nous attardant sur chaque paysage et nous arrêtant sur de petits plateaux ensoleillés tout au bord de la falaise ; de là assis dans l'herbe chaude et douce, nous contemplions les couleurs de la mer brillant à travers la bordure de scabieuses — divin mélange de couleurs qu'on trouve souvent, en juillet, sur les rivages de Rügen. Ou bien nous restions dans l'ombre, au bas d'une ravine, assis sur la mousse où l'eau formait des ruisselets en recouvrant des pierres vertes et visqueuses, avant de s'écouler jusqu'à la mer qui, de la pénombre où nous nous trouvions, semblait une muraille de lumière.

Mrs Harvey-Browne écoutait avec une fierté inébranlable les commentaires de son fils sur la nature et la portée du livre de Nieberlein. Son enthousiasme le rendait tellement loquace qu'elle en était réduite à garder le silence et son amour pour son fils éclairait tellement son visage qu'on pouvait deviner quels avaient dû être ses traits au temps de sa jeunesse, avant que son mari n'ait porté ses guêtres d'évêque et commencé à se lamenter sur le sort du monde. Durant la dernière partie de la promenade — la plus escarpée —, nous avions perdu de vue les autres touristes qui s'étaient tous précipités à la Waldhalle, endroit situé à mi-chemin, où l'on sert à boire. Rien ne pouvait plus la distraire. Nous arrivâmes ainsi dans une entente parfaite, un peu fatigués, et nous avions suffisamment chaud pour jouir du bonheur d'être enfin parvenus au terme de notre randonnée. Sur le plateau, en face du restaurant — il y a toujours l'inévitable restaurant au bout de toute randonnée ! —, quelques tables étaient disposées sous les arbres, où des gens mangeaient et buvaient. Un peu à l'écart des autres, avec la plus belle vue par-dessus le falaise, l'une d'elles était couverte d'une nappe blanche et semblait préparée pour le thé. Il y avait de jolies tasses élégantes, des fraises, un pot à thé et, au milieu, un pichet avec des roses. Je me demandai quels pouvaient bien être les privilégiés pour lesquels cette table avait été dressée, lorsque je vis Gertrud sortir du restaurant, suivie d'un serveur apportant de fines tranches de pain et du beurre ; alors, je compris que les privilégiés, c'était nous.

« J'ai pris le thé avec vous, hier, dis-je à Mrs Harvey-Browne. Cette fois, c'est à votre tour de le prendre avec moi.

— Tout à fait charmant », fit celle-ci avec un soupir de plaisir. Elle s'enfonça dans un fauteuil et respira les roses. « Votre servante me paraît l'une de ces perles rares, qui ont pour leur maîtresse des attentions exceptionnelles. »

En effet, Gertrud est une perle rare, délicate comme une friandise auprès de ces tables tachées de bière sur lesquelles les touristes qui ont oublié leur Gertrud à la maison renversent leur café. Et puis l'endroit était si merveilleux, les falaises si blanches, escarpées et tranchantes, tombant dans la mer, leurs grands plis couverts de toutes sortes d'herbes, de masses d'arbrisseaux, de masses de fougères, de masses de fleurs sauvages ! Tout en bas, on apercevait un steamer à l'ancre, celui que prendraient les Harvey-Browne, tout à l'heure, pour rentrer à Binz, un gros steamer à quatre cheminées, mais qui, vu d'ici, semblait un minuscule jouet d'enfant.

« Je crains que notre bonne dame ne puisse dormir ici », dit Gertrud en posant un pot de lait sur la table. « Dès mon arrivée, je me suis renseignée : l'hôtel est complet ; il n'y avait qu'une seule petite chambre, dans un pavillon, à l'écart, parmi les arbres…

— Et ma cousine ?

— La chambre a deux lits, et la cousine de notre bonne dame se repose sur l'un deux. Nous sommes ici depuis une heure déjà. August est installé. Les chevaux seront bien soignés. J'ai une mansarde assez confortable. Seules, ces dames seront mal installées.

— Je vais aller voir ma cousine. Gertrud, montrez-moi le chemin. »

En priant Mrs Harvey-Browne de m'excuser, je suivis Gertrud. À l'arrière du restaurant, se trouvait un espace découvert où de nombreux matelas de plume, avec des couvertures rouges, prenaient l'air, sur la pelouse. Les oiseaux volaient et les conducteurs de wagonnets venant de Sassnitz zigzaguaient entre eux. Au centre de cet emplacement, s'élevait une grande maison jaune, isolée, le seul hôtel de Stubbenkammer, en fait la seule maison que j'aie vue, et, à quelque distance sur la gauche, à l'ombre de la forêt, un pavillon sombre envahi de moustiques.

« Gertrud », fis-je, en martelant mes mots, le cœur serré, « je n'ai jamais dormi dans un pavillon !

— Je sais, Madame.

— Avec des fenêtres sans volets presque ouvertes au regard des passants !

— Ce que dit Madame est trop vrai.

— Je veux entrer et parler à ma cousine Charlotte. »

Comme Gertrud me l'avait dit, Charlotte était assise sur l'un des deux lits qui, à eux seuls, remplissaient la pièce. Elle prenait des notes, fébrilement, au crayon, dans les marges de *The Beast of Prey*, et, lorsque j'ouvris la porte, elle leva sur moi un regard passionné et épuisé.

« N'est-il pas terrible, dit-elle, de ne pas pouvoir faire de son mieux, et que même si on fait de son mieux, ce soit insuffisant ?

— Mais… de quoi s'agit-il ?

— Oh ! de tout ! Vous êtes tous obtus, indifférents, sourds à tout ce qui est essentiel. Vous vous en fichez, vous laissez tout aller à la dérive, et si jamais quelqu'un essaie de vous réveiller et de vous dire la vérité, vous n'écoutez jamais, jamais !

— Quoi ? Je ? » demandai-je, troublée dans ma grammaire par la violence de ses propos.

Elle jeta le livre par terre et se leva.

« Oh ! j'en ai assez de vos péchés, de vos stupidités ! cria-t-elle en prenant son chapeau et y enfonçant des épingles.

— Quelles stupidités ? Moi ? demandai-je, au comble de l'embarras.

— On dirait presque, reprit-elle en me fixant d'un air furieux, on dirait presque qu'il est inutile de se consacrer à ses compagnons de souffrance.

— Mais, il est bien naturel qu'on aime être seul, murmurai-je.

— Ce que j'essaie de faire, c'est de les tirer du bourbier où ils se trouvent, de les prévenir lorsqu'ils vont s'y enliser et de les aider lorsqu'ils y sont.

— Oh ! tout cela me semble très noble. Avec toutes ces belles intentions, pourquoi diable, ma chère Charlotte, ne pouvez-vous pas rester sereine ? Vous vous agitez sans cesse. Venez prendre le thé !

— Le thé ? Avec ces minables ? Ces pauvres créatures ? Ces Harvey-Browne ?

— Venez donc ! Il n'y a pas que du thé, il y a aussi des fraises et des roses. C'est adorable !

— Oh ! ces gens me tuent ! Ils sont tellement satisfaits d'eux-mêmes, de la vie ! Ce sont des poseurs, des flagorneurs. Qu'avez-vous de commun avec eux ?

— Absurde. Ambrose n'est pas du tout un flagorneur, ce n'est qu'un brave garçon. Et sa mère a du caractère. Pourquoi ne pas essayer de leur faire du bien ? Ils vous intéresseraient si vous saviez comment les prendre. »

Je lui saisis le bras et l'entraînai dehors.

« Cette pièce étouffante suffirait à déprimer n'importe qui, fis-je, et je sais ce qui vous tourmente : c'est cette veuve.

— Je connais bien vos manèges, s'écria Charlotte en se tournant vers moi, il vous faut toujours trouver une raison pour laquelle je dis ou ressens ce que je dis ou ressens.

— Soit. Et il n'y a pas d'autre raison ?

— Cette veuve ne me tourmente absolument pas. Son hypocrisie portera ses fruits, et il faudra bien qu'elle les avale. Puis, lorsque la catastrophe se produira, conséquence de sa faiblesse et de sa sottise, elle fera ce que vous faites tous devant l'inéluctable : elle s'assoira, se lamentera et dira que c'est la faute des autres. Alors que tout ce qui vous arrive n'est la faute de personne, mais bien la vôtre seule.

— J'aimerais bien que vous m'enseigniez à éviter ce que vous appelez l'inéluctable.

— Comme si c'était nécessaire ! » fit alors Charlotte, s'arrêtant net un peu avant d'arriver à notre table.

Elle me regarda dans les yeux, et ajouta : « Essayez de n'être pas stupide.

— Mais que dois-je faire si je suis stupide, naturellement stupide, si je suis née ainsi ? »

« Le thé sera complètement froid ! » s'écria Mrs Harvey-Browne d'un ton plaintif. Elle nous avait observées fébrilement et semblait troublée. Au moment où nous la rejoignîmes, elle nous déclara que les touristes se comportaient de telle façon qu'une femme convenable ne pouvait les supporter. « Ambrose est parti avec l'un d'eux, dit-elle, un horrible vieillard, pour aller contempler le panorama, un peu plus loin. Vous ne le croiriez pas ! Nous étions tranquillement assis sans déranger personne, et voilà que ce type escalade la colline, et nous aborde, comme si nous nous connaissions. Il a même eu l'audace de nous demander s'il pouvait s'asseoir à notre table, comme s'il n'y avait pas de place ailleurs ! Il était absolument désagréable. Bien sûr, j'ai refusé. L'homme le plus indiscret que j'aie jamais rencontré…

— Mais il y a de la place, ici, fit Charlotte qui haïssait tout ce que pouvait dire ou faire la femme de l'évêque.

— Mais, chère Frau Nieberlein, un parfait inconnu ! Un vieillard si déplaisant, si jovial ! Je pense qu'il a dû être très mal élevé pour se conduire ainsi.

— Moi, j'ai toujours pensé qu'il était très mal de rabrouer quelqu'un, fit Charlotte sévèrement, semblant ne pas être d'humeur à supporter la moindre contradiction de la part de la femme de l'évêque.

— Vous devez mourir d'envie de prendre votre thé, fis-je observer, en le versant comme on aurait versé de l'huile dans une eau trouble.

— Il faut bien penser, reprit Charlotte, que, d'ici cinquante ans, nous serons tous morts et que nous n'aurons plus l'occasion de nous montrer aimables.

— Chère Frau Nieberlein ! s'écria la femme de l'évêque, tout à fait stupéfaite.

— Ce n'est pas sûr, fis-je. Vous aurez alors quatre-vingts ans, Charlotte, et qu'est-ce que quatre-vingts ans ? Lorsque j'en serai là, j'espère être une grand-mère drôle, pleine de sagesse, et gambadant sous le fardeau de mon âge. »

Mais la femme de l'évêque n'apprécia pas qu'on lui rappelât qu'elle serait morte dans cinquante ans, et nulle citation candide que j'eusse pu trouver à faire ne le lui eût fait admettre. Elle but son thé, d'un air offensé.

« Alors, fit-elle remarquer, vous allez aussi prétendre que j'aurais dû accepter la proposition que m'a faite, tout à l'heure, l'une de ces femmes, une touriste ? Elle s'est imaginée que je pouvais rentrer à Sassnitz en voiture, avec elle et les siens, et partager la dépense.

— Et pourquoi pas ? fit Charlotte.

— Pourquoi pas ? Il y a deux excellentes raisons. D'abord, parce que c'est une impertinence. Ensuite, parce que je rentre par le bateau.

— La seconde raison est excellente, en effet, mais vous me pardonnerez si je pense qu'il n'en va pas de même de la première.

— Le thé de votre fils sera imbuvable », fis-je alors d'une voix éteinte. Je n'ai jamais pu voir se disputer deux personnes sans me sentir malade. À quoi bon ? Pourquoi discuter ? On ne peut agir ainsi qu'avec l'Être aimé, le plus proche, le plus compréhensif. Tellement plus simple de rester calme avec les autres et d'approuver tout ce qu'ils disent. Jusque-là, Charlotte était demeurée impassible en présence de Mrs Harvey-Browne, avait acquiescé quand il le fallait, ou bien s'était contentée d'écouter, d'un air morne. À présent, après avoir relu pendant une bonne heure le pamphlet le plus explosif qu'elle eût jamais écrit, agacée par le comportement indigne de la veuve, et par son échec à faire se repentir Hedwig par les voies du châtiment, elle était de nouveau d'humeur acariâtre, et prête à déceler toutes sortes de vérités horribles et de fatalités planant autour de cette innocente table à thé, où des yeux moins perçants, comme les miens et sans aucun doute ceux de Mrs Harvey-Browne, n'apercevaient que le léger tremblement des feuilles des hêtres au-dessus des tasses et des soucoupes, et les fraises parfumées, dans un nid de verdure.

« Si les femmes ne s'abordaient pas les unes les autres avec autant de suspicion, poursuivit énergiquement Charlotte, si elles ne prenaient pas quiconque est d'une classe un peu différente comme quelqu'un à fuir, elles réussiraient bien mieux dans leur combat pour leur indépendance. Les résultats de la coopération peuvent se révéler prodigieux…

— Mais oui ! Je crois me souvenir que vous avez dit quelque chose de ce genre, lors d'une conférence à Oxford, l'hiver dernier, fit Mrs Harvey-Browne d'un ton languissant.

— Il ne faut pas le répéter trop souvent.

— Mais si, chère Frau Nieberlein, il le faut, croyez-moi ! Mais, par exemple, quel rapport avec le fait qu'on m'ait demandé de rentrer en voiture à Sassnitz avec une famille que je ne connais pas ?

— Mais si, il y en a un », fis-je à mon tour, en souriant gentiment. « Vous auriez payé la moitié. Et qu'est-ce que la "coopération", sinon payer la moitié ? En fait, j'ai entendu des gens qui ont fait cette expérience dire qu'en réalité ils ont payé la totalité ! Auquel cas ce ne serait pas une surprise agréable.

— Je veux parler de coopération morale », reprit Charlotte. « Un travail incessant de chacun pour le bonheur de son sexe. Il ne faut laisser passer aucune occasion. Il faut toujours se montrer prêt à parler, à comprendre, à encourager. Il faut cultiver un immense amour des autres, à quelque classe qu'ils appartiennent, et aussi désagréable que ça vous soit, personnellement. Sans doute, poursuivit-elle en agitant sa cuillère devant la femme de l'évêque médusée, je suis sûre que, si vous avez aussi sèchement refusé l'innocente proposition de votre semblable, c'est parce qu'elle était mal habillée et avait des manières auxquelles vous n'êtes pas habituée. Vous avez considéré comme une impertinence, disons même une insulte, d'être abordée de cette façon. Maintenant, comment pouvez-vous dire… (elle s'appuya sur toute la largeur de la table et pointa énergiquement sa cuillère vers Mrs Harvey-Browne qui la fixait plus durement que jamais), comment saurez-vous jamais si cette femme n'était pas à même d'offrir le meilleur terreau aux quelques propos que vous auriez échangés durant votre petit voyage et si les graines ainsi semées n'auraient pas donné une superbe moisson d'énergie et de liberté ?

— Mais, chère Frau Nieberlein », dit la femme de l'évêque, désarçonnée par cette métaphore, « je ne pense pas qu'elle aurait pu m'offrir quelque terreau que ce soit ; au moins je n'en ai pas eu l'impression. Quant à moi, pour reprendre votre image, je ne me vois pas dans le rôle d'un instrument agricole. Je pense que tous ces travaux sont désormais accomplis par des machines, n'est-ce pas ? »

Elle se tourna alors vers moi, désirant à tout prix s'éloigner d'un tel sujet : « Le semeur pittoresque, à l'ancienne mode, a été détrôné, n'est-ce-pas ? »

« Pourquoi parlez-vous agriculture ? demanda Ambrose, qui survint à cet instant.

— Nous parlons d'agriculture des âmes, répliqua Charlotte.

— Oh ! » fit Ambrose, à son tour désarçonné. Il était si impatient de s'asseoir qu'il ne put en dire davantage. Il s'agitait sur sa chaise. Nous l'observâmes en silence.

« Comme on est bien ici ! » dit-il, une fois installé. « Non, je ne prendrai pas de thé froid, vraiment. Mère, pourquoi n'avez-vous pas laissé ce vieil homme s'asseoir avec nous ? Il est tout à fait épatant.

— Parce qu'il y a des limites que je me refuse à franchir, répondit sa mère, visiblement agacée qu'il puisse ainsi, sans le vouloir, se ranger du côté de Charlotte.

— Oh ! ce n'était pas gentil pour lui, n'est-ce pas, Frau Nieberlein ? Nous avons la plus grande table et nous ne l'occupons pas toute, et il n'y a pas de place ailleurs. C'est tellement britannique, d'être assis et de tenir les autres à l'écart ! Il lui aurait fallu attendre son café qui sait combien de temps, et il venait de faire des kilomètres !

— Je pense qu'il aurait parfaitement pu se joindre à nous, dit alors Charlotte, lentement, à intelligible voix, et en pesant chaque mot.

— Mais vous ne l'avez même pas vu ! » protesta Mrs Harvey-Browne. « Je vous assure qu'il était vraiment impossible. Pire encore, et de beaucoup, que la femme dont nous parlions.

— Je ne peux dire qu'une chose », reprit Charlotte, plus lentement, plus distinctement et plus pesamment encore, « c'est qu'il faut, avant tout, se montrer humain et qu'il nous est interdit de ne pas répondre à la plus infime requête de l'un de nos semblables. »

À peine avait-elle prononcé ces mots, à peine la femme de l'évêque avait-elle eu le temps d'exprimer sa stupéfaction, à peine avais-je eu le temps de suivre son regard pétrifié, qu'un vieil homme vêtu d'un long imperméable, avec un feutre vert posé de travers sur son vénérable crâne, s'approcha lentement de Charlotte, par derrière, et, se penchant vers l'oreille, poussa ce monosyllabe incroyable : « Hou ! »

À Stubbenkammer

Je crois avoir déjà dit que Charlotte n'était pas de ces personnes que l'on peut aisément chatouiller. Elle était aussi la dernière personne au monde à qui l'on eût envie de crier "Hou !" dans l'oreille. L'effet sur elle de ce monosyllabe fut terrifiant. Elle sursauta comme si on l'avait frappée, et se transforma en statue de pierre.

Brosy bondit, comme pour la protéger.

Mrs Harvey-Browne parut complètement effrayée et haleta : « C'est encore ce vieillard… un fou échappé de l'asile… comme c'est déplaisant !

— Non ! non ! » expliquai-je en toute hâte, « c'est le Professeur.

— *Le Professeur* ? Jamais de la vie ! Quoi ? *Le* Professeur ? Brosy ! Brosy ! » Elle se pencha, et saisit la veste de son fils précipitamment. « Mais non, c'est le vieil homme dont j'ai parlé… Ah ! mon Dieu ! c'est le professeur Nieberlein, en personne !

— *Quoi ?* » s'écria Brosy, cramoisi.

Mais le Professeur ne prêta attention à personne : il s'empressa d'embrasser Charlotte. Il l'embrassa sur une joue, puis sur l'autre, lui tira les oreilles, la chatouilla sous le menton et se jeta sur elle avec une exubérance qui eût, rien qu'à ce spectacle, réchauffé les cœurs les plus froids.

« Te voilà donc, petit trésor ? » s'écria-t-il. « Une fois de plus, j'ai entendu ton gazouillis ! J'ai reconnu aussitôt ton doux babil. Je l'ai entendu au milieu de tous ces bruits de verres. Allons voir, alors, me suis-je dit, si ce ne serait pas ma petite Lolotte ! Et, imitant ce vieil air que je connais depuis longtemps, en cette belle langue anglaise : ne tourne pas le dos à une femme, ne tourne pas le dos ! On ne tourne son joli dos qu'à un vieux mari. Quoi ? fi donc, fi donc, la vilaine petite Lolotte ! »

Je dois avouer que je n'avais jamais vu quelque chose de plus étrange que cette façon de badiner avec Charlotte. Elle s'était transformée en statue !

« Ah ! comme les Allemands sont charmants, lorsqu'ils sont naturels ! » s'écria Mrs Harvey-Browne, toute tremblante, en s'adressant à moi, cependant que continuaient les badinages. Elle était tellement horrifiée à l'idée de ce qu'elle avait dit et ravie de rencontrer enfin le Professeur, qu'elle ne savait plus ce qu'elle faisait. « Ça fait vraiment du bien d'assister à de véritables émotions familiales ! Merveilleux Professeur ! Vous savez ce qu'il a dit au duc après être allé à Bonn pour le rencontrer ? Et, ma chère Frau X., un tel duc ! » Et elle murmura son nom à mon oreille, comme s'il était trop noble pour être prononcé à voix haute.

Je concédai d'un signe qu'il s'agissait, en effet, d'un duc tout à fait supérieur ; mais je n'ai jamais su ce que le Professeur lui avait dit, car, à cet instant, Charlotte se blottit sur sa chaise et, aussitôt, le Professeur s'affala (je crains qu'il n'y ait pas d'autre mot, oui, s'affala) sur la chaise qui était celle de Brosy.

« Voulez-vous avoir la bonté de me présenter ? demanda celui-ci à Charlotte, respectueusement, debout et tête nue devant le grand homme.

— Ah ! mais je vous connais déjà, mon jeune ami », fit le Professeur, d'un ton cordial. « Nous venons d'admirer ensemble la nature. »

À ces mots, la femme de l'évêque devint pourpre, profondément, absolument, ce qui ne lui était sans doute pas arrivé depuis des années. Elle jeta un regard suppliant à Charlotte, qui se tenait raide, les yeux sur son assiette. Brosy s'empourpra à son tour et s'inclina profondément : « Je ne puis vous dire, Monsieur, combien je suis honoré qu'il m'ait été permis de faire votre connaissance.

— Tut ! tut ! » fit le Professeur. « Lottchen, présente-moi à ces dames. »

Quoi ? Il ne se souvenait donc pas de moi ! Après notre mémorable soirée à Berlin ! Je ne sais rien de plus pénible que de se trouver en présence de quelqu'un d'illustre qui oublie vous avoir déjà rencontré !

« Je dois m'excuser auprès de vous, Madame », dit-il à la femme de l'évêque, « d'avoir fini par m'asseoir à votre table.

— Oh ! Professeur… murmura Mrs Harvey-Browne.

— Mais vous me pardonnerez peut-être de m'être joint à une réunion dont ma femme fait partie ?

— Oh ! Professeur, croyez-bien…

— Je connais un Brown », reprit-il. « Il y a en Angleterre, un Brown que je connais. Il joue très bien aux cartes. Tenez, je connais encore un autre Brown… non !… j'en connais même plusieurs. Sans doute des parents, Madame ?

— Non, Monsieur. Notre nom est *Harvey*-Browne.

— *Ach so !* J'avais compris Brown. Donc, c'est Harvey. Excellente sauce ! J'en prends chaque jour avec mon poisson. Madame, c'est un bienfaiteur public !

— Monsieur, nous ne sommes pas parents. Nous sommes les Harvey-Browne.

— Quoi ? Vous êtes à la fois Harvey et Brown, et vous n'êtes apparentés ni aux Harvey ni aux Brown ? C'est à se fendre la tête !

— Mon mari est évêque de Babbacombe. Peut-être avez-vous entendu parler de lui ? Lui aussi est un littéraire. Il commente.

— En tout cas, Madame, sa femme parle admirablement allemand », dit le Professeur, faisant une courbette. « Et cette dame ? demanda-t-il en se tournant vers moi.

— Mais je suis la cousine de Charlotte !… » (Je ne pouvais plus longtemps cacher mon désespoir d'avoir été si vite oubliée.) « Et donc votre cousine. Vous ne vous souvenez pas que nous nous sommes rencontrés, l'hiver dernier à Berlin, lors d'une soirée chez les Hofmeyer ?

— Bien sûr, bien sûr ! À vrai dire, je crains que non. Je n'ai aucune mémoire pour les choses importantes. Mais on ne peut jamais avoir trop de petites cousines, n'est-ce pas, jeune homme ? Venez vous asseoir près de moi, je serai ainsi parfaitement heureux avec ma petite femme d'un côté et ma petite cousine de l'autre. Voilà. Nous sommes très bien ainsi, et, quand on m'apportera mon café, je serai comblé. Jeune homme, lorsque vous vous marierez, veillez à ce que votre femme ait beaucoup de jolies petites cousines. C'est très important », dit-il avant d'ajouter, en posant un bras sur le dossier de mon fauteuil tandis que de l'autre il enlaçait Charlotte : « Et si je ne me souviens pas de toi, ne sois pas fâchée, car il faut que je te dise que, le lendemain du jour où j'ai épousé ma Lotte, je me suis trouvé tellement distrait que je suis parti faire un "tour" à pied, dans les Alpes avec quelques amis que je venais de rencontrer et, pendant toute une semaine, elle m'est sortie de l'esprit. C'était à Lucerne. Elle m'était tellement sortie de l'esprit que j'avais oublié de lui annoncer mon départ et de lui faire mes adieux. Je partis. Tu te rappelles, Lottchen ? Je revins à moi une semaine après notre mariage. C'était au sommet du Pilate. "Qu'est-ce que tu as mon gars", ont dit mes camarades en me voyant troublé. "Il faut que je redescende tout de suite", ai-je crié, "j'ai oublié quelque chose !" Et ils m'ont lancé : "Ici, tu n'as pas besoin de ton parapluie !" Ils savaient que je l'oublie souvent. "Ce n'est pas mon parapluie, c'est ma femme !" Ils furent surpris ; j'avais oublié de leur dire que j'étais marié. Et, quand je suis rentré à Lucerne, la pauvre Lotte était là, effondrée, conclut-il en lui tirant l'oreille et en se mettant à rire aux éclats jusqu'à ce que ses lunettes en fussent embuées.

— Merveilleux ! » murmura Mrs Harvey-Browne à son fils. « Tellement primesautier ! »

Ambrose ne quittait pas le Professeur des yeux, guettant les premières paroles de sagesse, et prêt à les dévorer, aussi avide qu'un chat sur le point d'attraper la souris, mais qui en retarde inexplicablement l'instant.

« Ah oui ! » soupira le Professeur, étendant ses jambes sous la table et remuant le café que le serveur avait posé devant lui, « n'oubliez jamais, jeune homme, que la chose la plus importante dans la vie, ce sont les femmes. Des petites femmes bien rondelettes, bien tendres. Des petites chattes qui ronronnent. Hé ! Lotte ! Quelques-unes ne ronronnent pas toujours, n'est-ce pas, ma petite Lotte ? Quelques-unes miaulent, quelques-unes griffent, d'autres ont des jours où elles agitent leurs méchants petits ongles en signe de colère. Mais toutes sont tendres et charmantes, et apportent beaucoup de grâce près de la cheminée.

— Comme c'est vrai ! » murmura Mrs Harvey-Browne, en extase. « Tellement vrai ! Ce n'est pas comme Nietzsche !

— Et alors, tu ne dis rien, petit trésor ? » reprit-il en pinçant la joue de Charlotte. « Tu n'aimes pas l'image des petites chattes ?

— Non ! fit Charlotte, et ce mot claqua, chauffé au rouge, du plus profond d'un intérieur en fusion.

— Bon, alors, passe-moi ces fraises qui se cachent si gentiment dans leur lit de verdure, et pendant que je les mange, raconte-moi tout ce que ton cher cœur pense des chats, qui t'intéressent beaucoup, je le sais, et tout ce qu'il contient et a contenu depuis la dernière fois où je t'ai vue. Il y a longtemps que je n'ai pas entendu le son de ta voix, et ça m'a beaucoup manqué. N'es-tu pas ma petite femme chérie ? »

Il était vraiment temps que je me lève, et que j'emmène les Harvey-Browne. J'allais le faire lorsque, soudain, le bras posé sur mon fauteuil glissa et m'agrippa.

« Du calme, du calme, petite cousine ! » dit le Professeur en souriant. « Ne t'ai-je pas dit que j'étais heureux ainsi ? Et voudrais-tu gâcher le bonheur d'un vieillard ?

— Mais vous avez Charlotte, et vous devez avoir envie de lui parler…

— Certainement, j'en ai envie. Mais parler à Charlotte ne m'empêche pas d'entourer Elizabeth. N'ai-je pas deux bras ?

— Je veux montrer à Mrs Harvey-Browne la vue qu'on a de la falaise, dis-je, épouvantée à l'idée de ce que Charlotte dirait quand elle ouvrirait la bouche.

— Tut ! tut ! » fit le Professeur en me serrant davantage. « Nous sommes très bien comme ça. La contemplation du bonheur vertueux est aussi édifiante pour cette dame que la contemplation de l'eau du haut d'une falaise.

— Quelle originalité ! murmura Mrs Harvey-Browne.

— Madame, vous me flattez ! (Le Professeur avait l'oreille fine.)

— Mais non, Professeur, ce n'est pas de la flatterie !

— Madame, je vous suis obligé.

— Il y a tellement longtemps que nous désirions vous rencontrer. Mon fils a passé l'été dernier à Bonn, en espérant…

— Perte de temps, perte de temps, Madame.

— … et toujours en vain. Et cette année, nous y sommes allés, avant de venir ici, et nous avons fait tout ce que nous avons pu, mais malheureusement toujours en vain. On croirait que c'est la Providence qui nous a conduits ici aujourd'hui.

— La Providence, Madame, conduit toujours les gens quelque part, puis elle les laisse repartir. Moi, par exemple, il me va falloir repartir très vite, car je suis à pied et je dois trouver un lit avant la tombée de la nuit. Ici, ils n'ont rien de libre.

— Mais vous pouvez rentrer à Binz avec nous ! » cria Mrs Harvey-Browne. « Le bateau part dans une heure, et je suis sûre qu'il y aura de la place pour vous à notre hôtel. Mon fils vous laissera volontiers sa chambre, si c'est nécessaire ; il serait même très honoré que vous acceptiez, n'est-ce pas, Brosy ?

— Madame, votre courtoisie me comble. Vous pouvez cependant comprendre que je ne puis abandonner ma femme. Où que j'aille, elle me suit. N'est-ce pas, petit trésor ? J'attends toujours de savoir quels sont ses plans, afin de leur harmoniser les miens. Je n'ai pas de bagage. Je suis très mobile. Mes effets de nuit sont sur moi, sous mes vêtements de jour. J'ai une paire de chaussettes de rechange dans la poche de mon manteau. Et, dans une autre, deux mouchoirs. Mon éponge, humide et fraîche, se trouve dans la calotte de mon chapeau. Ainsi suis-je, Madame, d'une totale indépendance. La seule nécessité est de trouver un abri avant la nuit. Dis-moi, petite Lotte, il n'y a pas de place ici, avec toi, pour le vieux mari ? » En se retournant vers elle, il y avait, dans son sourire, quelque chose de si doux que je pensai aussitôt qu'elle l'aurait suivi n'importe où.

Mais elle ne leva même pas les yeux. « Je pars pour Berlin ce soir », dit-elle. « J'ai des rendez-vous importants, et je dois vous quitter à l'instant.

— Chère Frau Nieberlein, fit Mrs Harvey-Browne, n'est-ce pas bien soudain ? »

Depuis quelques minutes, Brosy paraissait mal à l'aise, indépendamment du fait de ne pas avoir attrapé sa souris. Il tira sa montre, et se leva. « Mère, si nous ne voulons pas rater le bateau, je pense qu'il serait sage de partir.

— Mais non ! Brosy ! nous avons encore une heure, répondit Mrs Harvey-Browne, révoltée à l'idée d'être arrachée à sa célébrité au moment même où elle la rencontrait.

— J'ai bien peur qu'il le faille, insista Brosy. Il faut davantage de temps qu'on ne croit pour descendre la falaise. C'est glissant. Je préférerais que vous preniez un chemin plus praticable, bien qu'un peu plus long. »

Il la convainquit, coupant impitoyablement court aux supplications maternelles, que le Professeur viendrait aussi, demain, ou sûrement le surlendemain, à Binz. Je vis alors qu'il emmenait sa mère vers la Herthasee, où se trouve une pente moins raide, et le Herthasee est, comme chacun sait, dans la direction exactement contraire à celle qu'il aurait dû prendre ; mais il occupa sans doute l'heure qui restait à raconter des récits d'anciens rites païens fréquemment pratiqués sur ces rivages mystiques, laissant ainsi Charlotte libre de se comporter avec son mari comme elle l'entendait.

Comment elle se comporta, je pus aisément le deviner. Je me précipitai vers le pavillon avec pour seul désir de ne plus voir personne, et j'avais à peine eu le temps de m'étonner qu'elle pût ne pas s'entendre avec un vieillard aussi adorable, qu'elle entra en trombe dans la chambre, criant et courant en tous sens, se jetant sur les sacs que Gertrud avait rangés : « Vite, vite, aidez-moi à rassembler mes affaires ! J'ai tout juste le temps d'attraper le train à Sassnitz !… Je pars pour Berlin !… Je vous écrirai… Pourquoi cette idiote de Gertrud a-t-elle défait tous les bagages ? Quelle calamité pour vous, cette domestique trop bien nourrie, qui défait les bagages sans qu'on le lui demande ! Donnez-moi ces brosses, et ces papiers ! Bon, vous m'avez vue plonger dans les abîmes, aujourd'hui, n'est-ce pas ? » Elle se penchait sur son sac, se redressait, une brosse dans chaque main, me regardant avec un sourire empreint d'amertume et de méfiance, puis elle se mit à pleurer à chaudes larmes.

« Ne pleurez pas, Charlotte ! » fis-je après l'avoir regardée sans rien dire, « ne pleurez pas, ma chère. Je n'ai aperçu aucun abîme. J'ai seulement vu de jolies choses. N'allez pas à Berlin… restez ici, et soyons heureuses ensemble.

— Rester ici ? Jamais ! » Elle enfouit fébrilement ses affaires dans son sac, et celui-ci dut se remplir d'au moins autant de larmes que de vêtements, car elle ne cessa pas un seul instant de pleurer amèrement.

Les femmes ont toujours été pour moi une source d'étonnement, y compris moi-même, qui suis portée à l'étourderie et définitivement incapable de m'en empêcher ; et elles ne me paraissent jamais aussi mystérieuses, aussi parfaitement incompréhensibles que dans leurs relations avec leurs maris. Mais qui les jugera ? Les voies du destin sont si étroites que deux êtres unis, contraints de marcher de front, ne peuvent, à moins d'avancer d'un pas égal, que se jeter l'un l'autre sur les rochers, de chaque côté du chemin. Il appartient au plus faible et au plus agile, s'il veut demeurer indemne, d'être très prudent, très patient et très habile.

Je vis Charlotte partir dans l'une des wagonnets qui attendaient pour l'emmener à Sassnitz, où commence la voie du chemin de fer. « Je vous ferai savoir où je suis !... » cria-t-elle avant de descendre la colline. Après un dernier geste de la main, elle disparut. Elle partait une fois de plus vers ces régions glaciales où les personnes nobles et solitaires poursuivent leur idéal.

En remontant lentement vers la falaise, à l'ombre des arbres, je rencontrai le Professeur à la recherche de sa femme. « À quelle heure Lotte part-elle ? » cria-t-il en m'apercevant. « Elle doit vraiment partir ?

— C'est fait.

— Non ! Depuis combien de temps ?

— Environ dix minutes.

— Alors, je prends aussi le train. »

Il se précipita, grimpa de toute son agilité dans un second wagonnet et disparut à son tour au bas de la colline. « Chère petite cousine ! » cria-t-il encore avant de disparaître, « permets-moi de te dire au revoir et de te souhaiter bonne chance ! Cette fois, je tâcherai vraiment de ne pas t'oublier !

— J'espère ! » m'écriai-je, en souriant. Mais il ne put m'entendre.

Une fois encore, je me dirigeai lentement, entre les arbres, vers les falaises. La plus haute d'entre elles, le Königstuhl, qui surplombe la mer, forme un plateau où quelques arbres, depuis des années, survivent aux tempêtes d'hiver. Je demeurai longtemps assise, sur une souche noueuse, écoutant le bruit des vagues, en bas, sur les galets. Je vis s'éloigner, puis disparaître, la fumée du steamer qui emportait les Harvey-Browne. J'observai le soleil rouge s'enfoncer dans l'eau, à l'horizon. Tout devint gris, et lourd de secrets. Au bout d'un long moment, je crus entendre, au loin, le faible sifflement d'un train en partance, et mon cœur bondit de joie. Oh ! splendeur de la liberté et du silence, magie d'être seule une fois encore avec mon âme ! Je respirai longuement, me levai et m'étirai dans le bonheur suprême d'un délassement absolu.

« Vous avez l'air très heureuse », fit une voix peu gracieuse, tout près de moi.

C'était celle d'une Fräulein d'un certain âge, venue en galoches sur le plateau pour communier, elle aussi, avec la nuit et la nature. J'ai dû esquisser un sourire stupide, comme ceux qui n'aiment pas être dérangés dans leur bonheur.

Une réaction soudaine, à la Harvey-Browne, m'incita à la dévisager puis à lui tourner le dos, mais je n'en fis rien. « Savez-vous pourquoi j'ai l'air heureuse ? » me contentai-je de lui demander. Ma voix était comme celle des tourterelles.

« Non, pourquoi ? » Telle fut la réponse, empreinte d'inquiétude et de curiosité.

« Parce que je le suis. »

Et, hochant doucement la tête, je m'éloignai.

De Stubbenkammer à Glowe

Alors que la Raison, après nous avoir sermonnés, nous conseille de renoncer à certains de nos actes, et alors que l'Expérience, avec ses arguments imparables, nous en persuade, pourquoi, convaincus et échaudés, répétons-nous ces mêmes actes chaque fois que l'occasion nous en est offerte ? Dès ma jeunesse, j'ai retenu de la leçon de Salomon que celui qui passe et se mêle d'une affaire qui ne le concerne pas, est comme celui qui attrape un chien par les oreilles. J'ai un parent sage — non pas par le sang, mais tout de même fort sage — qui, lorsqu'il le juge bon, s'adresse à moi en ces termes : « Ne t'en mêle pas. » Et, à présent, il me faut raconter comment, au huitième jour de mon voyage à Rügen, en dépit de la Raison, de l'Expérience, de Salomon et de mon sage parent, j'ai commencé à me mêler de ce qui ne me regardait pas. C'est au cours de cette nuit que le désir m'en vint. Je ne pouvais dormir à cause des moustiques et de l'arrivée incessante, dans le pavillon, de touristes bruyants. Ils débarquèrent en joyeuses bandes jusqu'au petit matin, chantant le Rhin et les frontières de la Patrie, chants glorieux et sanglants, en passant devant ma fenêtre que j'avais fermée en hâte. Entre chaque nouvelle arrivée, j'allais doucement rouvrir cette fenêtre, puis attendais la fournée suivante en écrasant les moustiques. Et ce fut dans ces instants d'insomnie et de tourments multiples que le désir d'aider Charlotte et son mari à se réconcilier me vint à l'esprit. Il faut dire que, depuis quelque temps, je souhaitais comprendre clairement quels sont les fondements de l'égoïsme, mais j'y renonçai vite, car cela ne parvenait qu'à me donner la migraine. Par exemple, il fallait que Charlotte fût terriblement égoïste, pour quitter son foyer et, sans se soucier du désarroi de son mari, vivre la vie qu'elle avait choisie. Mais n'était-il pas, lui aussi, égoïste, en voulant la retenir ? Duquel des deux le bonheur était-il en jeu ? Il ne pouvait penser que ce fût celui de Charlotte. Si, renonçant à son propre égoïsme, elle décidait de rentrer à la maison, elle ne parviendrait qu'à encourager celui de son époux. Plus elle sapait sa propre personnalité et en laissait tomber les vestiges aux pieds de son mari, plus elle encourageait les mauvais penchants de celui qui acceptait un tel sacrifice. Nous avons appris qu'il est de notre devoir de faire en sorte que chacun soit bon et heureux, non pas mauvais et heureux. Charlotte se tromperait donc si, en faisant le bonheur du Professeur, elle le rendait en même temps mauvais. Comme il avait bon caractère, contrairement à elle, il s'attirait toutes les sympathies, y compris la mienne. Et bien sûr, cette masse mouvante de préjugés artificiels, qu'on appelle opinion publique, était de son côté à lui ; mais si l'on aime véritablement une femme, comment peut-on accepter de la voir mener une existence qui la rend malheureuse ? Une telle façon d'aimer ne peut être qu'égoïste ; donc, le Professeur était égoïste. Ils l'étaient tous les deux ; et si l'un l'avait été moins, l'autre l'aurait été davantage. Et si ne pas être égoïste signifie rendre l'autre égoïste, alors il y a quelque chose qui ne tourne pas rond ; et fût-il concevable que toute une famille décide de ne pas se montrer égoïste, et mette vraiment en pratique ce plan terrible, la vie dans cette triste maison deviendrait un *perpétuel combat de générosité**, qui ne mériterait en aucune façon d'être livré. C'est ici que commença ma migraine. « Qu'est-ce que c'est que cette histoire ? » pensai-je, changeant brusquement d'opinion pour ne plus songer qu'à la rassurante simplicité des vieux préjugés. « Rien que d'y penser me donne la migraine. La seule chose qui puisse éviter à une femme d'avoir la migraine, c'est de mener la vie pour laquelle elle est faite. Une vie agréable avec l'esprit tranquille et le corps tout entier préoccupé de charité ; et si, par sa faiblesse, elle rend son mari mauvais, qu'est-ce que cela peut faire, en fin de compte, excepté pour lui ? Charlotte aurait dû être très heureuse avec un vieil homme tel que le Professeur. N'importe quelle femme le serait. Le fait de l'avoir quitté devait être lié à quelque léger malentendu. Je suis sûre qu'il va de son bonheur de revenir vers lui. Elle serait encore plus tendre et rondelette, comme il disait. Ne pourrais-je faire ou dire quelque chose pour qu'elle lui donne une nouvelle chance ? Je le souhaite… Oh ! oui, je voudrais bien y parvenir ! » À présent que je suis de retour chez moi, il arrive au sage parent dont j'ai parlé plus haut de préciser son jugement en ces termes : « De toutes les formes de bons offices, celle qui tente d'intervenir dans les rapports entre un homme et sa femme est, pour le diplomate, la mieux assurée d'échouer. »

Mais où sont ceux qui prennent conseil ? Je n'en ai jusqu'à présent jamais rencontré. Quand le premier rayon de soleil parut à ma fenêtre, il me trouva en robe de chambre écrivant fébrilement à Charlotte. Le ton de cette lettre ! Je pense que j'y ai introduit tout mon vocabulaire, excepté les mots "tendre" et "rondelette". Quelque chose me disait qu'elle ne les aurait pas appréciés. Je glissai ma lettre dans une enveloppe et la mis dans mon nécessaire de toilette, en attendant, ignorante de son sort, qu'elle m'indique son adresse. Puis, pleine de l'ardeur qui réchauffe celui qui fait une bonne action, je me hâtai de revêtir mon costume de bain, une chemisette décente et jetai un manteau sur mes épaules, puis sortis par la porte-fenêtre et descendis la falaise jusqu'à la plage afin de me baigner.

À l'ombre des falaises, l'eau était glaciale, mais une sensation merveilleuse venant de la nuit encore toute proche s'empara aussitôt de moi dans cette vaste et splendide solitude matinale. Ruisselante, je remontai en hâte, chemise et manteau sur mon costume trempé, pieds mouillés dans des chaussures que je ne pourrais plus jamais porter, laissant une trace d'eau salée sur mon passage. Il était juste cinq heures lorsque je parvins à la porte de ma chambre. Une heure plus tard, j'étais séchée et habillée, et me retrouvai dehors pour la seconde fois — entrer et sortir par cette porte-fenêtre exerçait sur moi une singulière fascination. Je partis explorer les bois.

Mais je ne devais jamais explorer les bois de Stubbenkammer. À peine avais-je marché une dizaine de minutes dans les allées de la hêtraie, écoutant le chant des oiseaux et m'arrêtant souvent pour contempler le bleu du ciel entre les branches, que je me retrouvai devant le Hertha See, étang calme et mystérieux, eau noire entourée de roseaux et de majestueux sentiers forestiers, et là, sur la mousse qui borde ce lac aux eaux lugubres, les yeux perdus dans des pensées profondes, était assis le Professeur.

« Ne me dites pas que vous m'avez encore oubliée ! » m'écriai-je, inquiète ; car, comme je m'approchai sur la mousse, il avait détourné les yeux du lac pour me regarder d'un air vague. Que faisait-il là ? Sa tenue était fort négligée et ses chaussures blanches de poussière.

« Bonjour », dit-il gaiement, semblant ne pas me voir, comme si j'étais transparente. « J'étais certain que c'était bien ici, et que Klüver ne se trompait pas dans ses conjectures.

— Mais à quoi bon », demandai-je en m'asseyant près de lui sur la mousse. « À quoi bon me parler ainsi si je ne comprends pas un traître mot de ce que vous dites ? Qui est Klüver ? Et quelles sont ses conjectures ? »

Son regard s'évada soudain de son rêve, il me sourit et me tapota la main.

« Mais c'est la petite cousine ! fit-il d'un air ravi.

— Eh oui ! Puis-je vous demander ce que vous faites ici ?

— Ce que je fais ? Je suis d'accord avec Klüver : c'est sans aucun doute l'endroit.

— Quel endroit ?

— Tacite le décrit si bien que cela ne peut plus faire aucun doute.

— Oh ! Tacite ! » Je crus que Klüver avait quelque chose à voir avec Charlotte. « Où est Charlotte ?

— Imaginez la procession de la déesse Nerthus, ou Hertha, mère de la Terre, traversant ces bocages sacrés pour aller bénir ses enfants. Son char est couvert d'un voile, que le prêtre seul a le droit de toucher. C'est un temps de réjouissances. On célèbre des fêtes dans les lieux que la déesse visite ; les guerres sont suspendues ; on ne porte plus d'armes ; le temps qu'elle bénit ses enfants, nul n'a le droit de tuer son frère. Puis, quand elle a regagné son temple, c'est-à-dire ce lac que tu vois là, son char et ses voiles y sont lavés par des esclaves que le lac engloutit aussitôt. Car ils ont touché ce qui était sacré, et même aujourd'hui où nous sommes bien prudents dans nos adorations et fréquentons rarement les autels, c'est une action dangereuse.

— Cher Professeur, vous êtes très aimable de me parler de la déesse Nerthus, mais j'aimerais bien, avant de continuer, que vous me disiez où est Charlotte. La dernière fois que je vous ai vu, vous filiez en wagonnet derrière elle. L'avez-vous rattrapée ? »

Il me regarda un moment, puis donna à la poche gonflée de son imperméable une tape sonore.

« Petite cousine, fit-il, tu as devant toi un rêveur impénitent, un vieillard impossible, une vénérable tête de linotte. Je ne parviens jamais à me souvenir, sans aide, des événements que j'aimerais ne pas oublier. C'est pour cela que je m'oblige à prendre des notes auxquelles je puisse me référer. Malheureusement, il est rare que je pense à les consulter. Toi, cependant, tu m'en as fait souvenir. Je vais prendre mon carnet. » Et il sortit de sa poche gonflée divers objets qu'il rangea avec soin en minuscules rangs sur la mousse à côté de lui. Mais le fait qu'il ne trouva qu'un seul de ses deux mouchoirs le surprit, et il se demanda longtemps où pouvait bien être l'autre ; la vue de sa paire de chaussettes de rechange lui rappela le besoin urgent qu'elles avaient d'être raccommodées et il abandonna la recherche de son carnet pour me les montrer en se lamentant : « *Nein, nein, was für Socken !* » gémit-il, avec un ultime hochement de tête en les étalant sur la mousse.

« Oui, elles sont bien mal en point, fis-je pour la dixième fois.

— Mal en point ? Elles sont emblématiques.

— Voulez-vous que je les raccommode ? Ou plutôt, ajoutai-je aussitôt, que je les fasse raccommoder ? (Mon aversion pour les aiguilles est au moins aussi grande que celle de Charlotte !)

— Non, non ! À quoi bon ? J'en ai des tiroirs pleins, à Bonn ; des squelettes de ce qui fut des chaussettes, de simples silhouettes avec des trous.

— Et elles sont toutes emblématiques ?

— Toutes, fit-il, mais, cette fois, en me regardant avec un clin d'œil.

— Je ne pense pas, dis-je, que je me laisserais troubler par une histoire de chaussettes. Je préférerais les jeter et en acheter d'autres.

— Voilà la sagesse ! s'écria gaiement le Professeur. Ces mots semblaient sortir de la bouche d'un nourrisson intellectuel. Et, sans plus attendre, il lança les chaussettes dans le Hertha See. Elles y flottèrent, telles d'étranges fleurs de laine jaune, immobiles à la surface des eaux mystiques.

— Et maintenant, le carnet ? demandai-je — car il était retombé dans sa prostration et observait les chaussettes d'un œil abstrait.

— *Ach* oui, le carnet ! »

Assez volumineux, il se trouvait tout au fond de ce qui, par la taille, ressemblait davantage à un sac qu'à une poche. Puis, une fois qu'il eut jeté un coup d'œil sur les notes les plus récentes, il se mit à me raconter, avec une grande volubilité, ce qu'il avait fait durant la nuit. Celle-ci avait été bien plus agitée que la mienne. Charlotte, m'expliqua-t-il, avait quitté Sassnitz par le train de Berlin — il s'était renseigné au guichet. Il était arrivé sur le quai au dernier moment et, en sautant dans celui-ci alors qu'il s'ébranlait, il la vit assise dans un compartiment pour dames. Elle le vit, elle aussi. « Je poussai alors un soupir de satisfaction, allumai ma pipe, et contemplai le ciel du soir derrière la glace, heureux à la pensée de me trouver si près de ma petite femme. Puis, je tombai dans mes abstractions. »

Je hochai la tête. « Ces abstractions, Professeur, sont des puits bien dangereux. Qu'est-il arrivé quand vous en êtes remonté ?

— Je me suis rendu compte que j'avais quitté mon compartiment et me trouvais sur le ferry qui mène à Stralsund. La vieille cité se dressait dans toute sa vénérable majesté…

— Peu importe la vieille cité, très cher Professeur. Regardez donc vos notes : que faisait Charlotte ?

— Charlotte ? Elle était tout à fait sortie de ma mémoire, tellement je jouissais de la contemplation de la voûte étoilée. Mais en me détournant de la vue des tours massives de Stralsund, mes yeux tombèrent sur le mot *Frauen*, à la fenêtre du compartiment pour dames. Je me souvins aussitôt de Charlotte, et m'y précipitai pour lui parler. Le compartiment était vide.

— Elle aussi contemplait sans doute la voûte étoilée depuis le pont du ferry ?

— Non.

— Et plus de bagages dans le compartiment ?

— Pas un.

— Où était-elle passée ?

— Elle avait quitté le train. Et je vais te dire comment. À Bergen, notre seul arrêt, nous avons croisé un train qui repartait pour Sassnitz. Une enquête approfondie, à grand renfort de pourboires, auprès des contrôleurs m'apprit qu'elle avait changé de train. »

« Ce n'est pas malin », pensai-je.

« Non, non ! » fit le Professeur, comme s'il avait deviné mes pensées. « La petite Lotte n'est jamais très adroite quand il le faudrait. À certains moments critiques, quand il faut choisir entre la réalité et l'ombre, j'ai constaté qu'elle choisissait immanquablement l'ombre. Cette existence cocasse qui est la sienne, qu'est-ce d'autre que la poursuite des ombres ? Pourtant... Il s'arrêta net, ne voulant sans doute pas accabler sa femme.

— Où pensez-vous qu'elle soit, en ce moment ?

— Pas très loin d'ici, je pense. Je suis arrivé à Sassnitz à une heure du matin par le ferry-boat de Suède. J'ai appris qu'une dame répondant à sa description était arrivée à onze heures du soir, et avait pris une voiture pour se rendre en ville. J'ai marché jusqu'ici pour te parler, et j'ai attendu l'heure du petit déjeuner pour te chercher, car, étant si près, elle ne manquerait pas de te rejoindre.

— Vous devez être tout à fait exténué.

— Ce que je voudrais, surtout, c'est un petit déjeuner.

— Eh bien ! Allons voir si nous pouvons trouver quelque chose. Gertrud doit être levée, et peut nous donner du café quand nous voudrons.

— Qui est Gertrud ? Une autre chère petite cousine ? Si c'est le cas, conduis-moi tout de suite auprès de Gertrud, je t'en prie ! »

Je me mis à rire et lui expliquai que Gertrud pourrait l'aider à remettre ses affaires dans sa poche. Puis nous regagnâmes l'hôtel, pleins d'espoir, chacun pensant que si Charlotte ne s'y trouvait déjà, elle ne tarderait pas à y venir.

Mais Charlotte n'était pas là, et ne vint pas. Pourtant, nous avons pris tout notre temps pour le petit déjeuner et sommes partis après les autres touristes. « Elle viendra sûrement dans la journée », dit alors le Professeur.

Je lui fis part de ma décision d'aller le jour même à Glowe, petite station située un peu plus au nord, sur la côte. Il décida de prendre ma chambre du pavillon et de passer la nuit à Stubbenkammer. « Elle viendra certainement, répéta-t-il, et je ne veux pas la perdre une seconde fois.

— Vous n'aimerez pas le pavillon », lui fis-je remarquer.

Vers onze heures, n'ayant toujours aucune nouvelle de Charlotte, j'entamai à pied la première étape de mon voyage à Glowe, après avoir demandé à August de me rejoindre avec la victoria à Lohme, où j'avais décidé de m'arrêter pour déjeuner. Je prendrais le sentier qui longe le rivage. Le Professeur, grand marcheur et extraordinairement actif pour son âge, m'accompagna un bout de chemin. Il avait l'intention d'aller à Sassnitz, dans l'après-midi, au cas où Charlotte ne se serait pas manifestée, et de s'y renseigner. Néanmoins, il ferait un bout de chemin avec moi. Nous descendîmes allègrement le même sentier en zigzags que j'avais escaladé, ruisselante, quelques heures plus tôt. Au bord de la ravine commence le chemin qui longe le rivage et mène de Stubbenkammer à Lohme. Il prolonge celui qui vient de Sassnitz, mais il est moins abrupt, et plus proche de la plage. C'est un chemin de craie blanche, au pied des falaises, couvert de mousse, de fleurs sauvages et de fougères. Il y avait quantité de pieds de muguet laissant supposer à quoi il doit ressembler, au mois de mai, et ce jour-là, l'espace où nous marchions entre les troncs des hêtres, tordus en contorsions étranges par les tempêtes d'hiver, était tout plein de campanules sauvages.

Quelle promenade ! La mer, à nos pieds, étendait ses larges bandes bleues et vertes. Les feuillages des hêtres, sur notre gauche, semblaient sculptés dans l'or, tant ils brillaient, immobiles, sur le ciel. Et le Professeur était si gai, dans sa certitude de retrouver bientôt Charlotte, qu'il en dansait presque. Il me parlait comme il l'eût fait à un petit enfant — pas une bribe d'érudition, pas une trace de cette sagesse qui enchantait Brosy. Je parvenais à comprendre ce qu'il disait et je crois que nous étions très joyeux. Si j'avais été Charlotte, rien n'aurait pu me pousser à m'éloigner d'un homme d'un aussi bon naturel et qui savait me faire rire. Quelle qualité, si précieuse et si rare chez un mari ! Imaginez-vous vivre auprès d'un être qui porte sur le monde un regard toujours tendre et amusé ! Imaginez une perpétuelle allégresse printanière installée dans votre maison et vous entretenant de sujets plus charmants les uns que les autres, à longueur de journée, alors que la vie est si pleine de déceptions. Ne serait-ce pas un vent de fraîcheur qui envahirait chacune des pièces ? Bref, il me fallait tout mettre en œuvre pour que Charlotte réintègre son foyer. Comme ce serait délicieux de pouvoir changer la vie du cher vieil homme qui marchait à mon côté ! Il m'accompagnait, tout heureux, inconscient de ce que je manigançais, heureux peut-être par cela même, et plein de confiance en l'idée qu'il allait retrouver et conserver Charlotte. « Où qu'elle aille, j'irai avec elle, dit-il. Ce sont à présent les vacances d'été et je pourrai me consacrer entièrement à elle.

— Alors ne retombez pas dans vos abstractions, cher Professeur, quand l'instant est d'importance ! » et, en moi-même, je préparai l'éloquent plaidoyer que je prononcerai pour émouvoir l'âme de Charlotte quand je la reverrais.

Nous nous séparâmes à la sortie du bois, là où le blanc sentier retrouve la clarté du soleil.

« Prévenez-moi sans faute dès que vous aurez retrouvé Charlotte. Il faut vraiment que je lui parle. C'est très important. Dites-le lui. Et si je ne la vois pas, j'ai préparé une lettre pour elle. N'oubliez pas que je couche à Glowe, ce soir. Je vous télégraphierai demain pour vous dire où je suis. N'oubliez pas ! Voulez-vous être gentil, et le noter dans votre carnet ? »

Il me le promit, me souhaita bon voyage, me baisa la main, et fit demi-tour dans les bois, agitant sa canne et fredonnant de joyeux petits airs. Puis, je m'éloignai vers Lohme, en plein soleil.

Là, je me baignai à nouveau ; délicieuse baignade solitaire, au moment où la gardienne fermait les cabines ; puis, quand elle eut remonté la falaise pour aller déjeuner, je m'assis au soleil sur la plage déserte, et pensai à tout ce que j'allais dire à Charlotte. J'en fus si absorbée que j'en oubliai mon intention de déjeuner à Lohme, et lorsque je m'en souvins, il était déjà l'heure d'aller à la rencontre de la victoria. Peu importait, car le repas de midi est celui qu'on saute le plus facilement, et Lohme n'était vraiment pas la sorte d'endroit où j'aurais aimé déjeuner. La plage au pied de la falaise est calme et agréable, et, de là, on aperçoit, dans la brume, le promontoire d'Arkona, loin sur la gauche, à l'extrême nord de l'île. Lohme est formé d'un petit groupe d'hôtels et de maisons meublées, au sommet d'une petite falaise, assez basse en comparaison de celles de Binz ou de Sassnitz, mais beaucoup plus difficiles à escalader. La gare la plus proche est celle de Sassnitz, et les quelques vapeurs qui accostent à Lohme déposent le touriste qui doit alors prendre un petit bateau, tandis que le steamer s'éloigne, l'abandonnant à son destin, qui ne peut qu'être agréable par les calmes et belles journées. Parvenu sur la terre ferme, il gravit un sentier sinueux, sans ombre, qui doit être délicieux en juin, car les falaises sont couvertes d'une épaisse végétation de buissons d'églantiers et qui, au sommet, émerge entre les maisons meublées de Lohme. La première chose que je vis, et qui me fit m'attarder, fut une rangée de caisses pleines de capucines, le long d'une petite terrasse en face du premier hôtel devant lequel je passai. Ces capucines flambant contre le grand rideau bleu de la mer et du ciel sans aucun arbre ou arbuste pour altérer de leur ombre leur fière splendeur, valaient à elles seules la peine d'être venue ici. Il n'y a pas du tout d'ombre à Lohme, toute entière exposée à la mer au-delà de la forêt de Stubbenkammer, et, par temps couvert, ce doit être lugubre. C'est, je pense, l'endroit idéal pour les personnes paisibles qui ne veulent pas trop dépenser : l'air y est très bon. Malgré la chaleur, c'est l'air le plus tonifiant que j'aie connu durant tout mon voyage.

La victoria attendait non loin de la petite place déserte et ensoleillée, au bord d'une route crayeuse et sinueuse qui mène à Glowe. Quand elle fût assise sur le vieux siège à mon côté et qu'elle reprit son tricot, le visage de Gertrud s'éclaira, en signe de satisfaction. Elle n'avait pu tricoter durant ces jours terribles où sa place avait été usurpée et où elle avait dû nous suivre dans une carriole brinquebalante. Et comme c'était agréable de n'avoir plus tout ce tintamarre derrière soi ! Bon. Il devenait de plus en plus évident que Charlotte devait, en ce moment, se trouver dans sa chambre, auprès de son mari. Cela allait sans aucun doute rétablir la paix. Pourquoi dérangerait-elle encore Gertrud et l'obligerait-elle à la suivre dans une carriole à bagages !

La route serpentait entre les champs de blé pour se transformer peu à peu en piste caillouteuse. La campagne, de part et d'autre, se soulevait en amples ondulations. Il n'y avait aucun arbre, mais tellement de fleurs que les ornières elles-mêmes étaient bleues de chicorées. Sur la droite, au-delà des champs, s'étendait la Baltique. Je pouvais encore apercevoir Arkona, tout là-bas, sur la fine extrémité du monde. À nos pieds, s'allongeait la calme traînée d'argent du Jasmunder Bodden, la plus vaste de ces mers intérieures auxquelles l'île sert seulement de cadre. Une rangée de pins, étroite et noire, se recourbait vers le nord entre les pâles eaux du lac et le bleu violent de la mer. Je fis arrêter la victoria, comme j'aime à le faire dans les endroits solitaires. On n'entendait qu'un vague murmure dans les blés.

Nous roulâmes sur les cailloux, entre des talus herbeux, jusqu'à un minuscule village qui porte le charmant nom de Bobbin, et possède une très vieille église. En passant devant, je la regardai d'un air songeur, perchée sur son monticule. Elle était très ancienne — six cents ans précise le guide — et j'aurais bien voulu y entrer. Mais j'étais sûre qu'elle était fermée et ne voulais pas déranger le pasteur pour lui demander la clef. À ce moment, celui-ci s'avança sur la route ; il paraissait si aimable et doux que je descendis de voiture pour lui demander tout simplement si le guide avait raison en parlant de six siècles. L'église était non seulement très ancienne, dit-il, mais intéressante aussi. Voulais-je la visiter ? « Oh ! s'il vous plaît ! » Voulais-je aller jusqu'au presbytère tandis qu'il irait chercher la clef ? « Oh ! merci. »

Le presbytère de Bobbin est une délicieuse petite maison, avec des fenêtres treillagées et des vignes grimpantes, comme j'en aimerais une pour mes vieux jours. Il se trouvait au milieu d'un jardin si joli, aux petites allées sinueuses,

234

et j'étais plus intéressée de savoir où elles menaient que de voir l'intérieur de l'église. À plusieurs reprises, je fis quelques réflexions, résultat de ma petite promenade, mais le pasteur n'y prit pas garde ; son discours demeura celui d'un homme d'Église. Un brave chien était couché sur l'herbe, entre les arceaux d'un jeu de croquet, un adorable chien, silencieux, qui remua la queue lorsqu'il me vit, ne trouvant aucune raison d'aboyer ou de venir renifler. On n'apercevait personne d'autre. La maison était si calme qu'elle semblait endormie. J'attendis au salon. Le pasteur m'accompagna jusqu'à l'église, tout en parlant d'un ton charmant. Nous descendîmes une petite allée. Il me dit qu'il était fier de son église, surtout en semaine. Le dimanche, il y avait si peu de monde pour assister au service que sa fierté s'éteignait à la vue des bancs vides. Quand nous atteignîmes la porte, une cloche retentit. En réponse à mon air interrogateur, il me dit que c'était la *Gebetglocke*, la cloche appelant à la prière. Elle sonnait trois fois par jour, à huit heures, à midi et à quatre heures, afin que les habitants dispersés dans la campagne, le semeur dans son champ, la ménagère dans sa cuisine, le pêcheur sur le Bodden, ou même, plus loin, sur la mer, puissent l'entendre et être spirituellement unis, en cet instant, dans une commune prière. « Et le font-ils ? » demandai-je. Il haussa les épaules, en signe d'espoir.

C'est une église des plus étranges. La partie la plus ancienne en est la voûte du chœur et on y voit un maître-autel offert par le feld-maréchal suédois Wrangel qui, au XVIIe siècle, vivait non loin de là, dans le château flanqué de tours que j'avais aperçu du sommet d'une colline. Il avait l'habitude de s'asseoir sur son haut siège, à l'écart d'un côté du chœur. Ce siège avait des lucarnes grillagées et d'étranges panneaux peints, avec ses armes sur celui du milieu, et, de part et d'autre, celles du prince Putbus, à qui appartient aujourd'hui le château. Le pasteur m'entraîna dans la galerie supérieure et me montra un tableau représentant la tête de saint Jean-Baptiste, décapitée, avec Hérodias en train de lui arracher la langue. Je trouvai cela bien dégoûtant, et le pasteur me dit alors qu'on avait placé ce tableau dans la galerie, parce que la dame, dont le siège dans le chœur était situé juste au-dessous, était malade chaque dimanche en le voyant. « Les paroissiens assis dans la galerie du haut sont-ils moins sensibles ? » demandai-je. Sotte question, car la galerie était toujours déserte. On voit aussi un autre tableau, le *Souper à Emmaüs*, avec au bas une inscription en latin, tirée des Écritures. Le pasteur la lut à voix haute et ses yeux, jusque-là si doux, se mirent à pétiller d'enthousiasme. Cela semblait très majestueux, très dense, à des oreilles habituées à la lenteur luthérienne pour exprimer la même chose. Je lui fis remarquer combien c'était beau, et, avec un sourire ému, il lut de nouveau l'inscription, puis la traduisit en grec, s'attardant amoureusement sur chaque mot. Assise dans la fraîcheur de la petite galerie poussiéreuse, j'écoutai, regardant par la porte ouverte l'été épandu sur les champs et l'eau miroitante du Bodden. Sa voix faisait dans le silence comme un bourdonnement. Une hirondelle entra et vola deci-delà, inquiète, cherchant par où sortir.

« La chaire peinte est aussi un cadeau de Wrangel, me dit le pasteur en redescendant.

— Il a fait nombre de cadeaux.

— Il fallait bien, pour racheter tous ses péchés, ajouta-t-il en souriant. Il y en avait tellement ! »

Je souris à mon tour. La postérité, sous forme de paroissiens de Bobbin, avait été la bénéficiaire directe des péchés de Wrangel.

« Le bien, voyez-vous, a parfois le mal pour origine, fis-je observer. Il hocha la tête.

— Du moins les chaires peintes », corrigeai-je. Qui pourrait vouloir contredire le bon sens d'un pasteur ?

Je jetai un dernier coup d'œil à l'étrange chaire qu'éclairait un jaune rayon de soleil, et demandai si je pouvais laisser une offrande pour les pauvres de Bobbin ; je donnai quelques pièces, remerciai mon aimable guide, qui m'accompagna jusqu'à la victoria, dans la chaleur qui tremblait au-dessus des tombes. Jusqu'au dernier moment, il se montra doux et charmant, et m'enveloppa de la couverture de toile bise avec la même sollicitude qu'il eût mise à m'en protéger contre une tempête de neige.

Glowe où j'allais, n'est pas très loin de Bobbin. Nous passâmes devant le château flanqué de quatre tours où le méchant Wrangel avait commis tous ces péchés aujourd'hui rachetés par la chaire peinte. Le château, Spyker Schloss, est loué à un fermier, que nous croisâmes, rentrant chez lui à cheval, sans doute pour le café, car il était à présent près de cinq heures. J'aperçus un beau vieux jardin avec des buis en pyramide, beaucoup de fleurs, de larges allées, et un bébé braillard dans un landau sous les arbres, déchirant la quiétude de l'après-midi de ses cris qui nous poursuivirent longtemps après que la grand-route plate nous eut fait faire encore deux kilomètres en direction de Glowe.

Glowe consiste en une poignée de maisons construites entre la grand-route et la mer. Il n'y a, de l'autre côté de la route qu'une vaste plaine verte qui s'étend jusqu'au Bodden. Nous nous arrêtâmes à la première auberge qui se trouva sur notre chemin — c'était quasiment la seule maison —, un petit endroit humble et très laid, dont l'entrée était indiquée par un sévère avertissement, à l'intention des touristes :

« Sag, was Du willst, Kurz und bestimmt,
Lass alle schöne Phrasen fehlen ;
Wer nutzlos unsere Zeit uns nimmt,
Bestiehlt uns — und Du sollst nicht stelhen. »[1]

Je me montrai très lapidaire avec l'aubergiste et laissai tomber la plupart de mes articles, tous mes adjectifs, me contentant de débiter quelques "s'il vous plaît" et "merci" ; dans mon effort pour donner satisfaction, je devins carrément monosyllabique. Ma chambre était fort belle, avec deux fenêtres ouvrant sur la plaine. Des vaches paissaient dans la prairie qui s'étendait jusqu'au Bodden, miroitant sous le soleil. La plaine était clairsemée de larges bandes pâles de trèfle. Sur la gauche, se dressait le Spyker Schloss et, en arrière-plan, le clocher de l'église de Bobbin. À l'horizon, bleue dans le lointain, on apercevait la tour ronde de l'omniprésent Jagdschloss. Je m'accoudai au soleil ; l'air était empli de la fraîcheur des pins que j'avais vus sur la colline, et de celle de la mer invisible. En bas, quelqu'un jouait tristement du violoncelle, des airs exhalant la *Weltschmerz*[2], et, au-dessus, les alouettes sifflaient avec un sens exquis de la dérision.

Je pensai combiner déjeuner, thé et dîner en un même repas, pour en avoir fini pour la journée avec ces questions de nourriture, et toujours respectueuse du *kurz und bestimmt*, je dis à l'aubergiste : « Apportez manger. » Je lui en laissai

---

1.   « Dis ce que tu veux, brièvement et explicitement ;
      Laisse tomber tes beaux discours ;
      Celui qui vole inutilement notre temps
      Nous vole, — et tu ne dois pas nous voler. »
      (N.d.T.)
2. Mal du siècle. (*N.d.T.*)

le choix ; il me présenta tout d'abord des anguilles frites et des asperges, puis des saucisses et des airelles, enfin du café et de la confiture de groseilles à maquereau. C'était étrange et indigeste, mais très propre. Après quoi, je descendis à la plage en traversant un petit jardin situé derrière la maison, touffu et plein de mille-pattes, où les moustiques bourdonnaient autour de silencieux pensionnaires assis comme des statues sous de minuscules tonnelles, et un nuage de mouches vrombissant autour de moi. Sur la plage, les enfants des pêcheurs barbotaient et jouaient dans les bateaux paternels. La mer semblait si claire que j'en vins à penser qu'il serait délicieux d'y prendre de nouveau un bain. J'envoyai un garçon chercher Gertrud, et marchai sur le sable, jusqu'à quelques cabines isolées.

C'était propre et commode, mais plein d'enfants du pays, qui jouaient, entraient et sortaient des cabines obscures, telles des chauve-souris. Nul préposé ; des rangées de serviettes et de maillots pendaient à des crochets, à la disposition des baigneurs. Gertrud apporta les miens et j'entrai dans une cabine. L'eau paraissait terriblement froide et piquante, plus froide que le matin même à Stubbenkammer ; c'était presque insupportable. Mais, après tout, c'était peut-être la faute des anguilles et des airelles ! Les enfants semblaient vivement intéressés ; ils se déshabillèrent aussitôt et me suivirent dans l'eau ; une petite fille n'avait que son tablier. Ils étaient fort gentils, me montrèrent les endroits les moins rocheux, m'encouragèrent en me voyant frissonner et firent un vacarme épouvantable — sans doute pour mon bien, car après chaque explosion de rires ils s'arrêtaient pour me regarder avec une fierté empreinte de pudeur. Lorsque je sortis de l'eau, ils en firent autant et voulurent aider Gertrud à essorer mon maillot de bain. Une fois habillée, je leur distribuai quelques *pfennigs*, et, s'accrochant à moi, ils m'escortèrent comme des gardes du corps jusqu'à l'entrée de l'auberge, où j'eus bien du mal à les persuader de me laisser.

Ce fut une soirée d'une paix profonde. Je m'assis à la fenêtre de ma chambre, corps et âme en parfaite harmonie. Je m'étais tellement baignée et j'avais tellement marché toute la journée que mon corps était incapable de glisser son ombre dans la lumière de mon âme, et demeurait parfaitement tranquille, heureux d'être au repos et de se faire oublier, à l'aise sur une chaise. La lumière de mon âme, faible comme elle l'était depuis Thiessow, brûla, cette nuit-là, d'une flamme ardente. Une fois de plus, je me retrouvais seule et pouvais respirer, penser et me réjouir à l'avance de la sérénité des quelques jours qui s'ouvraient devant moi comme un clair paysage au soleil. Lorsque je serais parvenue au terme de mon voyage, je rentrerais chez moi et aurais tout loisir de réunir Charlotte et le Professeur. Si cela était nécessaire, je pourrais même leur demander de venir et de s'installer auprès de moi, tant était grand mon désir de faire une bonne action. Pourtant, je ne me suis plus souciée d'arranger des mariages après l'avoir fait avec une sorte de frénésie, jusqu'au jour où, quelques mois plus tard, les personnes en question m'en firent les plus amers et les plus violents reproches. Mais contribuer à réunir deux âmes nobles, dont l'une en meurt d'envie et dont l'autre ne sait simplement pas ce qu'elle veut, n'est-ce pas faire œuvre salutaire ? De toute façon, cette idée m'exaltait.

Après que le soleil eut disparu, sur la droite, derrière la ligne noire des pins, la plaine tout entière sembla enveloppée d'un manteau de paix. La route, sous ma fenêtre, était d'un calme absolu, excepté au passage d'un enfant chaussé de galoches de bois. De tous les endroits que j'avais découverts à Rügen, celui-ci était le plus agreste et le plus angélique. J'étais donc assise à ma fenêtre, nonchalamment, à jouir de la douce fraîcheur venue des champs de trèfle, à compter les étoiles dans le ciel pâle, à observer les femmes qui avaient trait les vaches dans les prairies lointaines, et s'en revenaient, dans l'obscurité, avec leurs seaux mousseux. Il devait se faire tard, car la plaine, devant ma fenêtre, formait à présent comme un grand mur noir, lorsque j'entendis un fracas de roues sur la grand-route de Bobbin. Le bruit se rapprocha de plus en plus. « Quelle heure étrange pour s'aventurer sur cette route déserte ! » pensai-je ; et je me demandai comment cette voiture pourrait rouler dans les ténèbres de la pinède. Mais elle s'arrêta net sous ma fenêtre, et, me penchant, j'aperçus, grâce à la fente de lumière venue de la porte d'entrée, un chapeau vert déjà familier et des épaules parfaitement reconnaissables, drapées dans une sorte d'imperméable.

« Quoi ? Mon Dieu ! » m'écriai-je.

Le Professeur leva aussitôt les yeux vers moi : « Lotte a quitté Sassnitz ce matin, par le bateau à vapeur », me cria-t-il en anglais, d'une voix jubilante. « Elle a pris un billet pour Arkona. C'est à Sassnitz que j'ai appris tout ça, et je suis aussitôt reparti. Ce cocher têtu comme une bête à cornes refuse de m'emmener plus loin. J'en appelle à toi pour que tu me prennes dans ta voiture.

— Quoi ! Cette nuit ?

— Cette nuit ? Bien sûr, cette nuit ! Qui sait où elle sera demain ?

— Mais Arkona est à des kilomètres… nous n'y arriverons jamais… ça tuerait les chevaux !

— Tut, tut, tut ! »

241

Ces exclamations, lancées avec une impatience terrible, furent la seule réponse du Professeur. Et un tintement de pièces de monnaie me fit comprendre que la personne désignée comme une bête à cornes désirait être payée.

Je me retournai vers Gertrud. Cette conversation l'avait empêchée de finir de préparer mon lit ; elle me regarda horrifiée. Brusquement, je sentis que je n'avais qu'une seule façon de me tirer de la situation : me jeter toute habillée dans mon lit. Je remontai les couvertures jusqu'à mon menton, et dis à Gertrud : « Descendez, Gertrud ! et dites au Professeur ce que vous voulez ! Dites-lui que je suis au lit, et que rien ne m'en fera sortir. Dites-lui que je l'emmènerai où il voudra, mais demain ! Voilà, dites-lui tout ça ! Dites que je lui donne ma parole, que je promets de l'aider. Allez, et fermez bien la porte à clef. » En effet, je venais d'entendre un grand vacarme dans l'escalier, et qui sait où l'agitation peut conduire un homme, fût-il un sage ! Ensuite, il prétendra qu'il était dans les abstractions !

J'étais définitivement plongée dans les intrigues.

De Glowe à Wiek

L'aubergiste fut surpris, me dit Gertrud, quand il apprit que nous partirions pour Arkona, le lendemain matin, à une heure qui n'appartient qu'aux seuls oiseaux. Après avoir bruyamment manifesté son impatience dans le couloir du rez-de-chaussée, le professeur Nieberlein, avait, devant le maître des lieux, envoyé Gertrud me dire qu'il fallait que la victoria fût devant la porte à quatre heures du matin.

« Il n'y a pas de *porte* à cette heure-là, fit l'aubergiste.

— Tut, tut ! »

L'aubergiste avait alors levé les bras au ciel pour souligner la longueur et le caractère sablonneux de la route.

« Alors, à trois heures ! » cria le Professeur à Gertrud. Ce fut tout ce qu'il trouva à dire.

« Oh ! Oh ! » m'écriai-je, quand elle vint me faire part de cette exigence. Je remontai un peu plus mes couvertures, comme pour y chercher une protection contre les coups du destin.

« Il est bien possible qu'August ne soit pas encore réveillé, suggéra Gertrud en me voyant muette et sidérée à l'idée qu'on puisse aller où que ce soit à trois heures du matin.

— C'est même fort probable, fis-je, en émergeant des couvertures afin de pouvoir mieux exprimer ma conviction. Je pense qu'il dormira jusqu'à six heures, *au moins* jusqu'à six heures. Pas vous, Gertrud ?

— C'est même fort probable », répéta-t-elle, avant de s'en aller transmettre la réponse.

August dormit jusqu'à six heures. Et si bien, qu'à huit heures, le Professeur et moi-même étions toujours à Glowe, prenant notre petit déjeuner à une table dressée devant l'auberge : flétan et confiture de groseilles à maquereau chaude.

Le Professeur était beaucoup plus calme, même tout à fait calme. Il se régala de flétan, disant qu'il était aussi frais qu'un amour qui vient de naître. La journée précédente l'avait exténué, ainsi que la nuit qui l'avait suivie — il n'avait pas fermé l'œil. Lorsqu'il avait compris que ma décision était irrévocable, il avait dû aller se coucher et s'était, lui aussi, réveillé tard. Le matin, dès que je le vis, je lui dis être certaine que Charlotte, sachant que je devais aller à Arkona, m'y attendrait. « Il n'y a donc aucune raison de nous presser ! » ajoutai-je.

« Nous presser ? Sûrement pas ! » dit-il. Une bonne nuit l'avait rendu gai et raisonnable. « Il faut jouir du présent, petite cousine, et de cet admirable flétan. »

Et il se mit à me raconter l'histoire du type qui s'était vanté de la hauteur de ses plafonds devant un homme moins riche que lui… sauf par l'esprit de répartie. Celui-ci, las d'entendre parler hauteur de plafonds, finit par lui déclarer que les pièces de sa maison étaient tellement basses, que la seule chose que l'on pût y manger était du flétan. Je connaissais déjà cette histoire, mais je tins à faire comme si de rien n'était, et je finis par rire de tout mon cœur, uniquement pour voir le Professeur rire et s'essuyer les yeux.

C'était une journée couverte, et de forte chaleur. Le ciel brillait d'une insupportable lumière grise. Il n'y avait pas un souffle de vent et, lorsque nous roulâmes vers Arkona, sur la route droite et blanche entre les pins, des essaims de mouches bourdonnaient autour des chevaux. Une fois de plus, Gertrud était reléguée dans une carriole, mais elle bougonnait moins que la première fois ; elle préférait nettement le Professeur à sa femme, ce qui était contraire aux habitudes, car elle n'était pas censée avoir de préférences, et surtout pas les laisser paraître.

De Glowe, la grand-route, absolument rectiligne, traverse une pinède ; pas le moindre virage, même à Juliusruh, à environ une heure et demie vers le nord. Nous ne vîmes pas une seule maison. La route était parfaitement déserte, et d'une touffeur terrible. Nous ne pouvions voir ni la Baltique ni le Bodden, bien qu'ils fussent l'un et l'autre à quelques mètres au-delà de la pinède. À Juliusruh, endroit plat, sans air, bâti de maisons meublées toutes neuves, nous pûmes apercevoir une mer couleur de boue. Puis, après Juliusruh, la grand-route et la forêt cessèrent brusquement et nous parcourûmes cette campagne découverte et sablonneuse qui avait fait l'aubergiste de Glowe lever les bras au ciel. Nous avancions au pas ; le ciel devint encore plus gris, et il se mit à pleuvoir. C'était la première pluie depuis le début de mon voyage, et ce fut délicieux. Sur notre gauche, les blés mûrs prirent une teinte plus dorée sur le ciel morne ; les fossés ressemblaient à des rayons de lumière, tant y poussaient de fleurs jaunes ; l'air était de plus en plus embaumé grâce à l'humidité et, surtout, la poussière était tombée. Le Professeur ouvrit un parapluie d'une telle taille que, lorsqu'il fut déployé, nous pûmes y être confortablement à l'abri. Il était de si bonne humeur à l'idée d'être sur les traces de Charlotte qu'il me sembla vivre la plus agréable journée de mon voyage à Rügen. Néanmoins, le voyageur qui ne se rendrait pas à Arkona à l'abri du parapluie d'un professeur radieux ne partagerait certainement pas cet avis.

La route rentre brusquement dans les terres à Vitt, minuscule hameau de pêcheurs, caché dans une ravine profonde, où nous arrivâmes soudain. C'est un endroit charmant : quelques huttes de pêcheurs, une minuscule auberge, de nombreux et beaux noyers. En passant au haut de la ravine, nous pûmes voir, à nos pieds, l'unique rue, couverte de galets, menant à la mer qui baigne les rochers. De gros bateaux de pêche noirs étaient halés à sec presque dans la rue. Au milieu de la descente : un parapluie d'artiste, pitoyable, tout seul, abritant de la douce averse un tableau inachevé, que le peintre — je suppose que c'était lui, rien qu'à voir son col — surveillait rêveusement depuis le seuil de l'auberge. Même sous la pluie, Vitt est une station absolument charmante que je ne saurais trop recommander au voyageur ; et, par beau temps, ce doit être l'un des endroits les plus beaux de Rügen. Si j'avais été seule, j'y aurais certainement séjourné, au moins une nuit, bien qu'à première vue l'auberge ne doive offrir que des lits de plume et du beurre rance. Mais j'avais à présent une mission à accomplir, et celui qui se trouve dans ce cas passe le plus souvent à côté des choses les meilleures.

« N'est-ce point un petit paradis ? » m'écriai-je. Le Professeur cita Johnson et Charles Lamb, puis fit remarquer qu'il se sentait plus proche de leurs goûts que de celui des gens qui s'extasient vaguement et avec emphase sur les paysages ou le climat.

« Mais nous ne pouvons tous avoir le goût des grands lettrés, répondis-je froidement, car je n'aimais pas l'expression "s'extasier avec emphase".

— Si tu me comptes parmi les grands lettrés, petite fille, sache que mon âge et mes pauvres études primaires ne m'ont servi qu'à comprendre que le meilleur, dans la vie, c'est d'être assis sous un parapluie en compagnie d'une chère petite cousine. J'ai voulu, hier, faire partager le fruit de mon expérience à l'Anglais longiligne, mais il est toujours engoncé dans ses théories et ne voit même pas tout ce qu'il y a de simple à portée de la main.

— Je ne vois pas très bien la joie que peut apporter un parapluie, fis-je avec obstination. C'est d'une stupidité sans borne comparé à celle que l'on peut tirer d'un endroit comme Vitt par beau temps.

— Tut, tut ! » fit le Professeur. « Ne me parle pas de beau temps. Au fond de toi-même tu n'y crois pas. » Il m'enveloppa dans la couverture afin que je ne sois pas trempée, et me demanda avec sollicitude pourquoi je ne portais pas un manteau imperméable comme le sien, qui était tellement *praktisch*.

De Vitt à Arkona, la route forme un triangle dont le village de Putgarten serait le sommet, et il nous fallut une demi-heure pour parcourir cette distance. Nous arrivâmes à Arkona vers une heure. Il n'y a là qu'un phare, qui abrite une auberge.

« À présent, allons chercher la petite Lotte ! » s'écria le Professeur, en se précipitant sous la pluie vers l'aubergiste qui se tenait sur le pas de sa porte. Pendant ce temps, je révisai en toute hâte les principaux points de mon argumentation.

Mais Charlotte n'était pas là. Elle était venue, nous dit l'aubergiste, l'après-midi précédent ; elle avait débarqué du bateau à vapeur, s'était fait montrer une chambre, mais avait souhaité un meilleur logement que celui qu'il pouvait lui offrir. Après avoir pris du café, elle avait loué une voiture pour se rendre à Wiek.

Le Professeur parut découragé. « Il faut y aller, dit-il. Nous devons y aller tout de suite. Nous finirons bien par découvrir où se trouve Wiek.

— Je sais où ça se trouve : c'est sur la carte.

— Je n'en ai jamais douté !

— Je veux dire que je sais comment y aller. J'y serais allée de toute façon, et Charlotte ne l'ignorait pas. Mais pas tout de suite, Professeur ! Les chevaux n'y arriveront jamais ! Il doit bien y avoir vingt kilomètres, et du sable tout du long. »

Il me fallut quelque temps, et bien des arguments, pour le convaincre que rien ne me ferait quitter Arkona avant que les chevaux n'aient été nourris et pris du repos. « Nous allons rester ici quelques heures seulement, fis-je pour le consoler, et, de toute façon, nous irons à Wiek aujourd'hui même.

— Mais qui nous dit qu'elle y passera deux nuits ? s'écria le Professeur, en trépignant dans la boue.

— Nous verrons bien quand nous y serons, et il ne sert à rien de s'en tracasser. Mais je suis sûre qu'elle attendra mon arrivée. Mettons-nous à l'abri de la pluie.

— Je vais louer une voiture, reprit-il avec une détermination absolue.

— Quoi ? Vous partiriez sans moi ?

— Je te dis que je vais louer une voiture. Il n'y a pas de temps à perdre. »

Il courut vers l'aubergiste qui, du seuil, nous observait d'un air critique. Je pense que le refus de Charlotte de louer une chambre chez lui ne l'avait pas très bien disposé envers nous, et peut-être considéra-t-il les trépignements incessants du Professeur trop bizarres pour être convenables. « Pas de voiture, dit-il. Aucune. »

Le Professeur, découragé, ne décolérait pas, mais fut bien obligé de prendre son mal en patience.

Durant ces pourparlers, j'étais restée assise toute seule sous le parapluie que l'averse monotone inondait ; elle coulait sur le couvercle verni de mon carton à chapeaux, et tombait dans le cou imperturbable d'August. À quelques pas, Gertrud était assise sur le sac de voyage, à moitié cachée par le nuage de vapeur qui s'exhalait de la croupe du cheval de la carriole. J'entendais la mer, en bas, rouler paresseusement sur les galets et, par-dessus la falaise, j'apercevais la côte orientale, avec, pour la première fois, au-delà de la courbe de l'île, l'horizon du nord. C'était plat, brun et comme huileux. Jamais vu mer aussi lugubre et endroit aussi mélancolique. Je me levai et entrai dans l'auberge, tout à fait déprimée.

L'aubergiste nous conduisit dans une pièce située à l'arrière, celle donnant sur la façade étant réservée aux pêcheurs assoiffés. Lorsqu'il ouvrit la porte, des nuages de fumée et une vive clameur nous assaillirent. La pièce était bondée de ce qui ressemblait à une foule en excursion ; une trentaine de personnes — hommes et femmes — étaient assis à de petites tables étroites, mangeant, bavardant, chantant et fumant tout à la fois. Trois jeunes femmes, particulièrement bariolées, habillées des plus légères robes d'été, mousseline et plumes trempées de pluie, jolies filles aux cheveux curieusement arrangés, fumaient des cigarettes.

Dans un coin, près de la porte, solitaire et modeste, était assise une autre belle jeune femme, vêtue de noir, avec un minuscule bonnet très élégant et un gros nœud alsacien à l'arrière d'une chevelure bouclée fort compliquée. Elle ne quittait pas des yeux, discrètement, son *Wienerschnitzel* qu'elle dégustait avec une affectation singulière ; et tous ces jeunes gens qui ne parvenaient pas à se rapprocher des jolies femmes en mousseline s'efforçaient d'attirer l'attention de cette jeune femme solitaire.

« Nous ne pouvons rester ici, dis-je au Professeur, c'est trop sinistre.

— Sinistre ? C'est l'humanité, petite cousine. L'humanité sous son meilleur jour… en d'autres mots, l'humanité à table. »

Il retira son manteau, puis son chapeau, avec une gaieté dont je ne pus que m'émerveiller, moi qui l'avais vu trépigner dans les flaques, au comble de l'agitation.

« Mais il n'y a pas de place.

— Ce n'est pas ce qui manque. Nous allons nous asseoir dans ce coin, près de la jeune dame en noir.

— Soit. Allez-y. Moi, je vais sortir sous le porche pour prendre un peu l'air.

— Je n'ai jamais rencontré quelqu'un qui a autant besoin de prendre l'air. L'air ! Tu ne t'es pas suffisamment aérée, toute la matinée ? »

Je me faufilai à travers la fumée jusqu'à une porte ouverte à l'autre bout de la pièce, qui conduisait à un petit endroit couvert, accessible en traversant un jardin. Je passai la tête, afin de respirer la douceur bienfaisante. Le jardin se trouvait sur le côté ouest du phare, au sommet d'un terrain descendant à pic vers les champs de blé qui s'étendent entre Arkona et Putgarten. C'était un endroit charmant, plein de lys — aujourd'hui en fleurs — et de peupliers, le plus musical des arbres. Des marches abruptes, taillées dans le flanc de la colline, menaient à un sentier descendant à Putgarten à travers les seigles. Au sommet de l'escalier, aussi raides et immobiles que les peupliers, se tenaient deux personnes qui, sous leur parapluie, contemplaient en silence le panorama. Oh ! ces dos... indubitablement anglais ! Et, plus indubitablement encore, le dos des Harvey-Browne ! En me tordant le cou, je passai la tête sous le porche et, instinctivement, eus envie de fuir. Dans un coin de la pièce, le Professeur était assis et je pus l'entendre converser plaisamment avec la jeune femme au nœud alsacien. Je ne voulus pas l'interrompre, car c'était manifestement la bonne des Harvey-Browne. Mais je me demandai néanmoins si l'évêque avait pu s'affliger aussi de la bizarrerie avec laquelle elle arrangeait ses cheveux. Hésitant sur le lieu où aller, certaine de finir par me faire harponner, je jetai un coup d'œil fasciné aux deux personnages en mackintosh dont la silhouette se profilait sur le ciel bas. Et, comme il arrive souvent, les deux personnages, se sentant observés, se retournèrent.

« Chère Frau X., vous ici ? Quand êtes-vous arrivée dans cet affreux endroit ? » s'écria Mrs. Harvey-Browne, se précipitant vers moi sous la pluie, la main tendue et le visage empreint d'une expression de bienvenue et de commisération. « C'est trop charmant... de vous retrouver. Mais ici ! Imaginez ! Nous avons cru que c'était un endroit où séjourner, nous avons définitivement quitté notre confortable Binz et avons apporté nos bagages. Mais il est impossible de rester ici. Nous avons examiné ce que nous pourrions faire et nous sommes sentis vraiment désespérés. Brosy, n'est-ce pas une charmante surprise ? »

Brosy sourit, puis dit que c'était en effet une charmante surprise et souhaita qu'il cessât de pleuvoir. Il pensa que je poursuivais mon voyage.

« En effet. » Des milliers de pensées me trottèrent dans la tête.

« Avez-vous revu les Nieberlein ? demanda Mrs Harvey-Browne, fermant son parapluie et s'apprêtant à entrer sous le porche.

— Comme vous le savez, ma cousine vient de partir ce soir.

— Oui, je ne pouvais m'empêcher de m'interroger… » Mais elle fut interrompue par son fils qui voulait savoir où j'allais passer la nuit.

« À Wiek, je pense.

— N'est-ce pas une petite station sur le… » commença Brosy. Mais il fut interrompu par sa mère, qui me demanda si le Professeur avait suivi sa femme.

« Oui, fis-je.

— J'avoue que j'ai été surprise… » reprit Mrs Harvey-Browne. Mais elle fut interrompue par son fils, qui me demanda si je pensais qu'il y eût à Lhome un hôtel où dormir.

« Je crois, d'après ce que j'ai pu en voir en passant.

— Parce que… » commença Brosy. Mais il fut interrompu par sa mère qui me demanda si j'avais eu des nouvelles du Professeur, depuis son départ.

« Oui, fis-je.

— Je suppose qu'ils vont rentrer ensemble à Bonn ?

— Bientôt, j'espère.

— Vous voulez dire qu'il est parti pour Berlin ? Il y est, à présent ?

— Non.

— L'avez-vous revu ?

— Oui, il est revenu à Stubbenkammer.

— Vraiment ? Avec sa femme ?

— Non, Charlotte n'était pas avec lui.

— Vraiment ? »

Il n'y eut jamais de "vraiment ?" plus lourd de sens.

« Ma cousine a modifié ses plans à propos de Berlin », fis-je en hâte, troublée par ce "vraiment". « Elle est revenue. Mais elle n'a pas voulu aller à Stubbenkammer. Elle m'attend… elle nous attend… à Wiek. Elle… elle m'y attend.

— Oh ! vraiment ? Et le Professeur ?

— Le Professeur va, lui aussi, à Wiek, évidemment. »

Mrs Harvey-Browne me regarda, comme si elle s'efforçait de rassembler ses idées. « Pardonnez-moi, dit-elle, de paraître stupide, mais je ne comprends pas très bien où se trouve le Professeur. Il était à Stubbenkammer, et il sera à Wiek. Mais… où est-il actuellement ?

— Ici, dis-je en montrant de la tête la salle de restaurant, et en souhaitant de tout mon cœur qu'il n'y fût pas.

— Ici ! s'écria la femme de l'évêque. Brosy, vous avez entendu ? C'est merveilleux ! Allons tout de suite le voir. » Et elle s'y précipita, suivie de Brosy et de moi-même. « Passez devant, chère Frau X. » En disant ces mots, elle se tourna vers moi, découragée par les nuages de fumée. Le passage fut vite dégagé. En effet, ayant fini de déjeuner, les touristes avaient rapproché leurs chaises pour pouvoir bavarder plus à l'aise ; la pièce était noyée dans la fumée. « Vous savez où il est ? Je ne puis vous dire combien je suis ravie, vraiment heureuse. On dirait qu'il est avec une amie anglaise », ajouta-t-elle. Les joyeux convives avaient cessé leur vacarme pour nous regarder, et on entendait la voix du Professeur demander avec animation, en anglais, à quelqu'un d'invisible — à moins que ce ne soit à plusieurs personnes — quelle était la différence entre un canari et un piano à queue.

« Toujours génial ! » murmura Mrs Harvey-Browne, au comble de l'extase.

Il y eut un grand encombrement ; un groupe de gens bloquait le passage au milieu de la pièce et dut s'écarter afin que nous puissions entrer. Quand ils eurent fini de déplacer leurs chaises et cessé de grommeler, nous pûmes suivre plus avant la conversation du Professeur. Il disait : « Je ne puis en ce cas, ma chère jeune dame, vous conseiller avec suffisamment de sérieux d'avoir un maximum de prudence lorsque vous achetez un piano à queue…

— Je n'ai nullement l'intention de faire une chose pareille », fit une voix féminine stridente. En l'entendant, Mrs Harvey-Browne poussa un cri.

« Tut, tut ! Supposons. Supposons que vous vouliez acheter un piano à queue, et que vous ignorez, comme vous l'avez dit, la différence entre…

— Je ne désire pas… Je serais parfaitement stupide de…

— Soit. Mais supposons que vous désiriez…

— À quoi cela sert-il de supposer des choses aussi idiotes ? Vous êtes très drôle… vous êtes un vieux monsieur très drôle.

— Andrews ? » fit Mrs Harvey-Browne, en s'approchant de ces deux personnages plongés dans leur conversation, d'une voix traînante, qui dénota aussitôt quelque surprise.

Andrews, dont le visage était agité de petits rires nerveux, se leva et se figea sous nos yeux dans l'attitude de passivité muette d'une servante bien stylée. Le Professeur eut à peine le temps de s'incliner et de baiser la main de Mrs Harvey-Browne avant de manifester son plaisir à l'idée que cette jeune et charmante personne fît partie de sa suite. « Votre fille, Madame, je n'en doute pas ?

— Ma servante, dit Mrs Harvey-Browne d'un ton aigre. Andrews, allez voir les… voulez-vous ? C'est une fille en effet fort charmante, ajouta-t-elle, désireuse d'approuver tout ce que le Professeur pouvait bien dire ou faire.

— Charmante ? Elle est si jolie, Madame, que j'ai pensé, Madame, qu'elle ne pouvait qu'être votre fille ! »

Cette élémentaire application de pommade eut le don de radoucir aussitôt Mrs Harvey-Browne, qui se mit à sourire, d'un air embarrassé, eu égard à son âge et à son dédain naturel des compliments et des vanités de ce monde. Oubliant son mépris des foules germaniques et de leur fumée, elle prit la chaise qu'Andrews venait de libérer, demanda au Professeur de se rasseoir et se lança dans un exubérant monologue qui débuta par une invitation, si chaleureuse qu'elle en fut provocante, de venir leur rendre visite dans les splendeurs épiscopales de Babbacombe, avant la fin de l'été. C'est tout ce que je pus entendre, avant de rejoindre le calme de la pièce située sur la façade. Brosy me suivit. Voir le Professeur se laisser embobiner par les amabilités de sa mère lui était manifestement désagréable.

La pièce de devant nous parut vaste et tranquille. Au comptoir, quelques pêcheurs buvaient de la bière ; dans un coin, Andrews et Gertrud essayaient vainement de faire connaissance par-dessus les sacs de voyage. La fenêtre et la porte étaient ouvertes, et la pluie entrait, droite et imperturbable, emplissant les lieux d'un doux murmure mouillé. Mon sentiment premier, que le Professeur était un être délicieux auprès de qui on souhaiterait vivre, s'atténua quelque peu et un léger doute envahit mon esprit. Il avait parfois un certain comportement qui, me sembla-t-il soudain, était susceptible d'exaspérer une épouse. Il paraissait aimer Charlotte, et s'était montré affectueux avec moi — à vrai dire, je n'avais jamais été autant tapotée en un aussi bref laps de temps. Mais dès l'instant où il avait vu le nœud alsacien, il avait oublié ma présence et jusqu'à mon existence, oublié son obsession à retrouver sa femme, et s'était accroché à lui avec une ardeur à laquelle on ne se serait guère attendu. J'eus la vague conviction que, plus vite je le rendrais à Charlotte et plus vite je pourrais poursuivre seule mon voyage, mieux ce serait. Il était bien certain que Charlotte *devait* lui revenir et s'occuper de lui. Pourquoi serais-je forcée de visiter Rügen avec une cohorte de Nieberlein ?

« Les voies du destin sont vraiment étranges, me dis-je à mi-voix, en allant jusqu'à la porte pour me laisser baigner par l'humidité.

— Parce qu'elles vous ont conduite à Arkona, par un jour de pluie ? me demanda Brosy.

— Oui, et aussi pour quantité d'autres raisons. »

Je m'assis à une table, sur laquelle se trouvait un gros registre dont les pages portaient d'innombrables traces de doigts, et que je me mis à feuilleter avec impatience.

Mais je n'avais pas encore atteint les limites de ce que le Destin peut réserver à une femme inoffensive qui ne demande qu'à rester dans l'ombre. Car tandis que Brosy et moi feuilletions le livre des voyageurs de l'année 1843, conservé par le père ou le grand-père de l'aubergiste, je ne sais, et qui est certainement ce qu'Arkona possède de mieux — aussi conseillerai-je au voyageur, dont le bien-être, quelquefois, me préoccupe, de ne pas quitter Arkona sans l'avoir feuilleté —, tandis, disais-je, que nous feuilletions ce registre, y admirant quelques croquis, riant aux éclats devant les inévitables inepties dont ceux qui inscrivent leur nom se croient forcés d'accompagner leur signature, examinant respectueusement celles des hommes célèbres venus ici avant de l'être — Bismarck, alors assesseur en 1843, Caprivi et Waldersee, alors lieutenants, et quelques autres —, tandis, je le répète, que nous feuilletions innocemment ce registre, le Destin retroussait ses manches pour me frapper plus durement que jamais.

Plus tard, de retour chez moi, assise et racontant mes aventures, en quête de quelque sympathie, le parent sage, auquel j'ai déjà fait allusion, devait m'interrompre pour me dire : « Ce n'était pas le Destin, mais la première conséquence d'avoir voulu vous mêler... Si vous n'aviez pas... »

Bon, bon ! Ce qu'il y a d'agréable, avec nos proches, c'est que, quoiqu'il leur plaise de dire, nous nous en fichons et n'avons aucun besoin de les croire. Car c'est bel et bien le Destin, et rien d'autre, qui m'avait poursuivie de sa malveillance tout autour de Rügen et m'avait remis, une fois de plus, à Arkona, face à face avec Mrs Harvey-Browne. Tandis que nous étions penchés sur le registre, elle fit son entrée, suivie du Professeur qui marchait comme dans un rêve, le regard absent, et me demanda sans embarras si je voulais bien qu'elle partageât, jusqu'à Wiek, ma voiture.

« Voyez-vous, chère Frau X., je dois également m'y rendre.

— Mais pourquoi ? demandai-je, prise aux griffes du Destin.

— Pourquoi pas ? Il nous faut bien aller quelque part, et le plus naturel ne serait-il pas d'unir nos forces ? Vous voulez bien, n'est-ce pas, Brosy ? Le Professeur pense que c'est une excellente idée et il a l'amabilité de bien vouloir me laisser son siège, si vous voulez bien que je vous accompagne, n'est-ce pas, Professeur ? Mais je ne demande qu'à occuper le petit siège, car, pour rien au monde, je ne voudrais occasionner le moindre dérangement. Mais je crains que le Professeur ne me le permette... »

Elle s'interrompit et d'un air espiègle regarda le Professeur, qui murmura distraitement : « Certainement, certainement... » — ce qui pouvait tout aussi bien ne rien vouloir dire.

« Chère mère... fit Brosy sur un ton de vif reproche.

— Oh ! je suis sûre que c'est ce que nous avons de mieux à faire. J'ai demandé à l'aubergiste s'il était possible de louer une voiture, et il n'y en a pas. Mais on m'a dit que Wiek n'est pas très loin. Cela ne vous ennuie pas, chère Frau X. ?

— M'ennuyer ! m'écriai-je en me contorsionnant pour sourire. M'ennuyer ? Mais... comment votre fils... je ne vois pas... et votre suivante ?

— Oh ! Brosy a son vélo, et si vous voulez bien qu'on mette les bagages dans la carriole, Andrews pourra s'asseoir à côté de Gertrud. Bien sûr, nous partagerons les dépenses, en sorte que ce sera avantageux pour chacun. »

Mrs Harvey-Browne étant l'une de ces personnes qui savent parfaitement ce qu'elles veulent, elle faisait ce qu'elle voulait de créatures aussi indécises que moi. Comme elle faisait aussi avec Brosy, qui ne pouvait, en public, lui exprimer des remontrances. D'ailleurs, il se tut. Et même avec le Professeur qui affirma, plutôt que de gêner ces dames, préférer prendre place dans la carriole à bagages. Comme nous nous apprêtions à partir, il grimpa d'un pas alerte sur une petite malle voisine de celle sur laquelle Andrews était assise, puis il hésita, descendit, entra dans la victoria, et s'affaissa sur le petit siège, conformément au vœu inavoué de Mrs Harvey-Browne.

Jamais on ne vit célébrité malheureuse assise plus pitoyablement que le pauvre Professeur. Il pleuvait si fort que nous fûmes obligés de tirer la capote, dont le bord se trouva à trois centimètres de son nez et l'eût même égratigné s'il ne s'était pas tenu raide tout au fond de son siège. Dans ces conditions, il lui était impossible d'ouvrir son parapluie alors que toute l'eau de la capote dégoulinait dans son cou ; il en fut réduit à déclarer héroïquement qu'il était parfaitement bien installé. Il n'était pas supportable d'être assis à l'abri sous la capote et de voir, dehors, le Professeur se faire tremper. Il m'était impossible de laisser un vieil homme de soixante-dix ans, et, qui plus est, un vieil homme de renommée européenne, mourir sous mes yeux. Ou bien, il venait près de nous, en lapin, ou bien l'une de nous devait descendre et aller à pied ; et, comme la solution du lapin ne me convenait guère, il était clair que, si quelqu'un devait descendre et aller à pied, c'était moi.

En un instant, la victoria stoppa, des protestations fusèrent, je descendis, le Professeur prit ma place, la femme de l'évêque fit la sourde oreille lorsqu'il déclara qu'il pourrait aussi bien aller dans la carriole à bagages, où il pourrait protéger de son parapluie les deux pauvres servantes trempées. La capote devint une volière d'argumentations, de propositions, de remontrances et d'excuses. « Avancez, August ! » fis-je, en sautant dans le sable.

Nous avions déjà dépassé Putgarten, après avoir parcouru une campagne sans intérêt, de sable profond, sans arbres, avec des champs de blé sans haies. Je n'avais pas de parapluie, seulement un capuchon avec une visière que je rabattis sur mon front car j'avais lancé mon chapeau à Gertrud, quand je l'avais vue ployer sous le poids de cet assaut de politesses. Voyant August hésiter, je lui criai « Avancez ! avancez ! », en agitant la main. Puis je m'arrêtai pour attendre Brosy, demeuré en arrière et qui peinait dans le sable avec son vélo, songeant sans doute à l'immense difficulté qu'on a avec des mères qui commettent des actions qu'on réprouve. Lorsqu'il se rendit compte que j'étais cette silhouette solitaire au capuchon à visière se dessinant sur la grisaille, il accéléra et je vis son visage profondément désolé. Mais je n'éprouvais pas la moindre difficulté à paraître heureuse et l'assurai que j'aimais marcher ; en fait, j'étais ravie de ne plus me trouver en compagnie de la femme de l'évêque et de pouvoir prendre mes aises. Quitte à être trempée, il y a un certain charme à l'être jusqu'aux os en marchant sous une pluie chaude.

D'un commun accord, et après quelques réflexions concernant la situation, nous cheminâmes de concert, tranquillement, jusqu'à Wiek. Nous prîmes bien soin, dans la mesure du possible, de ne pas perdre l'attelage de vue, et bavardâmes de tout ce qui pouvait l'intéresser, c'est-à-dire de sujets qui étaient, pour moi, d'une profonde obscurité. Il pensait sans doute plus sage de se cantonner à des généralités, de peur d'entraîner la conversation vers un niveau terre à terre, qui envelopperait sûrement les Nieberlein. Il paraissait fort anxieux de savoir pourquoi Charlotte s'était rendue à Wiek de son côté, tandis que son mari et moi roulions ensemble. Il planait prudemment dans les domaines de la raison pure et, silencieuse et pleine de respect, je l'observai discrètement. Toutefois, je ne pus m'empêcher de comparer la vague exaltation de ses propos à la clarté précise de tout ce que le vieux et sage Professeur disait.

Wiek révéla se trouver à moins de dix kilomètres d'Arkona, mais le chemin fut pénible. Le vélo, mes vêtements dégoulinants, le haut niveau de notre conversation et la lenteur avec laquelle nous avancions me refroidissaient l'âme à chaque pas, car je me demandais quelles complications la présence des Harvey-Browne allait entraîner dans la tâche délicate de persuader Charlotte de revenir à son mari.

Brosy comprenait fort bien qu'il y avait, dans les relations des Nieberlein, quelque chose d'anormal et se sentait mal à l'aise à l'idée d'assister à une réunion de famille. Lorsque nous aperçûmes les toits rouges et les peupliers de Wiek, il sombra dans la méditation, et nous parcourûmes l'ultime kilomètre dans un silence absolu, les pieds dans des chaussures alourdies par le sable. Victoria et carriole avaient depuis longtemps disparu, tant le Professeur était pressé de retrouver Charlotte et d'abandonner Mrs Harvey-Browne. Nous approchions des premières maisons quand nous vîmes August venir à notre recherche, à toute vitesse ; Gertrud, sous la capote, montrait un visage inquiet. Nous étions à quelques pas seulement de l'endroit découvert, au milieu du village, où se dressent les deux auberges. Brosy remonta sur son vélo, tandis que je roulai à côté de Gertrud, emmitouflée dans toutes les couvertures qu'elle avait pu rassembler.

Il existe, à Wiek, deux auberges, dont l'une est mieux que l'autre. Le Professeur se rendit dans chacune d'elles afin de s'enquérir de sa femme. Je le vis sortir à grands pas de la meilleure des deux, et à la façon dont il avait mis son manteau, comme à la position de son chapeau sur son crâne, je compris que Charlotte ne s'y trouvait pas.

« Partie ! partie ! » s'écria-t-il, avant même que la victoria ne fut arrêtée. « Partie aujourd'hui même, ce matin, à huit heures, alors que nous mangions notre maudit flétan ! Cela suffit pour rendre fou un pauvre mari ! Après des mois de patience ! La rater, partout, à quelques heures près ! Je t'ai dit, je t'ai suppliée, de m'accompagner hier soir… »

Brosy n'avait plus qu'une idée : se soustraire aux drames des Nieberlein. Il se retira, de toute la vitesse de son vélo. Mrs Harvey-Browne, guettant mon arrivée d'une fenêtre à l'étage, agita doucement la main avec une cordialité tout à fait déplacée quelle que fût sa bonne intention. L'aubergiste et sa femme transportèrent à l'intérieur ces couvertures qui ne m'avaient plus été d'aucune utilité lorsque j'avais quitté la victoria, et ils n'eurent pas le moindre regard pour mon capuchon à visière et mes vêtements pitoyables.

« Où est-elle allée ? » demandai-je dès que le Professeur put se calmer et m'écouter. « Nous irons dès l'aube à sa recherche… ce soir-même, si vous voulez !

— À sa recherche ? Hier soir, alors qu'il était encore temps, tu n'as pas voulu ! À présent, il faut y aller à la nage ! Elle est partie pour une île… une île, je te dis, dont je n'ai jamais encore entendu parler… une île qu'on ne peut atteindre sans l'aide du vent, beaucoup de vent… et tu as maintenant devant toi un homme au cœur brisé. »

De Wiek à Hiddensee

L'île sur laquelle Charlotte avait trouvé refuge se nommait Hiddensee, étroite bande de sable sur la côte occidentale de Rügen. Pourtant si prolixe dans ses descriptions, le guide la mentionne seulement comme un endroit où les touristes de Rügen peuvent se rendre en excursion, et fournit une timide information selon laquelle le seul plaisir y est l'observation des mœurs des oiseaux de mer.

Ainsi donc, Charlotte était venue parmi ces oiseaux de mer, comme elle me l'avait écrit dans une lettre confiée à l'aubergiste à mon intention. Elle m'y expliquait que, durant sa nuit passée à Wiek, elle avait été prise de panique à l'idée que les Harvey-Browne pussent, avant moi, l'y rejoindre. « Je n'imagine pas le moins du monde que ce soit leur intention, mais sait-on jamais ? » concluait-elle.

« Sait-on jamais ? » Oui. À ce moment précis, Mrs Harvey-Browne se trouvait dans la chambre même où Charlotte avait été prise de panique ; et je restai allongée, élaborant un merveilleux plan qui, d'un coup, réunirait celle-ci et son mari, et me permettrait, de surcroît, d'être débarrassée d'eux.

Ce plan me vint à l'esprit durant la soirée, tristement assise à écouter les jérémiades du Professeur. Il me semblait avoir exigé des chevaux tout leur possible, à seule fin de l'aider, et ce n'était certainement pas de ma faute si Charlotte ne restait jamais assez longtemps quelque part pour que nous puissions l'y rejoindre. Mes intentions étaient si bonnes ! J'aurais, de beaucoup, préféré rouler seule et m'arrêter quand l'envie m'en prenait — à Vitt, par exemple, sous les noyers. Et j'y avais renoncé afin de pouvoir réunir un homme et sa femme ! N'y avait-il pas là, du moins, quelque magnanimité ?

Lorsque, de retour à la maison, j'en fus arrivée à ce stade de mon récit, mon parent fort sage répondit en ces termes à ma question :

« Votre extrême naïveté me surprend. En aucun cas, les entremetteurs ne sont remerciés.

— Entremetteur ? Je n'ai jamais joué ce rôle. J'ai apporté mon aide, voulez-vous dire. Apparemment, vous traiteriez d'entremetteurs tous ceux qui nous apportent leur aide.

— *Armes Kind*[1], poursuis ton récit. »

Soit. Le Professeur, qui avait beaucoup souffert sous la capote de la victoria, entre Arkona et Wiek, et était encore plus irrité que sa sérénité et sa sagesse n'auraient dû le lui permettre, me répéta pour la dixième fois que si nous avions quitté Glowe dès qu'il m'en avait prié, nous aurions non seulement échappé aux Harvey-Browne, mais aussi, à l'heure qu'il est, rattrapé sa Charlotte, car elle n'avait pas quitté Wiek pour Hiddensee avant huit heures, ce samedi matin. Je succombais sous ses reproches lorsque, dans une inspiration soudaine, le plan magnifique jaillit dans mon

1. Pauvre enfant. (*N.d.T.*)

cerveau découragé avec une telle précision que je levai les yeux sur le Professeur et me mis à lui rire au nez.

« Mais dis-moi donc, fit-il en cessant de tourner en rond, ce qui, dans ma situation, peut bien te faire rire.

— Rien, à vrai dire. Ce sont les splendeurs de votre situation future qui me font rire.

— Il n'y a certainement pas de quoi. Et je refuse d'en discuter avec une femme. Ce n'est ni le lieu ni le moment. Je te renvoie… — il se cacha la tête dans les bras comme pour ne plus me voir — je te renvoie à ton pasteur.

— Très cher Professeur, ne soyez pas aussi maussade. La situation future à laquelle je pensais ne sera pas éclaircie avant demain. L'intelligence d'une femme est parfois capable d'une malice dont vous autres, grands artistes, êtes incapables. Tout ça parce que vous êtes toujours à la recherche d'une certaine forme de sagesse. Mais il n'est pas inutile de posséder un brin de malice lorsqu'il s'agit d'établir de tout petits plans. Et je peux vous dire solennellement que je ne pense qu'à ça. »

Il cessa de tourner en rond. Le brave aubergiste et son unique servante disposaient la table pour le dîner. Mrs Harvey-Browne était montée dans sa chambre pour passer l'une de ces robes du soir qui étonnaient tellement les malheureux touristes de Rügen. Depuis notre arrivée, nous n'avions pas vu Brosy.

« Que vous pensiez à quoi que ce soit ne peut que me faire sourire, je le crains, dit le Professeur, dont la charmante vieille figure commençait de s'adoucir.

— Pas moi. Je ne peux vous offrir que mon habileté, qui est toute à votre disposition. Mais il ne faut pas être aussi renfrogné. Quoi, ne suis-je pas votre chère petite cousine ?

— Quand tu es gentille, oui.

— Qu'il est agréable de tapoter ?

— Oui, oui, c'est agréable, même si ce n'est pas raisonnable...

— Et auprès de qui c'est une joie que d'être assis sous un parapluie ?

— Certainement, certainement, mais tu as été tellement entêtée...

— Bien. Venez vous asseoir, et soyons heureux. Nous sommes très bien ici, non ? Ne pensons plus à cette horrible journée, humide et décevante. Et, pour demain, j'ai mon plan. »

Le Professeur, calmé, vint s'asseoir près de moi sur le divan. L'aubergiste, preste et silencieux, mettait une dernière touche — roses, fruits et bougies — à la table du dîner. Autrefois maître d'hôtel de grande maison, il était d'une dignité et d'une solennité parfaites. Nous nous trouvions dans une vieille pièce très étrange ayant servi de salle de bal pour la petite noblesse qui y affluait, de ses lointains manoirs, pour danser au long des nuits d'hiver. Il y avait une galerie pour les violoneux ; les bancs et les chaises, rangés le long des murs, étaient recouverts d'une étoffe fanée, rouge, qui lui donnait un air de fête. Au milieu de la salle, notre hôte avait installé notre table, et l'avait arrangée avec un goût que je n'avais pas encore rencontré depuis que j'étais partie de chez moi. Nous étions seuls dans l'auberge. Nul touriste ne vient à Wiek, et c'est la raison pour laquelle cet endroit fut le plus charmant, le plus plaisant de ceux où j'ai séjourné.

« Alors, dis-moi ton plan, petite ? fit le Professeur, s'installant confortablement à un bout du divan.

— Oh ! c'est très simple : demain matin, nous partons pour Hiddensee.

— Allons ! Mais comment ? C'est demain dimanche et, de toute façon, aucun bateau à vapeur ne dessert un tel lieu de désolation !

— Nous louerons un bateau de pêche.

— Et s'il n'y a pas de vent ?

— Nous prierons pour qu'il y en ait.

— Et il me faudra passer toute une journée sans pouvoir bouger dans cette barque, en compagnie d'un évêque anglais femelle ? Je te dis que ce n'est pas demain la veille !

— Mais non, mais non, ils ne viendront pas.

— Venir ? Elle viendra si elle en a envie. Je n'ai jamais rencontré une femme aussi têtue.

— Non, non ! Il faut se soustraire aux Harvey-Browne.

— Alors tu restes ici et tu veilles sur eux. Je me débrouillerai tout seul.

— Ah non ! » m'écriai-je, consternée. La réussite de mon plan, que je ne pouvais absolument pas dévoiler tout entier au Professeur, dépendait surtout de ma présence. « Je veux… je veux revoir Charlotte. Vous savez… j'adore Charlotte ! Et de toute façon, tel que je vous connais, vous replongeriez dans vos abstractions bien avant d'avoir atteint Hiddensee, vous vous mettriez à pêcher, ou qui sait quoi, et rentreriez le soir même avec quelques poissons, mais sans Charlotte !

— Tut, tut ! Bon. Je sais ce qu'il me reste à faire.

— Ne soyez pas si fier ! Souvenez-vous du mont Pilate…

— Tut, tut ! Tu commences à te prendre pour ma conscience, et tu pousses un pauvre vieil homme dans un épouvantable dilemme. Mais je te dis qu'il n'y a aucun espoir de mettre la voile sans la dame anglaise, à moins que tu ne restes ici pendant que je m'éclipserai.

— Je ne veux pas rester ici. Je viendrai aussi. Laissez-moi faire, très cher Professeur, et vous verrez que nous nous éclipserons ensemble. »

Soudain, Mrs Harvey-Browne fit son apparition dans une impressionnante robe à traîne, et nous dûmes interrompre notre conversation. L'aubergiste alluma les chandelles ; sa femme apporta le potage ; Brosy survint, habillé comme on l'est dans les pays civilisés. « Courage ! » murmurai-je au Professeur ; sur quoi nous quittâmes le divan. Il retrouva son entrain si vite et avec tant d'ardeur qu'avant même de pouvoir l'en empêcher, avant même que je pusse comprendre ce qu'il faisait, il m'avait déjà chatouillé le menton.

La soirée fut éprouvante. La seule remarque que Mrs Harvey-Browne m'adressa durant les heures qui suivirent le geste du Professeur, fut : « Je suis dans le plus profond embarras, et je ne comprends pas pourquoi Frau Nieberlein est allée se retirer, sans son mari, sur une île. Il est bien regrettable qu'il y ait autant d'îles ! »

À quoi je ne pus que répondre que je ne comprenais pas non plus.

Le lendemain était donc un dimanche. Un petit garçon grimpa dans le beffroi en bois de l'église, devant ma fenêtre, et fit sonner deux cloches. Ce beffroi, séparé de l'église, donne directement sur la pièce de l'auberge qui me faisait office de chambre. Je voyais le petit garçon aller nonchalamment d'une cloche à l'autre, les tirant tour à tour ; puis, afin de se reposer, il s'accoudait à une lucarne et me regardait attentivement. Je pris mes jumelles de théâtre et l'examinai avec la même attention, essayant de lui faire perdre contenance. Mais, bien que tout jeune, c'était un garçon effronté et difficile à démonter ; et comme je ne voulais pas m'avouer vaincue, nous continuâmes à nous observer jusqu'à neuf heures, lorsque les cloches cessèrent de sonner. Le service commençait ; il se rendit à regret dans l'église, où il dut rejoindre le chœur qui entonnait déjà « *Toute gloire, louange et honneur* », hymne qui ouvre la cérémonie et emplit d'un charme dominical la petite place du marché. Tandis que je restai à la fenêtre à l'écouter, je vis Mrs Harvey-Browne sortir de l'auberge, en chapeau du dimanche, et, traversant, accompagnée de Brosy, la place du marché, pénétrer dans l'église. En un instant, j'enfonçai mon chapeau et descendis précipitamment l'escalier pour dire au Professeur, qui se promenait dans une allée bordée de rosiers, derrière la maison, que nous pouvions nous considérer hors de portée des Harvey-Browne.

« Quoi ? Déjà ? Tu es vraiment une complice merveilleuse ! s'écria-t-il tout joyeux.

— Oh ! ce n'est rien ! fis-je modestement ; d'ailleurs c'était le cas.

— Alors, partons immédiatement ! » cria-t-il plein d'entrain. Et nous sortîmes en catimini, fîmes le tour de l'auberge et descendîmes jusqu'au quai.

Le soleil brillait, et le sol était sec ; une légère brise, venant de l'est, soufflait, qui devait, nous dit l'aubergiste, nous pousser doucement vers Hiddensee, à condition qu'elle soufflât encore durant environ quatre heures. J'avais tout préparé, la veille au soir, avec August et Gertrud. Le *Bertha*, brick imposant qui faisait en semaine, quand le temps le permettait, la navette entre Wiek et Stralsund, avait été loué à mon nom pour la journée — quinze marks — y compris un commandant à l'œil exercé, et quatre marins aguerris. Le *Bertha* me parut très bon marché. Il était à ma disposition de l'aube jusqu'à aussi tard dans la nuit que je le souhaitais. Tout le temps que le garçon à la cloche et moi avions échangé des regards de plus en plus ironiques, il était resté à quai, prêt à lever l'ancre à tout instant.

Gertrud m'attendait à bord. Elle m'avait installé une sorte de nid, avec couvertures et coussins. L'aubergiste et sa servante se trouvaient là aussi, avec un panier de gâteaux cuits à la maison et des cerises du jardin. Cette aubergiste, entre parenthèses, était merveilleuse. Elle n'aimait rien tant que de préparer des gâteaux pour ses hôtes et ne pas les compter sur la note. Lors de mon voyage à Rügen, et même ailleurs, je n'ai jamais rencontré de gens comme elle et son mari. On n'a jamais fait l'éloge de leur gentillesse toute simple ; je fais donc une pause, un pied sur le quai et l'autre sur le *Bertha*, pour chanter leur louange. Le voyageur qui se soucie peu des serveurs et que n'effraie pas l'ascension d'un escalier qui ressemble à une échelle pour regagner sa chambre, qui aime le calme, ne dédaigne pas la bonne cuisine, et considère la voile et la baignade comme d'agréables passe-temps, sera tout à fait heureux à Wiek, et sans trop dépenser. Et lorsqu'il en aura épuisé tous les charmes, il pourra toujours louer le *Bertha* et se rendre à Hiddensee pour y étudier les oiseaux de mer.

« Tu emmènes cette brave Gertrud qui n'est quand même pas très séduisante ? demanda le Professeur d'un ton légèrement contrarié, en voyant celle-ci impassible, alors que les voiles étaient déjà hissées.

— Oui, je n'aime pas être malade sans elle.

— Malade ? Il y a déjà à peine assez de vent pour naviguer, comment serais-tu malade sur cette mer d'huile ?

— Comment le saurais-je avant d'être en mer ? »

Oh ! la charmante croisière jusqu'au Wieker Bodden, sur la crête des petites vagues dansantes, dans la sérénité d'un ciel d'été ! Oh ! quel doux changement après les craquements d'une voiture dans la poussière que de voguer dans la fraîcheur et le silence ! Le Professeur était dans un tel état qu'il ne put s'empêcher de monter les vergues, comme il disait, si bien qu'il fallut, lorsqu'il se mit à grimper au mât, que le commandant le fasse redescendre. Dès qu'elle avait appris notre destination, Gertrud s'était prise pour une nouvelle Brangaine. On pouvait à peine dire que le vent nous poussait, tant il était faible, mais il parvint à nous porter, doucement mais sûrement, et Wiek s'évanouit dans le lointain, comme les cloches dans le silence, puis les rares fermes isolées sur le rivage disparurent l'une après l'autre. Le point le plus extrême de la côte se rapprocha, et nous avions déjà bien avancé alors que nous pensions encore avoir à peine bougé. Le lecteur, en consultant la carte, verra notre itinéraire, et comprendra comment, par ce faible vent, il était déjà plus de midi lorsque nous contournâmes le cap de Wieker Bodden, longeâmes un banc de sable fourmillant de centaines de mouettes, avant de pointer vers le nord de Hiddensee.

Hiddensee s'étend du nord au sud, longue et étroite, tel un lézard reposant au soleil. C'est absolument plat, simple banc de sable, excepté au nord, où se trouvent quelques petites collines et un phare. Il n'y a que deux hameaux, avec des auberges — dont l'un s'appelle Vitte —, bâtis sur une langue de sable si basse, tellement au niveau de la mer que l'on croirait une grosse vague, à peine baignée, lavée comme si on avait voulu la supprimer de la surface de la terre. L'autre village s'appelle Kloster : là était Charlotte.

Je ferai remarquer que, sur la carte, Kloster est indiqué en caractères plus gros, comme si c'était un endroit de quelque importance. C'est, en réalité, un hameau de très jolies maisons de pêcheurs, dont quelques-unes s'alignent dans un nid de verdure, saules et joncs, tout au bord de l'eau, derrière lesquelles se dresse une colline et, tout en haut, une église délabrée, à l'abandon, sans clocher, entourée d'un cimetière sans arbre.

Vers deux heures, nous jetâmes l'ancre dans une crique qui ressemblait à un miroir, sans le moindre souffle de vent ; l'eau du Vitter Bodden n'étant pas assez profonde pour une embarcation aussi imposante que le *Bertha*, nous gagnâmes la rive en canot. Le commandant s'appuya à la passerelle, et nous regarda nous éloigner en nous souhaitant *viel Vergnügen*. Le canot et ses deux rameurs attendait à un petit embarcadère. Gertrud nous suivit, avec le panier de l'aubergiste.

« Et voilà encore cette brave Gertrud qui n'est quand même pas très séduisante, répéta le Professeur, d'un ton de plus en plus contrarié.

— Oui, pour porter les gâteaux.

— Tut, tut ! Et il grommela quelques paroles agacées quant au *lieber Gott* qui encombrait l'univers de femmes à ce point dénuées de charmes.

— Ce n'est pas le moment de s'occuper des femmes sans charmes, rétorquai-je. Vous ne comprenez donc pas que vous êtes à deux doigts de retrouver votre Charlotte ? Je suis sûre, cette fois, que nous allons la rejoindre. »

Il l'avait presque oubliée, et, à cette idée, son visage se fit radieux. Il bondit sur le rivage avec la souplesse d'un jeune homme, et nous nous précipitâmes, par un étroit sentier bordé de joncs, vers l'unique auberge, petite ferme des plus simples, donnant de tous côtés sur la verdure des champs et les eaux calmes. Une accorte serveuse, en costume du dimanche, débarrassait les tasses à café d'une table dressée dans un jardin minuscule qui précédait la maison, et nous lui demandâmes, d'une voix que nos multiples déceptions rendait tremblante, si Frau Nieberlein était là.

Oui, elle était bien là, mais après le déjeuner, elle était partie du côté des dunes. Dans quelle direction ? Plus loin que l'église, du côté du phare !

À peine l'eût-il entendue que le Professeur s'élança comme une trombe. Je me précipitai. Gertrud attendit à l'auberge. Je tenais absolument à m'assurer qu'il avait rejoint Charlotte, car il aurait pu, pour un rien, oublier le but de sa venue. Il était d'une telle agilité, emporté par la force de son amour, qu'il me fallut faire des efforts haletants, désespérés, pour gravir la colline aussi rapidement qu'il l'avait fait. Nous montâmes à toute vitesse, en silence, dépassâmes le pauvre cimetière, et atteignîmes l'une des plus belles dunes qui soient. Parvenu au sommet, il s'arrêta un instant pour s'essuyer le front, et, me retournant pour la première fois, j'aperçus le plus beau panorama que l'on puisse imaginer. Le Bodden, miroitant de toutes ses criques et de tous ses îlots, s'étendait à nos pieds. Au nord et à l'ouest, la mer ; et à l'est encore, jusqu'aux côtés de Rügen, la mer toujours recommencée ! Très loin, vers le sud, les tours de Stralsund ; tout près, derrière nous, une forêt de jeunes pins emplissant l'air de ses senteurs ; à nos pieds, un sol couvert d'un épais tapis de fleurs. Oh ! quel vaste et splendide univers ! Comme il est bon, parfois, de lire dans les larges espaces, de planer au-dessus des mesquineries, de respirer le grand silence des collines solitaires ! Nous restâmes, immobiles, devant cette vision soudaine de la beauté de la terre de Dieu. L'endroit semblait lourd d'une puissante et sereine Présence. Très haut, à la limite des nuages, une alouette solitaire chantait sa joie. On n'entendait rien d'autre.

Je suis sûre que, si je n'avais pas été là, le Professeur aurait encore oublié Charlotte, et se serait étendu sur le sol fleuri, les yeux fixés sur le plus beau des panoramas, plongé dans ses fameuses abstractions. Mais je parvins à l'en empêcher au moment même où il allait s'affaler sur le sol. « Non, non ! le suppliai-je, ne vous asseyez pas !

— Ne pas m'asseoir ? Et pourquoi donc un vieil homme qui a trop chaud ne pourrait-il pas s'asseoir ?

— Il faut d'abord retrouver Charlotte. » En entendant ce nom, il se mit à courir.

La servante de l'auberge avait dit que celle-ci était allée vers le phare. Nous ne pouvions le voir de là où nous nous trouvions, mais en contournant la pinède, nous aperçûmes la pointe nord de Hiddensee, et le phare, au bord de la falaise. Alors mon cœur se mit à battre, parcouru de sentiments mitigés : exaltation à l'idée que j'étais sur le point de faire une bonne action, crainte que, par quelque contre-temps fatal, mon plan ne soit gâché ou, s'il réussissait, qu'on prît mal mon rôle.

« Un moment ! » murmurai-je en posant une main tremblante sur le bras du Professeur. « Un moment, cher Professeur, Charlotte est tout près, je ne veux pas vous importuner. S'il vous plaît, voulez-vous lui remettre cette lettre ? » Et je tirai de ma poche, non sans difficulté car elle était épaisse et mes doigts tremblaient, cette lettre si éloquente que j'avais écrite à l'aube, à Stubbenkammer, et la lui glissai dans la main. « Donnez-la lui avec tout mon amour... avec mon amour le plus tendre.

— Oui, oui », fit le Professeur, agacé par ce discours, et ne cherchant surtout qu'à se mettre en route. Il enfouit la lettre dans sa poche, sans un mot, et nous repartîmes de plus belle, à pas rapides. Nous descendîmes une pente fleurie qui aboutit à une falaise dominant la mer, sur la côte occidentale de l'île. Nous n'avions pas parcouru une longue distance que nous aperçûmes une silhouette solitaire, de dos, assise, dont la tête légèrement penchée et les épaules semblaient émerger d'une multitude de fleurs sauvages, scabieuses, jacinthes des prés, cerfeuil, entre lesquelles miroitait la mer. C'était Charlotte.

Je pris la main du Professeur. « Regardez ! elle est là ! » fis-je dans un état de vive excitation, en le retenant quelques instants. « Donnez-moi le temps de m'éloigner… n'oubliez pas la lettre… laissez-moi entrer dans le bois, puis allez-y. Tous mes vœux vous accompagnent, très cher Professeur, bonne chance à vous deux ! Vous verrez comme vous allez être heureux ! » Je lui étreignis la main avec une force qui le surprit, puis me retournai et m'enfuis.

Oh ! comme je m'enfuis ! Je n'ai jamais couru aussi vite, comme si j'étais poursuivie par un cauchemar. En traversant le bois, rapide comme une flèche, descendant la colline vers le Bodden, prenant le plus court chemin jusqu'à Kloster — oh ! comme j'ai couru ! Rien que d'y penser, à présent, je me sens essoufflée. Comme si j'avais été pourchassée par un démon, j'ai couru, sans oser me retourner, sans oser m'arrêter ni reprendre haleine. Je me suis enfuie, j'ai dépassé l'église, dépassé le pasteur, dont je me souviens, à présent, qu'il me regarda ahuri, par-dessus le mur de son jardin, dépassé les saules, dépassé les roseaux jusqu'à l'embarcadère, jusqu'à Gertrud. Tout était prêt. J'avais donné les instructions les plus strictes ; descendant sans un mot dans le canot, exaltée par la chaleur et l'inquiétude, nous fûmes emportées, avec toute la vitesse dont sont capables deux robustes rameurs, vers le brick sur lequel le commandant nous attendait.

Il n'y avait pratiquement pas de vent, la mer était plate comme un miroir. Je m'installai sur l'amas fragile des coussins, osant à peine imaginer que nous n'avancions pas, osant à peine me rappeler que j'avais vu un petit bateau attaché à un pilotis sur le quai, devant l'auberge, et que si le *Bertha* ne prenait pas la mer aussitôt…

C'est alors que la Fortune sourit à la bienfaitrice : un souffle aimable emplit les voiles ; il y eut un léger clapotis des rames, qui se transforma en une sorte de glouglou, et Kloster, ses saules, ses dunes, son unique auberge et la crainte de ne pouvoir s'enfuir s'évanouirent silencieusement et ne furent plus que des ombres.

Je m'étirai sous les couvertures en poussant un soupir de soulagement et Gertrud put alors s'occuper de moi. Jamais je ne m'étais sentie si bien, si bonne, bref un ange secourable. Comme le cher vieux Professeur me serait reconnaissant ! Et Charlotte aussi, quand elle aurait lu ma lettre et compris tout ce que j'avais voulu lui dire ! Elle me lirait même plusieurs fois. Je me mis à rire toute seule en songeant au succès de mon plan. Ils étaient assis là, sur cette île minuscule, à coup sûr jusqu'à demain, et peut-être même plus longtemps. Peut-être seraient-ils à ce point envoûtés qu'ils y resteraient pour toujours. De toute façon, je les avais réunis, et j'étais libre ! C'était vraiment l'une de ces bonnes actions qui sourit à celui qui les accomplit comme à celui qui en profite ; et jamais nul ne put se réjouir d'avoir bien agi autant que je le fis, étendue sur le pont du *Bertha*, à regarder les mouettes, me régalant de mes cerises, mais aussi de celles du Professeur.

Jusqu'au Wieker Bodden, nous dûmes louvoyer. Heure après heure, nous louvoyâmes, avec l'impression de ne pas avancer. L'après-midi passa, le soir vint, et nous ne cessions de louvoyer. Le soleil se coucha dans sa gloire, la lune se leva, la mer était d'un violet profond ; à l'est, autour de la lune, les nuages brillaient d'une blancheur de perle ; à l'ouest ils étaient splendides, plus qu'il ne se peut dire, tout enflammés de couleurs merveilleuses ; leur lumière transfigurait nos voiles, nos marins et transformait notre bateau tout entier en une nef spirituelle d'une splendeur supraterrestre, comme si elle partait pour les Champs Élysées, guidée par des dieux immortels.

> *Regarde à présent comme la Couleur, la fiancée de l'âme*
> *A rendu splendide pour la fiancée la maison du Ciel...*

Je récitai ces vers, frappée d'une terreur religieuse, regardant la vaste plaine de lumière, les mains jointes et l'esprit au ciel.

Ce fut à mon voyage une conclusion solennelle et sublime.

Wiek et retour chez moi

Le voyageur à l'intention de qui j'ai commencé d'écrire ce livre, et que j'ai souvent oublié en chemin, pourra fort bien protester que je n'ai pas accompli tout le tour de l'île et que je ne puis parler de conclusion à mon voyage. Mais aucune objection d'un voyageur ne m'empêchera de revenir chez moi au terme de ce chapitre. Je rentrai donc dans la matinée du onzième jour, en victoria de Wiek à Bergen, puis par le train. Mais la carte montrera fort bien que, mise à part une sinistre région au sud-ouest, j'ai pratiquement réalisé mon projet primitif et que j'ai vraiment parcouru toute l'île de Rügen.

Je regagnai l'auberge de Wiek à dix heures du soir, le dimanche, et allai aussitôt me coucher. En quittant l'auberge à huit heures du matin, le lundi, j'aurais pu oublier complètement avoir jamais rencontré Mrs Harvey-Browne si le souvenir de la constante gentillesse de Brosy ne m'avait fait lui adresser, par Gertrud, un message d'adieu.

Sa mère avait appris, par l'aubergiste, mon expédition de la veille, sur le *Bertha*, et comment j'en étais revenue seule, laissant le Professeur auprès de sa femme. Elle avait pardonné les petites tapes sous le menton, tout comme mon départ impromptu, et se précipita sur le palier, enveloppée dans une couverture, tout feu tout flamme en son cœur… et tout miel sur ses lèvres.

« Comment ? vous nous quittez, chère Frau X. ? » criat-elle par-dessus la rampe. « Si tôt ? si vite ? Je ne peux pas descendre ! Voulez-vous monter ? Pourquoi ne m'avoir pas dit que vous partiez aujourd'hui ? » reprit-elle quand je l'eus rejointe. Elle prit ma main dans les siennes, me parla avec une amabilité débordante, en femme d'évêque tout à la fois bienveillante et doucereuse.

« Ce n'est pas moi qui ai décidé. Je crains de devoir être chez moi aujourd'hui même. Ils ont grande envie que je rentre.

— Je comprends fort bien. Bien sûr, il leur faut leur petit rayon de soleil ! » s'écria-t-elle d'un ton de plus en plus mielleux. « Dites-moi », ajouta-t-elle en me broyant la main, « quand venez-vous nous voir à Babbacombe ? »

« Babbacombe ! Ciel ! Quand, en effet ? Jamais, jamais, jamais ! » hurla mon âme. « Oh ! merci ! » murmurèrent mes lèvres, « comme c'est gentil ! Mais… croyez-vous que l'évêque m'appréciera ?

— L'évêque ? Bien plus, chère Frau X. ! Il sera tout à fait fou de vous !

— Fou de moi ? » fis-je, le souffle légèrement coupé. Et l'image bariolée d'un évêque dans toute sa splendeur flotta devant mes yeux éblouis, cet évêque qui m'avait paru, jusqu'alors, baigner dans un état d'affliction chronique. « Comme c'est gentil ! Mais je crains que ce ne soit trop gentil. Je craindrais qu'il ne se rende bien vite compte qu'il n'y a pas de quoi être fou, mais plutôt affligé.

— Allons ! allons ! Ne soyons pas si modeste ! L'évêque sait bien que nous sommes tous des êtres humains et que nous avons nos petits défauts. Mais je puis vous assurer qu'il sera ravi de faire votre connaissance. C'est un homme d'une grande ouverture d'esprit. Donc, promettez-moi… »

Je murmurai quelques remerciements confus et tâchai de retirer ma main. Mais elle la tenait ferme. « Je vais rater le train de midi, à Bergen, si je ne pars pas tout de suite », suppliai-je, « il faut vraiment que j'y aille !

— Il vous tarde, j'en suis sûre, de retrouver toute la chère famille.

— Si je n'attrape pas ce train, je ne pourrai jamais être à la maison ce soir. Je dois partir.

— Ah ! comme votre maison doit être charmante ! On entend tellement parler des charmantes maisons allemandes, de la vie qu'on y mène, mais en voyageant comme nous le faisons, nous avons fort peu de chances de les découvrir.

— Oui, j'ai eu la même impression, au cours de mes voyages ! Au revoir ! Il faut absolument que je me dépêche. Au revoir ! » Et, retirant ma main avec l'énergie née de la panique, je descendis l'escalier — presque une échelle — de toute la vitesse dont j'étais capable, en évitant surtout de glisser : je sentis bien que la femme de l'évêque était sur le point de s'inviter chez moi… Oh ! je ne voulais même pas y penser !

« Et les Nieberlein ? cria-t-elle encore, par-dessus la balustrade, se souvenant brusquement de leur existence.

— Ils sont sur une île ! Inaccessible par ce vent ! Un vrai désert… uniquement des mouettes… et la traversée rend malade à tout coup ! Adieu !

— Ils ne vont pas revenir ? » hurla-t-elle. Mais j'avais déjà franchi la porte, et me trouvais sur le sentier.

« Non, non ! Stralsund, Berlin, Bonn ! Adieu ! »

L'aubergiste et sa femme attendaient dehors. Celle-ci m'apporta un gros bouquet de roses et un autre panier de gâteaux. Brosy était là, et m'aida à monter dans la victoria. « Je suis vraiment désolé que vous partiez », me dit-il.

« Et pourtant ! Il faut toujours finir par partir. Notez la vérité éternelle qui se cache sous cette phrase. Si jamais vous revenez seul en Allemagne, venez nous voir !

— J'aimerais beaucoup ! »

Et sur ces amabilités, nous nous séparâmes.

Ainsi s'acheva mon voyage à Rügen. Il n'y a rien à dire de la route menant à la gare de Bergen, sinon qu'elle est plate et que nous avons revu le Jagdschloss, au loin. Une fois arrivée, je renvoyai la victoria, dans laquelle j'avais souvent été si heureuse. August passerait la nuit ici et ramènerait les chevaux le lendemain. Le train arriva ; nous y montâmes, Gertrud et moi, et redevînmes des étrangères pour Rügen.

Mais avant de prendre congé du voyageur, qui doit être à présent épuisé, je veux résumer pour lui mon expérience…

La meilleure baignade, ce fut à Lauterbach.

La meilleure auberge fut celle de Wiek.

C'est à Lauterbach et à Wiek que j'ai été la plus heureuse.

À Göhren, la plus malheureuse.

Thiessow fut l'endroit le meilleur marché.

Stubbenkammer, le plus cher.

Le plus bel endroit a été Hiddensee.

Et, peut-être, aimera-t-il savoir aussi, bien qu'en fait, il s'en fiche certainement, ce qu'il advint des Nieberlein. Je suis désolée de devoir avouer que j'en reçus des lettres dont la nature empêche absolument la publication. Puis un ami commun m'annonça que Charlotte avait demandé le divorce.

En l'apprenant, je tombai des nues.

Table des matières

Ce volume,
le seizième
de la collection « Domaine étranger »,
publié aux Éditions Les Belles Lettres,
a été achevé d'imprimer
en mars 2014
sur les presses
de l'imprimerie SEPEC
01960 Péronnas

Dépôt légal : avril 2014
N° d'édition : 7814 - N° d'impression : 05425140304
Imprimé en France